PLAN DE ACCIÓN CONTRA LA
ARTRITIS

Serie *Plan de Acción para la Salud,* de la ACSM
(American College of Sports Medicine)

Plan de acción
contra la
artritis

Dra. A. Lynn Millar

**TU GUÍA PARA
MOVERTE SIN DOLOR**

Neo Person

AVISO

Los ejercicios aquí presentados no sustituyen la consulta médica y han de ser empleados de acuerdo a la ley y según la discreción y estado físico del lector. Adopta siempre las precauciones convenientes según tu preparación, y si es preciso consulta a tu médico si albergas dudas respecto a tu condición física.

Título original: *Action Plan for Arthritis. Your Guide to Pain-Free Movement*

Cubierta: Rafael Soria

Traducción: Nora Steinbrun

© 2003, American College of Sports Medicine
Editado por acuerdo con Human Kinetics, Inc., Illinois (EE.UU.) www.humankinetics.com

De la presente edición en castellano:
© Neo Person, 2008
Alquimia, 6
28933 Móstoles (Madrid) - España
Tels.: 91 614 53 46 - 91 614 58 49
Fax: 91 618 40 12
E-mail: alfaomega@alfaomega.es
www.alfaomega.es

Primera edición: septiembre de 2009

Depósito legal: M. 26.495-2009
I.S.B.N.: 978-84-95973-57-3

Impreso en España por: Artes Gráficas COFÁS, S.A. - Móstoles (Madrid)

Dedico este libro
a mi familia: vuestro apoyo
me impulsa a seguir.

Índice

CAPÍTULO 1

Vive y prospera a pesar de la artritis 19

Conoce los elementos básicos para preparar un nuevo programa: consulta médica, protección para evitar lesiones, establecimiento de objetivos, determinación de tu nivel de preparación física e identificación de tus propias necesidades.

CAPÍTULO 2

Diseña un programa de ejercicios 55

Aprende cuáles son los componentes de la preparación física, los principios de la ejercitación, las diferentes maneras de estimular una respuesta frente al entrenamiento y de qué manera aplicar todos estos elementos a la hora de planificar tu programa.

CAPÍTULO 3

Cómo incorporar la actividad aeróbica 79

Utiliza pautas básicas y ejemplos de programas de diferentes actividades y niveles de preparación física para personalizar tus propios entrenamientos aeróbicos.

Agradecimientos

Deseo expresar mi agradecimiento a Kip, a Marge y a mi padre, por sus historias, y también a los numerosos pacientes y amigos que a lo largo de los años me han servido de ejemplo.

Prólogo

Este libro está dirigido a pacientes con artritis que se están planteando comenzar a practicar alguna actividad física o ya lo están haciendo y desean modificar su programa actual. También puede resultar de gran ayuda para quienes trabajan con pacientes con artritis y desean obtener información desde una perspectiva clínica y científica. Existen numerosos estudios de investigación relacionados con las personas que sufren artritis, pero analizar tantas publicaciones e interpretar los descubrimientos puede convertirse en una tarea abrumadora para quien desea, primordialmente, practicar alguna actividad física. Este libro reúne información relevante proveniente de diversos campos de investigación, y resume los descubrimientos. Sin embargo, un simple resumen de hallazgos no necesariamente resulta útil. El principal propósito de este libro, en consecuencia, es identificar la información más conveniente y combinarla con la experiencia clínica.

Introducción

Sólo en Estados Unidos, la artritis afecta a más de cuarenta y tres millones de personas, la mayoría de las cuales superan los cuarenta y cinco años de edad. Se trata de una importante causa de incapacidad entre los adultos, porque son varios los tipos de artritis que afectan a las articulaciones, a los músculos y en ocasiones a otros sistemas corporales. De hecho, la Fundación Norteamericana de Artritis informa de que existen más de cien tipos de artritis, y que las más comunes son la osteoartritis, la osteoporosis y la artritis reumatoide. Independientemente del tipo, esta enfermedad puede ejercer un impacto destructivo sobre las actividades y el estilo de vida de los afectados, a quienes suele restarles energía y hacerles sentir fatigados y débiles. El problema más común, el dolor en músculos y articulaciones, afecta a su capacidad para llevar a cabo las tareas del hogar, e incluso para andar, jugar y seguir procedimientos tan simples como vestirse.

Siempre oímos hablar de curas «mágicas»; nos cuentan que tal o cual producto disminuye el dolor e incrementa la fuerza, o que seguir determinados pasos eliminará el malestar de la artritis. Por desgracia, esas curas mágicas no existen; si fuesen reales, nos enteraríamos rápidamente a través de nuestros amigos y familiares. Algunos anunciantes sugieren que su programa es el único capaz de eliminar el dolor y, en consecuencia, de favorecer la práctica de una vida normal. Pero la mayoría de ellos apunta únicamente al alivio del dolor, que suele ser temporal.

Al énfasis sobre el alivio del dolor va unida la idea errónea de que una persona no debería practicar ejercicio físico en momentos de malestar. Aunque este concepto es correcto en situaciones específicas, la falta de ejercicio suele incrementar el dolor muscular o articular en los pacientes con artritis, y al mismo tiempo intensifica la rigidez. El aumento de la rigidez deteriora la capacidad de llevar a cabo tareas cotidianas, lo cual crea un círculo vicioso de mayor dolor y menor capacidad funcional. Por esa razón, los afectados deben conocer los tipos de dolor y las formas de controlarlo sin dejar de practicar ejercicio físico.

Es posible que los problemas que te ocasiona la artritis te hayan empujado a recopilar información que te ayude a establecer un programa de ejercicios o a modificar el que estés llevando a cabo en la actualidad. Sin embargo, con la tecnología actual, la cantidad de datos disponibles puede resultar abrumadora. También resulta difícil determinar qué fuentes de información son fiables o, en algunos casos, incluso comprender el estudio que hayas encontrado.

En mi calidad de profesora de fisioterapia enseño a mis alumnos no sólo a analizar las investigaciones publicadas sino, sobre todo, a hacerla comprensible y útil para los pacientes. En este libro intento aplicar el mismo procedimiento. El texto se basa en una completa revisión de investigaciones sobre la artritis y el ejercicio físico, para lo cual he intentado convertir los descubrimientos científicos en guías útiles y combinarlos con sugerencias prácticas sobre los ejercicios. Mi objetivo es ayudarte a ejercitar tu cuerpo de forma segura y eficaz, a pesar de tu artritis. Por último, en los casos en que existe poca información científica sobre alguna cuestión que pueda afectar a tu capacidad para practicar alguna actividad física, aporto evidencia anecdótica que pueda resultar aplicable en tu situación.

El libro se divide en ocho capítulos, más una lista de textos de referencia (bibliografía) que aparece al final. El primer capítulo se centra en la evaluación de tu estado físico y en la identificación de tus limitaciones personales antes del inicio del programa de ejercicios. También ofrece información sobre recursos que pueden ayudarte a cumplir con tu cometido, como por ejemplo un equipamiento adecuado o determinadas instalaciones deportivas. Los cuatro capítulos siguientes identifican los componentes tradicionales de un régimen de entrenamiento así como los principios de la ejercitación relacionados con cada componente, y presenta ejemplos de programas tanto para principiantes como para quienes deseen modificar un programa ya existente.

También me ocupo de describir en detalle lo que el paciente debería estar haciendo, y llamo la atención sobre unas pocas actividades problemáticas. En el capítulo 6 explico programas de ejercicios alternativos como el tai chi y las clases de aerobismo, y el capítulo 7 expone una preocupación básica de la mayoría de los pacientes con artritis: la protección de las articulaciones. En dicha sección describo no sólo métodos tradicionales, como el calzado y las tablillas, sino también otros menos convencionales como los suplementos y la nutrición general.

Por último, el capítulo 8 describe circunstancias especiales con las que podrías encontrarte: rebrotes artríticos, cirugía de sustitución articular, viajes y climatología adversa. Es mi deseo que este libro te sirva para comenzar un programa de ejercicios si aún no realizas ninguna actividad física con regularidad, o para modificar alguno que ya conozcas pero que a ti no te dé buenos resultados. Pero, sobre todo, espero animarte a hacer ejercicio de forma segura y eficaz.

CAPÍTULO 1

Vive y prospera a pesar de la artritis

Podría haber elegido para este capítulo un título como «Enfréntate a tu artritis», pero deseaba enfatizar que puedes hacer mucho más que tan sólo hacer frente a la enfermedad. A pesar de ella, puedes progresar. No te consideres la víctima de un problema, porque puedes controlarlo. Las complicaciones asociadas a la artritis no desaparecen simplemente por comenzar a practicar una actividad física, pero ya no tendrás que dejar de vivir como te sucedía antes por culpa de la enfermedad. Un buen programa de ejercicios te ayudará a disminuir el dolor y la incapacidad relacionada con la artritis, y te permitirá disfrutar de algunas de tus actividades favoritas. Hasta el momento de su muerte, a los cien años de edad, mi abuela continuaba viviendo de forma independiente. De hecho, acostumbraba a caminar varios kilómetros al día, y lo hizo hasta pasados los noventa, sin que su artritis se lo impidiera.

Algunas personas saben que incluso el dolor en las manos afecta significativamente a las actividades cotidianas y modifican la forma de ver la vida. Conozco a una mujer cuya artritis en las manos se agravó hasta el punto de impedirle continuar montando a caballo, su pasatiempo favorito, porque ya no conseguía sujetar las riendas. Cayó entonces en un círculo vicioso de menos actividad física y más dolor, hasta que su médico diagnosticó su problema como artritis y ella comenzó un programa de ejercicios específico. Comenzó a entrenar con regularidad, y en la actualidad ha vuelto a montar a caballo y realiza muchas otras actividades.

Tipos de artritis

Conocer el tipo de artritis que sufres, así como sus causas y síntomas, puede ayudarte a determinar con mayor precisión tus objetivos y planes. La artritis puede ser definida como la inflamación de una articulación, pero con frecuencia afecta no sólo a esa zona, sino que puede llegar a comprometer los tejidos que la rodean y afectar a otros sistemas corporales.

La artritis no tiene por qué impedirte llevar una vida plena y activa.

Dentro de la articulación, el principal tejido afectado es el cartílago articular. Este tejido cubre la parte interna de la mayoría de las articulaciones, y su función es ayudar a dispersar las fuerzas de la superficie de la articulación y permitir que ésta se mueva con mayor suavidad. La pérdida o las irregularidades de este cartílago pueden incrementar la fricción en el interior de la articulación: ésta es la principal manifestación de la *osteoartritis*. Dentro de la articulación se produce un lubricante especial llamado fluido sinovial que disminuye la fricción normal y permite que las superficies se deslicen con facilidad. Este proceso es similar al que produce el aceite sobre una bisagra. La alteración en la producción de fluido sinovial es uno de los primeros efectos de la *artritis reumatoide*.

Osteoartritis

La osteoartritis, la más común entre las variedades de artritis, engloba más del 85 por 100 de los casos de esta enfermedad. Se trata de una dolencia degenerativa que afecta a las articulaciones de la cadera, la rodilla, la espalda y las manos, entre otras. Las causas de osteoartritis son numerosas y pueden incluir desde traumatismos a infecciones, aunque en general resulta imposible definir la causa real. El estrés mecánico, combinado con una biomecánica anormal, conduce al daño inicial del cartílago articular, que a partir de entonces comienza a degenerar. La inmovilización de una articulación, como la que se produce al escayolar una zona del cuerpo, también puede provocar cambios degenerativos en el cartílago articular. La carga y descarga repetitiva de la articulación obliga al fluido a entrar y salir de ésta para nutrir el cartílago articular. Pero cuando una articulación queda inmovilizada, estas fuerzas compresoras desaparecen. A medida que el cartílago articular degenera cada vez más, el espacio de la articulación disminuye y el hueso situado bajo el cartílago experimenta un estrés anormal y se deforma.

Los médicos diagnostican osteoartritis estableciendo una correlación entre la historia del paciente y la revisión física, y los resultados de las radiografías y analíticas. Sin embargo, el nivel de daño articular sólo puede predecir la severidad de los síntomas en una pequeña parte de la población. Entre los factores de riesgo figuran: el género femenino, la obesidad, la lesión articular, la ocupación y el tabaquismo.

Los síntomas de osteoartritis pueden desarrollarse de forma lenta o rápida, dependiendo de la causa de la artritis, la presencia de otras enfermedades, el nivel de actividad y otras influencias. Sin embargo, en la mayoría de los individuos el desarrollo es gradual y lento. La queja más frecuente es el dolor en el interior de la articulación, acompañado de rigidez después de permanecer sentado durante períodos prolongados. Esta rigidez suele durar menos de treinta minutos y se resuelve con un movimiento suave. Muchos pacientes explican que, con el movimiento, la articulación afectada les rechina; y lo cierto es que, a medida que la enfermedad avanza, la articulación puede deformarse y perder movilidad. Debido a que la osteoartritis deriva del daño del cartílago articular, puede limitarse exclusivamente a una articulación. Como hemos mencionado anteriormente, afecta en gran medida a aquellas zonas que soportan el peso corporal.

Artritis reumatoide

La artritis reumatoide es la segunda enfermedad articular más común, que afecta aproximadamente al uno o dos por cien de la población adulta, si bien puede manifestarse a cualquier edad. Se desconoce qué la causa, aunque se sabe que dos factores de riesgo primarios son el género femenino y la edad. Las articulaciones más afectadas son las de la muñeca, la rodilla, la mano y el pie. La artritis reumatoide es de naturaleza sistémica y, por consiguiente, afecta a tejidos de todo el cuerpo. Además, el compromiso de las articulaciones es de naturaleza bilateral. Los cambios en el tejido sinovial alteran la producción de fluido y al final dañan el cartílago, el hueso y los tejidos adyacentes. Si bien la mayoría de los cambios del tejido extraarticular se producen a largo plazo, algunos síntomas sistémicos se observan desde el comienzo.

La sintomatología de la artritis reumatoide suele acusarse lentamente y en muchos casos se trata de dolencias sistémicas como fatiga, pérdida de peso, debilidad y dolor articular general. En contraste con la rigidez que produce la osteoartritis, la que caracteriza a la artritis reumatoide dura más de treinta minutos. Uno de los criterios para diagnosticar la enfermedad es la rigidez matinal de, al menos, una hora de duración. Los pacientes suelen sufrir períodos de empeoramiento de sus síntomas, llamados exacerbaciones, en los que las articulaciones comprometidas se hinchan, duelen y están calientes. Como en el caso de la osteoartritis, la articulación acaba deformándose y pierde movilidad a medida que avanza la enfermedad. Las articulaciones son más proclives a sufrir inestabilidad a causa de la artritis reumatoide que de la osteoartritis, quizá debido a los cambios que sufren los tejidos que rodean la articulación. Como se trata de una enfermedad sistémica, esta dolencia puede afectar al corazón, los pulmones y el aparato gastrointestinal, entre otros.

Espondiloartropatías

Las espondiloartropatías son un grupo de enfermedades artríticas que no entran en las dos categorías antes mencionadas. La espondilitis anquilosante, el síndrome de Reiter y la artritis psoriática son las artropatías más comunes, si bien la espondilitis anquilosante es la más frecuente, ya que afecta a un sector de la población que oscila entre el uno y el dos por cien. Se desconocen las causas de la espondilitis anquilosante, si bien entre los factores de riesgo figuran el género masculino, la edad, la raza caucásica y el historial familiar. Al igual que la artritis reumatoide, esta enfermedad es sistémica y causa complicaciones en todo el organismo, por ejemplo en los sistemas cardíaco y pulmonar. Las articulaciones de la columna son las más comprometidas, si bien afecta unilateralmente a otras articulaciones grandes. La inflamación se produce en otros tejidos, en especial en las uniones ligamentosas. Los síntomas iniciales son el dolor de espalda y la rigidez, en particular por la mañana. El tronco y el cuello se vuelven sintomáticos con el paso del tiempo, y el individuo puede también perder peso y quejarse de excesiva fatiga y fiebre.

Como he destacado en la introducción, existen más de cien tipos de artritis, si bien la mayor parte de los diagnósticos incluyen a los tres que he descrito. El dolor articular y la rigidez inherentes a todos los tipos pueden quedar significativamente reducidos con la ejercitación regular. En la próxima sección explico la importancia de colaborar con el especialista que lleve el caso. En efecto, tu médico identificará no sólo el tipo de artritis que sufres, sino también otras cuestiones relacionadas con tu historial personal de artritis, que determinarán el tipo de programa que has de seguir.

Colabora con tu médico

Antes de comenzar un nuevo programa de ejercicios, consulta a tu médico. Es raro que los médicos aconsejen no realizar ningún tipo de actividad física, pero es posible que restrinjan el tipo de ejercicio debido a una lesión articular preexistente u otra enfermedad. Consultar al médico resulta de particular importancia si llevas bastante tiempo sin hacerte una revisión física. La información que aporte ese estudio permitirá al médico responder a algunas de tus preguntas sobre la posibilidad de comenzar un programa de ejercicios. Muchas personas creen que no necesitan este tipo de revisiones porque se sienten bien; sin embargo, muchas enfermedades crónicas relacionadas con la edad se desarrollan lentamente, sin signos ni síntomas demasiado evidentes.

Yo trabajaba en una clínica que realizaba pruebas médicas para empresas. Una persona nos contó que había comenzado un plan de entrenamiento físico por su cuenta el año anterior, pero que llevaba años sin ver a un médico. Por desgracia, su prueba de estrés reveló significativas anomalías coronarias, y al día siguiente tuvo que ser sometido a una intervención de *bypass*. Aunque el problema cardíaco fue identificado y tratado con éxito, la lección es la siguiente: no supongas nada. Tu médico revisará tu historial y tendrá en cuenta tu edad, síntomas actuales y signos de problemas en desarrollo, a partir de lo cual determinará si necesitas más pruebas para completar la revisión física.

Durante la entrevista con el médico participa de forma clara y activa, tanto como cuando practicas ejercicios físicos para controlar tu salud. Averigua qué pruebas son las más frecuentemente recomendadas para las personas de tu edad y sexo, y consúltale sobre la posibilidad de que tengas que practicarlas en tu caso. También te sugiero que confecciones una lista de preguntas para formularle durante la revisión, y otra lista de problemas que hayas tenido desde la última vez que te examinó un especialista.

Comunícate de forma clara y completa con tu médico. Quienes trabajan en el área de la salud no se cansan de repetir que muchas veces los diagnósticos son errados porque inicialmente el paciente considera que el problema no merece la pena ser mencionado, o sencillamente olvida hablar de él. Yo traté a un paciente aparentemente afectado de un desgarro del manguito rotador (músculo del hombro). Mientras hablaba con él no podía dejar de pensar que sus síntomas no encajaban con el diagnóstico. Y, en efecto, cuando examiné esa zona de su cuerpo, una de las primeras cosas que observé fue una erupción extensa y cubierta de ampollas bajo el brazo de ese lado. El paciente me comentó que su médico no había visto la erupción, ni él tampoco había mencionado el tema porque lo consideraba poco importante. Después de realizarle algunas pruebas le remití de nuevo a su médico, porque su afección no era un desgarro del manguito rotador sino una dolencia sistémica. En resumen, deja que sea tu médico quien decida lo que es importante, ya que se encuentra debidamente capacitado para ello.

Debes conocer las respuestas a las preguntas del siguiente recuadro antes de comenzar a ejercitarte, por diversas razones. Primero, porque muy po-

Preguntas que formular a tu médico

▷ ¿Qué precauciones generales debería considerar en relación con el ejercicio físico y mi salud actual?
▷ ¿Los medicamentos que estoy tomando afectan a mi capacidad para practicar una actividad física o a mi respuesta al ejercicio?
▷ ¿Debería evitar algunas actividades?
▷ ¿Mi artritis es sistémica o no sistémica?
▷ ¿Necesito utilizar una tablilla o cualquier otro sistema de protección articular para participar en una actividad?

cas personas de más de cuarenta años sufren un único problema de salud. El riesgo de padecer más de una enfermedad al mismo tiempo se incrementa con la edad, y los pacientes con artritis corren un riesgo superior de padecer una enfermedad cardíaca. A la hora de determinar tus posibles limitaciones frente a la actividad física existen algunas cuestiones importantes a tener en cuenta, relacionadas tanto con la dolencia en sí como con la medicación que estés tomando para controlarla. La presencia de algunas enfermedades contraindica el ejercicio físico o requiere precauciones que tu médico puede identificar. Con algunas enfermedades como la diabetes, los médicos han de saber qué ejercicios piensas practicar para así controlar tu respuesta y realizar ajustes en tu medicación si lo considerasen necesario. Y aunque aún no hayas cumplido cuarenta años, tu médico posiblemente quiera hacerte pruebas para detectar enfermedades sistémicas que pueden comenzar a una edad más temprana. En la tabla 1.1 encontrarás los factores de riesgo de la artritis.

Tabla 1.1 Factores de riesgo de la artritis

Modificables	No modificables
Obesidad	Edad
Traumatismos	Lesión previa
Debilidad muscular	Género

Segundo, la medicación que estés tomando puede afectar a tu capacidad para realizar actividades físicas o a la forma en que tu cuerpo responde al ejercicio. Por ejemplo, algunas de las medicinas más comunes utilizadas para el control de la hipertensión son betabloqueadores que afectan a tu presión sanguínea y al ritmo cardíaco tanto en reposo como en períodos de actividad. Por esta razón no podrás valerte del ritmo cardíaco para determinar la intensidad del ejercicio aeróbico y necesitarás recurrir a uno de los demás métodos descritos en el capítulo 3. Tu médico necesita saber todo lo que estés tomando, incluso los suplementos. Algunos suplementos de hierbas o ciertas vitaminas pueden interferir con la efectividad de determinados medicamentos.

Por último, necesitas información sobre tu tipo específico de artritis, ya que esta información influirá sobre las actividades que elijas y los parámetros de los ejercicios. Como he mencionado en la introducción, existen más de cien variedades de artritis, algunas de las cuales son sistémicas y otras específicas de una o dos articulaciones. Tu médico puede explicarte qué tipo padeces y si existe alguna contraindicación en relación con la actividad física, o si necesitas conocer algún requisito especial para practicarla.

Por ejemplo, la artritis reumatoide afecta a numerosos sistemas orgánicos. Las personas que sufren este tipo de artritis pueden necesitar una actividad de baja intensidad, en especial durante los rebrotes. Algunos pacientes con artritis requieren de un dispositivo protector para alguna articulación, como una muñequera o una tablilla para los dedos, si practica alguna actividad en la que participen las extremidades superiores. Es posible que tu médico te remita a un fisioterapeuta, para que te someta a un examen musculoesquelético detallado y determine si necesitas tablillas. También podría recetarte algún medicamento para controlar el dolor y la inflamación. En la tabla 1.2 encontrarás más ejemplos o modificaciones para problemas específicos.

Prevención de lesiones

Una vez que hayas consultado a tu médico estarás preparado para planificar o modificar tu programa. Antes de comenzar a ejercitarte, no olvides repasar las pautas fundamentales para evitar lesiones (volveré a estas recomendaciones en próximos capítulos, aunque no necesariamente en relación con la prevención de lesiones). Nada de lo que hagas eliminará por completo la posibilidad de sufrir alguna lesión, pero al menos puedes intentar eliminar diversos factores que predisponen a sufrirlas.

Tabla 1.2 Ejemplos de modificaciones en las actividades físicas,
         aplicables a problemas de salud comunes

Problema	Modificaciones de la actividad
Inflamación articular	Bajo impacto; menor rango e intensidad
Uso prolongado de esteroides	Bajo impacto
Baja densidad ósea	Bajo impacto
Enfermedad cardíaca	Control de ritmo cardíaco y respuesta de la tensión sanguínea
Diabetes	Bajo impacto; control de respuestas

Las lesiones se clasifican, habitualmente, en traumáticas o por sobreuso. Las de tipo traumático que se producen durante la práctica de ejercicios incluyen los esguinces articulares, las torceduras musculares, las contusiones y las fracturas óseas. A menos que planifiques participar en un deporte grupal intenso como el fútbol, probablemente no tengas que preocuparte por las dos últimas. Por otro lado, puesto que la mayoría de las mujeres comienzan a perder densidad ósea pasados los treinta años de edad (los hombres, un poco más tarde), sí necesitan tener en cuenta el tema de las fracturas. Las lesiones por sobreuso incluyen las fracturas por estrés (un potencial problema en los casos de densidad ósea disminuida) y la tendinitis.

Un factor a tener en cuenta es una historia clínica en la que aparezcan lesiones en tejidos corporales específicos, quizá porque éstos pueden no llegar a recuperar completamente el estado que presentaban antes de la lesión. Además, una lesión en la articulación de la rodilla (o en un músculo que sostenga la rodilla) inhibe la fuerza del extensor de esta articulación, y esta pérdida de fuerza persiste mucho después de que la lesión se haya curado (Suter y Herzog, 2000). Los cambios patológicos que tienen lugar en los tejidos debido a la artritis y el envejecimiento incrementan las posibilidades de sufrir lesiones. La composición del cartílago cambia, tanto en los huesos como en las articulaciones, e incluso se modifica la cápsula articular. Estas alteraciones pueden causar inestabilidad en la articulación y una gradual pérdida de movimiento en la cápsula (Hertling y Kessler, 1996; Stamford, 1988). Y la lenta pérdida de fuerza muscular que deriva del envejecimiento también disminuye la estabilidad.

Para los pacientes con artritis, un tema fundamental es el descanso, o la falta del mismo, porque es capaz de favorecer la aparición de lesiones. Diversos estudios han demostrado que la fatiga general es un factor importante en las lesiones traumáticas, posiblemente causadas por reacciones deficientes y una serie de decisiones inadecuadas. La fatiga muscular puede favorecer la aparición de una lesión cuando ralentiza la fuerza y la velocidad de las contracciones musculares. Y tanto la de carácter muscular como general suelen incrementarse durante los rebrotes artríticos. Más adelante me referiré a la importancia del descanso, puesto que se trata de un componente vital de la prevención de lesiones.

Lesiones traumáticas

A pesar de que la mayoría de las lesiones traumáticas son accidentales, es posible modificar muchos de los elementos que las favorecen, como por ejemplo un entorno inadecuado, un equipamiento insuficiente, un calentamiento incorrecto y un precario estado físico previo.

Practicar ejercicios físicos en una superficie rocosa o irregular incrementa la posibilidad de sufrir torceduras de tobillo o incluso caídas peligrosas, mientras que estos problemas tienen menos probabilidades de producirse en un suelo regular.

La propriocepción, que es la capacidad para percibir la posición de la articulación, disminuye después de una lesión en la rodilla y también a causa de la osteoartritis (Hurley *et al.*, 1997). Este cambio en la propriocepción significa que la respuesta de una persona a un cambio inesperado en la superficie en que está practicando el ejercicio puede resultar deficiente y, en consecuencia, provocar una caída. Para empeorar la situación, los músculos de la cara anterior del muslo (cuádriceps) suelen quedar inhibidos a causa de alguna lesión anterior o por los efectos de la artritis, y por eso pierden capacidad de respuesta. Cuando comiences tu programa, elige una superficie de trabajo que no presente irregularidades. La buena noticia es que un programa de ejercitación frecuente mejora la función muscular y el equilibrio.

El calzado inadecuado o que no ofrece una sujeción correcta también incrementa la posibilidad de lesión. Si observas el movimiento del tobillo de una mujer cuando camina sobre tacones verás que se mece de un lado a otro. El mismo tipo de movimiento se produce cuando un zapato no envuelve el pie correctamente o no cuenta con una base de sujeción adecuada, si bien no se nota tanto. Este movimiento excesivo incrementa las posibilidades de sufrir esguinces de tobillo y dolor de pie.

La falta de calentamiento previo suele provocar torceduras musculares, a lo que posiblemente ya eres más susceptible a causa de tu artritis. Tanto la artritis como el envejecimiento restan elasticidad a los tejidos, e incluso los vuelven más frágiles. Si esos tejidos sufren una torcedura repentina, corren el riesgo de desgarrarse. Un buen precalentamiento incrementa el flujo sanguíneo y la temperatura del tejido muscular que se está ejercitando, mejorando así la elasticidad de los tejidos participantes; además, el calentamiento previo aumenta la estimulación neural de los músculos activos, mejorando su respuesta a un estrés inusual.

Por último, el nivel de preparación física, y en especial la condición muscular, puede afectar a la susceptibilidad de sufrir lesiones. La debilidad muscular en las extremidades inferiores puede desembocar en una pérdida de equilibrio, y el dolor de la osteoartritis suele acentuar este problema (Jadelis *et al.*, 2001). Como ya he mencionado, un adecuado estado físico mejora la propriocepción articular que, en colaboración con los músculos, permite reaccionar frente a los cambios de equilibrio.

Lesiones por sobreuso

La mayoría de los médicos está de acuerdo en que los jóvenes son más propensos a sufrir lesiones traumáticas, mientras que los mayores tienden a padecer un mayor porcentaje de problemas por sobreuso. Por supuesto, ambos grupos pueden experimentar las dos clases de lesión. La diferencia suele radicar en ciertos cambios biológicos que lentamente se producen en las articulaciones y los tejidos, así como en el tipo de actividades en las que participan los diferentes grupos de edades. Algunos de los cambios tisulares que produce la artritis, en especial durante las etapas de inflamación, son similares a los del envejecimiento: pérdida de fluido, menor elasticidad y mayor susceptibilidad a los desgarros (Buckwalter y Mankin, 1997). El cartílago que cubre las superficies articulares es susceptible de padecer lesiones causadas por fatiga tisular, un cuadro que se agrava todavía más frente a la falta de flujo sanguíneo en las partes internas de dicho tejido (Hertling y Kessler, 1996). Las lesiones por sobreuso están asociadas al uso de equipamiento inadecuado, a una mala progresión de la ejercitación y a un programa de ejercicios desequilibrado.

El calzado que no proporciona una adecuada sujeción o una buena base para el pie suele favorecer la aparición de lesiones por sobreuso. La falta de sujeción o de una base apropiada en el zapato afecta a la forma en que se transmite la fuerza en las extremidades inferiores. Los zapatos que permiten un excesivo movimiento del tobillo acaban provocando dolor de rodilla, por lo que una corrección en el tipo de calzado suele disminuir significativamente las molestias (Hanes, 1996).

Avanzar un programa con demasiada rapidez es una importante causa de lesión por sobreuso, en parte debido a los problemas que causa un programa desequilibrado. Como explico en el próximo capítulo, una progresión lenta permite que los huesos y los tejidos se adapten a los nuevos tipos de estrés que un ejercicio inhabitual ejerce sobre ellos. Lleva tiempo ganar fuerza, y la falta de fuerza alrededor de una articulación puede incrementar el estrés transmitido a los ligamentos y los huesos, lo cual a su vez aumenta las posibilidades de una reacción por sobreuso. Un programa desequilibrado provoca un efecto similar. Un inadecuado nivel de fuerza o flexibilidad en un área puede afectar a la biomecánica y posiblemente causar una lesión.

La importancia del descanso

Una importante consideración para los pacientes con artritis es el equilibrio adecuado entre la ejercitación y el descanso. Así como necesitas ejercitarte para mantenerte activo y disfrutar de diversas actividades, también tienes que descansar adecuadamente. De hecho, te hacen falta dos tipos de descanso: el general y el específicamente articular (Minor y Westby, 2001).

La artritis, en especial en las extremidades inferiores, altera la biomecánica de la persona mientras camina y realiza otras actividades. Con los cambios en la biomecánica, el cuerpo gasta más energía para realizar tareas sencillas y, por consiguiente, se fatiga con mayor rapidez. Céntrate en dormir toda la noche —lo que para algunas personas puede suponer seis horas, y para otras nueve— para que por la mañana te sientas descansado. También incorpora breves períodos de descanso en tu rutina por la mañana y por la tarde. Una amiga decía que se sentía culpable por necesitar descansar un rato cuando volvía de trabajar, hasta que su médico le explicó que los períodos de reposo constituían una importante parte de su rutina. Un hábito de descanso regular ayuda a proteger otros sistemas corporales y resulta crucial durante los rebrotes de la artritis.

El reposo específicamente articular es necesario para las articulaciones comprometidas, que pueden encontrarse inflamadas. Durante la inflamación, las articulaciones suelen ser menos estables y están más expuestas a sufrir lesiones. El descanso articular consiste en disminuir la carga sobre esa zona, lo cual se puede conseguir de diversas maneras. Para las articulaciones de las extremidades inferiores, modifica el ejercicio a fin de reducir el nivel de impacto, y disminuye el estrés de movimiento aplicado a dicha articulación. Por ejemplo, podrías montar en bicicleta en lugar de salir a correr hasta que la inflamación remita. También puedes entablillar una articulación para protegerla durante esta etapa de mayor vulnerabilidad. Tanto el reposo general como el específicamente articular ayudan a prevenir lesiones, porque permiten que los tejidos respondan adecuadamente cuando sea necesario. En el capítulo 8 señalaré los potenciales indicadores de sobreuso y falta de descanso, y explicaré cómo actuar en respuesta a ellos.

Objetivos

Una vez que el médico te permita comenzar a practicar ejercicio físico, estarás preparado para avanzar. Los behavioristas sugieren que las personas atraviesan diferentes etapas hacia el cambio, y que las actividades en las que participan pueden ayudarles a transitar de una fase a otra (Prochaska y DiClemente, 1982). Si no te has ejercitado con regularidad pero estás pensando en comenzar un programa, te encuentras en la etapa de *contemplación*. Dos actividades que te ayudarán a pasar a la siguiente fase son la educación, que estás cumpliendo al leer este libro, y el análisis de tu actual nivel de actividad. La siguiente etapa es la *preparación*, durante la cual das los pasos iniciales hacia el cambio deseado. Durante la misma deberías definir tus objetivos deportivos (o volver a definirlos si ya estás haciendo ejercicio). Este paso te ayudará a determinar el alcance del programa que diseñes y a mantenerte motivado, en especial durante las primeras semanas del programa. Hoeger y Hoeger sugieren que deberías apuntar tus metas, porque «un objetivo no escrito es simplemente un deseo» (2002, página 38).

Asegúrate de plantearte metas realistas y, al menos en parte, objetivas. Una meta amplia e imprecisa como «ponerme en forma» no te aporta nada en concreto sobre lo cual puedas cuantificar tu progreso. Piensa en lo que significa «ponerse en forma» para ti; ¿quiere decir recorrer nueve hoyos de golf con facilidad, cargar con la compra desde el coche hasta tu casa, o perder peso? Es posible que todos empecemos con objetivos vagos y generales; pero cuando pensamos en el tema, seguramente aparece algo específico que deseamos alcanzar. Identifica la meta más específica; podrías llegar a descubrir que tienes otras relacionadas. Un jugador de golf puede querer incrementar su resistencia (disminuir su fatiga durante un round) y ganar más flexibilidad en los hombros para mejorar su swing.

Objetivos a largo plazo

Los objetivos a largo plazo son aquellos que planificas alcanzar en varios meses o años. Márcate un objetivo a largo plazo, y luego desarrolla otro específico a corto plazo que te ayude a alcanzar el que te has planteado para más adelante. En el ejemplo del jugador de golf que acabo de mencionar, se podría especificar el objetivo como la disminución de la fatiga durante un round: en otras palabras, ser capaz de recorrer dieciocho hoyos a la velocidad necesaria para completar un round en cuatro horas y media. Cuantificar el objetivo te permitirá identificar los pasos que has de dar para alcanzarlo y determinar si, en efecto, lo has conseguido. El objetivo de la flexibilidad del golfista puede alcanzarse a corto plazo, pero una buena meta a largo pla-

zo podría consistir en llevar a cabo diariamente una rutina regular de estiramiento de hombro.

Una vez identificada tu meta, asegúrate de que sea realista. Descubre si
otras personas de tu entorno son capaces de completar el round en el tiempo establecido. Si alguna vez tú lo conseguiste, tendrás una idea de las posibilidades que tienes ahora y de cuánto tiempo te hará falta para lograr tu cometido. Si durante el último año te has dedicado a conducir un carrito de
golf, te llevará más tiempo que si ya eres capaz de recorrer nueve hoyos a
un ritmo que te resulte cómodo.

Objetivos a corto plazo

Una vez determinados tus objetivos a largo plazo, divídelos en metas a
corto plazo que abarquen períodos de entre dos y cuatro semanas, pues se
convertirán en los pasos que has de dar para alcanzar lo que deseas. En el
ejemplo del golf, no es posible realizar cambios drásticos en la resistencia en
sólo dos o cuatro semanas. Una meta intermedia a largo plazo (que se podría
alcanzar en un período de tres meses) sería recorrer nueve hoyos a un ritmo
cómodo. Un objetivo a corto plazo puede significar hacer algo con ese fin,
como salir a caminar dos veces al día, durante diez minutos cada vez, a ritmo moderado. Puedes mejorar un poco más este objetivo utilizando la información que te proporciona este capítulo sobre las actividades aeróbicas, y así
determinar el ritmo cardíaco que deberías alcanzar durante las caminatas.

Una persona puede alcanzar el objetivo de la flexibilidad en un período breve. Debería planteárselo de la siguiente manera: alcanzar y mantener
un radio de movimiento de hombro aproximadamente diez grados superior
al normal para todos los movimientos. Ésta es otra meta menos objetiva pero
de todas maneras muy útil: tienes que subir los dos brazos hacia arriba y conseguir tocar la zona media del cuello y el principio de la espalda con cada
mano. Mediante la aplicación de los métodos que explicaré más adelante
podrás determinar el parámetro basal (nivel inicial) de la flexibilidad de tu
hombro y tu resistencia general, y así volver a analizar ambos parámetros a
su debido tiempo. Como verás, la forma en que determines tu parámetro
basal y respuesta al ejercicio puede oscilar entre muy subjetiva y objetiva,
dependiendo del tipo de información que te resulte de mayor utilidad. Determinar el parámetro basal te ayudará durante la transición desde la etapa
de preparación hasta la tercera —acción—, durante la cual el individuo comienza a actuar o modifica su comportamiento.

Independientemente de tus objetivos y método para cuantificar tu progreso, habrá momentos en los que no avances nada. Es posible que alcances una meseta o incluso experimentes un ligero «retroceso», en especial a medida que envejeces y debido a la naturaleza intermitente de la artritis. Las personas suelen bromear con que pueden predecir el clima a partir del dolor de una de sus articulaciones, pero la cuestión no hace más que subrayar la variabilidad diaria que en ocasiones experimenta la artritis (al igual que otras muchas enfermedades).

Un joven me contó que sólo experimenta síntomas en un hombro cuando el clima es húmedo. Yo sufro problemas en la zona inferior de la espalda que en ocasiones se exacerban y me provocan dolor en el muslo. En esos períodos dejo de correr y me dedico a andar, disminuyendo también el peso que levanto durante mis sesiones de entrenamiento de fuerza. Cuando los síntomas remiten, lentamente vuelvo a correr e incremento el peso. Mis metas no han cambiado, pero a veces debo ajustar los plazos para mis objetivos específicos. Lo más aconsejable, siempre, es que escuches a tu cuerpo.

Cómo establecer el parámetro basal

Cada persona tiene diferentes maneras de alcanzar sus metas, pero algunos pasos comunes resultan de gran ayuda. Uno de los primeros consiste en que establezcas tu parámetro basal, es decir, tu nivel de capacidad inicial para cada objetivo. Si quieres reducir tu fatiga mientras andas, debes establecer qué distancia recorres actualmente sin fatigarte. Cuantificar tu parámetro basal puede resultar simple o complejo, dependiendo de tu necesidad. Si nunca has practicado ninguna actividad física, te recomiendo una prueba ligeramente más completa, si bien ninguna de las aquí mencionadas resultan excesivamente complicadas. Si ya eres una persona activa pero deseas modificar tu programa, podrías realizar únicamente una prueba formal para áreas nuevas o para aquellas que pretendas modificar.

Por ejemplo, si caminas regularmente pero te has dado cuenta de que necesitas un poco más de entrenamiento de resistencia, haz pruebas para determinar tu fuerza. Para tu rutina debes establecer tus niveles actuales de preparación física valiéndote de la distancia que recorres y la intensidad de la rutina. Independientemente de tu nivel, deberás tener alguna idea del estado físico con que vas a comenzar, tanto para determinar el programa inicial como para evaluar tu progreso. Como explicaré en el capítulo 2, existen tres componentes básicos en la preparación física: la resistencia cardiovascular (aeróbica), la fuerza muscular y la flexibilidad.

Figura 1.1 Cómo tomar el pulso radial

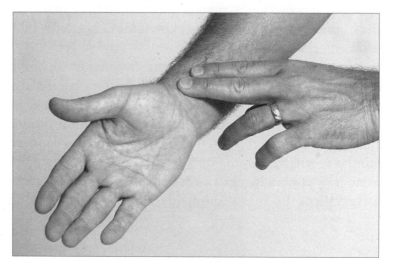

Pruebas de estado aeróbico

El estado aeróbico o resistencia puede ser determinado mediante una de varias pruebas. La mayoría de ellas analizan el consumo de oxígeno (abreviado como VO_2 max), que es la medición fisiológica del estado aeróbico. Tu médico puede someterte a una prueba de esfuerzo, que aportará un parámetro basal apropiado. Pero también cuentas con la posibilidad de ser tú mismo quien determine tu parámetro basal mediante una prueba. Selecciona alguna que refleje la actividad que practicas en la actualidad o que planificas hacer: por ejemplo, si pretendes comenzar un programa de ciclismo, mide tu parámetro basal recurriendo a una prueba con bicicleta. Puedes elegir entre alguna de las pruebas de campo más sencillas y comunes para distintas actividades, que explicaré a continuación.

Inmediatamente antes de una prueba, entra en calor con algunas actividades suaves que eleven tu ritmo cardíaco y te hagan sentir ágil. Caminar en el lugar durante algunos minutos o pedalear sin resistencia es una buena manera de aflojar las piernas. Si vas a llevar a cabo la prueba de natación, estira los hombros y el tronco realizando fáciles círculos con los hombros, más flexiones de tronco y giros. Para cualquiera de las pruebas, tienes que hacer un buen esfuerzo para que los resultados sean significativos.

Algunas de las pruebas también requieren que sepas tomarte el pulso. Si nunca has medido tu ritmo cardíaco, te resultará más sencillo tomarte el pulso en la muñeca (pulso radial). La mejor manera de hacerlo es colocando los dedos índice y corazón sobre la mano contraria (véase figura 1.1). No uses el pulgar porque tiene su propio pulso y te dará un resultado erróneo. El pulso se localiza entre dos tendones de la muñeca, en la base del pulgar. Mediante una suave presión deberías ser capaz de percibirlo. Sugiero que practiques varias veces antes de realizar una prueba.

Prueba de caminata

La prueba de caminata de Rockport ha sido comprobada con adultos sanos y resulta probablemente más sencilla de completar que otras pruebas de marcha y carrera (Dolgener *et al.*, 1994; Kline *et al.*, 1987). La prueba de Rockport consiste en recorrer 1,6 km andando y ofrece un estimativo de la capacidad aeróbica a partir del tiempo total de caminata y el ritmo cardíaco, el género y el peso. Los resultados se aplican sobre una fórmula que calcula el consumo de oxígeno. A medida que mejora la condición física del individuo, el tiempo en que éste recorre 1,6 km disminuirá. Para conseguir más información sobre esta prueba, consulta la página 36.

Prueba de ciclismo

Si tienes pensado montar en bicicleta o nadar como actividad aeróbica, elige una prueba específica para dichas actividades. La prueba de ciclismo de Åstrand, detallada en las páginas 37 a 40, es simple de poner en práctica: consiste en incrementar la resistencia del pedaleo hasta que llegue a resultar incómodo (Åstrand y Rhyming, 1954). Pedalea con una resistencia predeterminada durante seis minutos, controlando tu ritmo cardíaco a cada minuto. Debido a la necesidad de cuantificar el ritmo cardíaco durante la prueba, te resultará más sencillo que alguien te ayude. A continuación calcula el consumo de oxígeno utilizando un nomograma, que has de ajustar según tu edad (Åstrand, 1960).

Prueba de caminata de Rockport

Equipamiento
Pista u otro recorrido de 400 metros (al aire libre), un cronómetro y una báscula.

Procedimiento
1. Mide tu peso corporal lo más exactamente posible.
2. Recorre 1,6 km (1 milla) andando lo más rápido que puedas, y toma nota del tiempo total que necesitas para completar la distancia antes mencionada.
3. Cuando finalices, tómate el pulso de inmediato durante diez segundos. Multiplica este número por seis para obtener tu ritmo cardíaco en pulsaciones por minuto (ppm).
4. Debes convertir el tiempo que has andado (minutos y segundos) en unidades de minutos. Para calcular estas unidades, divide el número de segundos por sesenta para obtener una fracción (y redondea hacia la centésima más próxima). Por consiguiente, un tiempo de 15 minutos y 37 segundos de caminata se convertiría en 15 + (37/60) = 15,62.
5. Calcula tu consumo máximo de oxígeno estimado (VO_2 max) usando la siguiente fórmula, y luego recurre a la tabla 1.5 (pág. 43) para determinar la clasificación de tu estado físico.

$$VO_2 \text{ max en ml/kg/min} = 132,853 - (0,0769 \times P) - (0,3877 \times E) + (6,315 \times G) - (3,2649 \times T) - (0,1565 \times RC)$$

P = peso en kilogramos
E = edad en años
G = género (0 = femenino; 1 = masculino)
T = tiempo total convertido, en minutos
RC = ritmo cardíaco en ppm para una caminata de 1,6 km

Ejemplo
Eres una mujer de cuarenta y nueve años, y pesas 65,7 kg. El tiempo que has tardado en completar la caminata ha sido de 16 minutos y 42 segundos, y tu pulso durante diez segundos ha sido de 23.

$$T = 16 + 42/60 = 16,7 \qquad RC = 23 \times 6 = 138 \text{ ppm}$$

$$VO_2 \text{ max} = 132,853 - (0,0769 \times 145) - (0,3877 \times 49) + (6,315 \times 0) - (3,2649 \times 16,7) - (0,1565 \times 138) =$$
$$= 132,853 - 11,1505 - 18,9973 + 0 - 54,52383 - 21,597$$

$$VO_2 \text{ max} = 26,6 \text{ km/kg/min}$$

Adaptación, con permiso, de Kline et al., 1987.

Prueba de ciclismo de Åstrand-Rhyming

Equipamiento

Bicicleta estática con resistencia ajustable y cuantificada; cronómetro y báscula.

Procedimiento

1. Cuantifica tu peso corporal en kilogramos.
2. Ajusta el sillín de la bicicleta; en la posición inferior del pedal, tus rodillas deberían quedar casi completamente rectas.
3. Comienza a pedalear, incrementando la velocidad a 50 revoluciones por minuto. Manteniendo esta velocidad durante toda la prueba, incrementa la resistencia hasta el nivel recomendado (debes considerar tu edad y estado de salud; si tienes una edad avanzada y una salud deficiente, elige el inferior de los dos niveles):

	Mujeres	Hombres
Incondicionado	300 o 450 kpm	300 0 600 kpm
Condicionado	450 o 600 kpm	600 o 900 kpm

4. Pon en funcionamiento el cronómetro y continúa la cadencia del pedaleo durante seis minutos. Comprueba tu ritmo cardíaco durante los últimos 10 segundos de cada minuto. Convierte el recuento que realizas cada 10 segundos en ppm multiplicando cada cifra por 6.
5. Si los últimos dos minutos (5 y 6) mantienen una diferencia de 5 pulsaciones entre sí, promédialos para conseguir el ritmo cardíaco que requiere la prueba. Si no la mantienen, continúa durante algunos minutos más hasta que lleguen a una diferencia de 5 pulsaciones. Si tu ritmo cardíaco continúa creciendo exageradamente después del sexto minuto, detén la prueba y descansa durante alrededor de 15 minutos. Puedes luego repetir la prueba con la carga menos pesada. Tu ritmo cardíaco promedio final debería oscilar entre las 120 y 140 ppm con las cargas menores, y entre 120 y 170 con las mayores.
6. Utilizando el ritmo cardíaco promedio final, halla el VO_2 max (l/min) de la tabla 1.3 y corrige este valor según tu edad utilizando los números que aparecen en la tabla 1.4.
7. Para encontrar el VO_2 max en ml/kg/min, completa los siguientes cálculos:

$$VO_2 \text{ max en ml/kg/min} = \frac{\text{l/min} \times 1.000}{\text{Peso (kg)}}$$

8. Utilizando el valor del consumo de oxígeno, busca la clasificación de tu estado físico en la tabla 1.5.

Ejemplo

Eres un hombre de sesenta y siete años, con un peso de 88,4 kg. Completas la prueba a 300 kpm, con un ritmo cardíaco promedio de 132 ppm.

$$VO_2 \text{ max (l/min)} = 1,8$$
$$VO_2 \text{ max (l/min) con edad corregida} = 0,65 \times 1,8 = 1,17$$
$$\text{Peso} = 88,5 \text{ kg}$$
$$VO_2 \text{ max en ml/kg/min} = \frac{1,17 \times 1.000}{88,5} = 13,2 \text{ ml/kg/min}$$

Reimpresión, con permiso, de Åstrand, 1960.

Tabla 1.3 Prueba de ciclismo de Åstrand-Rhyming: cifras de consumo de oxígeno basadas en carga y ritmo cardíaco

Ritmo cardíaco	Carga para hombre					Carga para mujer				
	300	600	900	1.200	1.500	300	450	600	750	900
120	2,2	3,4	4,8			2,6	3,4	4,1	4,8	
121	2,2	3,4	4,7			2,5	3,3	4,0	4,8	
122	2,2	3,4	4,6			2,5	3,2	3,9	4,7	
123	2,1	3,4	4,6			2,4	3,1	3,9	4,6	
124	2,1	3,3	4,5	6,0		2,4	3,1	3,8	4,5	
125	2,0	3,2	4,4	5,9		2,3	3,0	3,7	4,4	
126	2,0	3,2	4,4	5,8		2,3	3,0	3,6	4,3	
127	2,0	3,1	4,3	5,7		2,2	2,9	3,5	4,2	
128	2,0	3,1	4,2	5,6		2,2	2,8	3,5	4,2	4,8
129	1,9	3,0	4,2	5,6		2,2	2,8	3,4	4,1	4,8
130	1,9	3,0	4,1	5,5		2,1	2,7	3,4	4,0	4,7
131	1,9	2,9	4,0	5,4		2,1	2,7	3,4	4,0	4,6
132	1,8	2,9	4,0	5,3		2,0	2,7	3,3	3,9	4,5

Tabla 1.3 (Continuación)

Ritmo cardíaco	Carga para hombre					Carga para mujer				
	300	600	900	1.200	1.500	300	450	600	750	900
133	1,8	2,8	3,9	5,3		2,0	2,6	3,2	3,8	4,4
134	1,8	2,8	3,9	5,2		2,0	2,6	3,2	3,8	4,4
135	1,7	2,8	3,8	5,1		2,0	2,6	3,1	3,7	4,3
136	1,7	2,7	3,8	5,0		1,9	2,5	3,1	3,6	4,2
137	1,7	2,7	3,7	5,0		1,9	2,5	3,0	3,6	4,2
138	1,6	2,7	3,7	4,9		1,8	2,4	3,0	3,5	4,1
139	1,6	2,6	3,6	4,8		1,8	2,4	2,9	3,5	4,0
140	1,6	2,6	3,6	4,8	6,0	1,8	2,4	2,8	3,4	4,0
141		2,6	3,5	4,7	5,9	1,8	2,3	2,8	3,4	3,9
142		2,5	3,5	4,6	5,8	1,7	2,3	2,8	3,3	3,9
143		2,5	3,4	4,6	5,7	1,7	2,2	2,7	3,3	3,8
144		2,5	3,4	4,5	5,7	1,7	2,2	2,7	3,2	3,8
145		2,4	3,4	4,5	5,6	1,6	2,2	2,7	3,2	3,7
146		2,4	3,3	4,4	5,6	1,6	2,2	2,6	3,2	3,7
147		2,4	3,3	4,4	5,5	1,6	2,1	2,6	3,1	3,6
148		2,4	3,2	4,3	5,4	1,6	2,1	2,6	3,1	3,6
149		2,3	3,2	4,3	5,4		2,1	2,6	3,0	3,5
150		2,3	3,2	4,2	5,3		2,0	2,5	3,0	3,5
151		2,3	3,1	4,2	5,2		2,0	2,5	3,0	3,4
152		2,3	3,1	4,1	5,2		2,0	2,5	2,9	3,4
153		2,2	3,0	4,1	5,1		2,0	2,4	2,9	3,3
154		2,2	3,0	4,0	5,1		2,0	2,4	2,8	3,3

Tabla 1.3 (Continuación)

Ritmo cardíaco	Carga para hombre					Carga para mujer				
	300	600	900	1.200	1.500	300	450	600	750	900
155		2,2	3,0	4,0	5,0		1,9	2,4	2,8	3,2
156		2,2	2,9	4,0	5,0		1,9	2,3	2,8	3,2
157		2,1	2,9	3,9	4,9		1,9	2,3	2,7	3,2
158		2,1	2,9	3,9	4,9		1,8	2,3	2,7	3,1
159		2,1	2,8	3,8	4,8		1,8	2,2	2,7	3,1
160		2,1	2,8	3,8	4,8		1,8	2,2	2,6	3,0
161		2,0	2,8	3,7	4,7		1,8	2,2	2,6	3,0
162		2,0	2,8	3,7	4,6		1,8	2,2	2,6	3,0
163		2,0	2,8	3,7	4,6		1,7	2,2	2,6	2,9
164		2,0	2,7	3,6	4,5		1,7	2,1	2,5	2,9
165		2,0	2,7	3,6	4,5		1,7	2,1	2,5	2,9
166		1,9	2,7	3,6	4,5		1,7	2,1	2,5	2,8
167		1,9	2,6	3,5	4,4		1,6	2,1	2,4	2,8
168		1,9	2,6	3,5	4,4		1,6	2,0	2,4	2,8
169		1,9	2,6	3,5	4,3		1,6	2,0	2,4	2,8
170		1,8	2,6	3,4	4,3		1,6	2,0	2,4	2,7

Reimpresión, con permiso, de Åstrand, 1960.

Tabla 1.4 Factor de corrección de edad

Edad	Factor de corrección	Edad	Factor de corrección
20	1,050	43	0,800
21	1,040	44	0,790
22	1,030	45	0,780
23	1,020	46	0,774
24	1,010	47	0,768
25	1,000	48	0,762
26	0,987	49	0,756
27	0,974	50	0,750
28	0,961	51	0,742
29	0,948	52	0,734
30	0,935	53	0,726
31	0,922	54	0,718
32	0,909	55	0,710
33	0,896	56	0,704
34	0,883	57	0,698
35	0,870	58	0,692
36	0,862	59	0,686
37	0,854	60	0,680
38	0,846	61	0,674
39	0,838	62	0,668
40	0,830	63	0,662
41	0,820	64	0,656
42	0,810	65	0,650

Reimpresión, con permiso, de Åstrand, 1960.

Prueba de natación

Existe una prueba de natación que, a partir de un recorrido en 12 minutos, consigue determinar el nivel de preparación física de un individuo (Hoeger y Hoeger, 2002; Cooper, 1982). Suelo sugerir la práctica de esta prueba sólo si ya eres nadador y no tienes artritis en los hombros, por dos motivos. Primero, si no llevas algún tiempo nadando, es posible que notes que esta prueba empeora tus síntomas en los hombros. Segundo, a pesar de que puedes haber estado practicando alguna actividad física, a menos que hayas entrenado los hombros te costará nadar durante 12 minutos consecutivos. Por otro lado, si no acostumbras a nadar, deberías notar una mejoría significativa una vez que empieces. La distancia que cubras durante el período de 12 minutos se utilizará para identificar una categoría particular de estado físico.

Sugiero que determines tu parámetro basal de natación de una de dos maneras: nada tantos largos como puedas en diez minutos y utiliza esa distancia como tu parámetro basal, o registra el número total de largos que eres capaz de recorrer nadando continuamente e intenta mejorar esa marca.

Especifica tu objetivo aeróbico

Los resultados de las distintas pruebas te darán como resultado una clasificación, como por ejemplo «regular», o un estimativo del consumo de oxígeno, que es la medida fisiológica. Si los resultados son utilizados como un cálculo del consumo de oxígeno, puedes convertir ese dato en una categoría de estado físico. La tabla 1.5 muestra las clasificaciones de preparación física derivadas de los valores de consumo de oxígeno. Utiliza, entonces, ese parámetro basal para especificar tus objetivos.

Por ejemplo, si llevas a cabo la prueba de caminata y descubres que tu nivel de preparación física entra en la categoría de «regular», entonces tu objetivo a largo plazo podría ser llevar tu preparación cardiovascular a la categoría superior: «buena». Tu objetivo a corto plazo, por otro lado, podría ser reducir en 30 segundos (y en el plazo de dos meses) el tiempo que tardas en recorrer 1,6 km andando. Este tipo de objetivo es muy específico, y gracias a él podrás comprobar si estás progresando. Te sugiero que también incluyas una evaluación subjetiva: cómo te sientes después de recorrer 1,6 km, en términos de fatiga y síntomas. En ocasiones lleva más tiempo alcanzar objetivos mensurables en términos de tiempo, pero tal vez notes que la fatiga o el dolor han disminuido, según tu percepción.

Tabla 1.5 Clasificación de estado físico para valores máximos de consumo de oxígeno

	Edad	Clasificación de estado físico				
		Malo	Regular	Promedio	Bueno	Excelente
Hombres	≤29	≤35	36-40	41-45	46-50	≥51
	30-39	≤33	34-37	38-43	44-49	≥50
	40-49	≤31	32-35	36-40	41-47	≥48
	50-59	≤29	30-32	33-37	38-44	≥45
	60+	≤24	25-29	30-34	35-41	≥42
Mujeres	≤29	≤28	29-32	33-37	38-43	≥44
	30-39	≤27	28-31	30-35	36-40	≥41
	40-49	≤25	26-28	29-32	33-38	≥39
	50-59	≤22	23-25	26-29	30-34	≥35
	60+	≤21	22-23	24-28	29-34	≥35

Adaptado, con permiso, de ACSM, 2000.

Tal como he sugerido, las pruebas pueden ser tan simples o complejas como desees, así que cuentas con la posibilidad de alterarlas para que satisfagan tus necesidades o se adapten a tu capacidad. En lo que a andar se refiere, puedes medir cuántas manzanas consigues recorrer en un tiempo específico (el tiempo total debería ser de al menos 5 minutos), o determinar cuánto tiempo te lleva dar una vuelta a la manzana. Si montas en bicicleta al aire libre, comprueba cuánta distancia puedes recorrer en un tiempo determinado, o quizá cuánto tardas en llegar a un destino predeterminado. Una prueba similar es aplicable a la natación: averigua cuántos largos eres capaz de nadar sin detenerte. Ya utilices una prueba establecida o una de tu creación, anota los resultados y toma como referencia el parámetro basal para evaluar tu progreso.

Yo salgo a correr, y me cronometro en un recorrido por el barrio para llevar un registro de mi estado cardiovascular. No me cronometro todos los días, lo cual puede resultar bastante descorazonador si la rigidez u otros problemas reaparecen con fuerza, pero intento hacerlo cada pocos meses. Te animo a que hagas lo mismo. Tal como sucede con los objetivos, es menos probable que te olvides de evaluarte a ti mismo si determinas un día y lo apuntas en tu plan con suficiente antelación.

Pruebas de fuerza

El parámetro basal de fuerza suele ser establecido mediante la medición de una repetición máxima (1RM) o diez repeticiones máximas, que es el peso que puedes levantar sólo una o diez veces. Como esta prueba suele requerir la ayuda de un profesional, puedes elegir otros métodos más sencillos para practicar en casa. Yo suelo tener pacientes que no se ejercitan con regularidad, por lo que comienzan con actividades de muchas repeticiones y baja resistencia, y más tarde evalúan sus repeticiones máximas, cuando ya se han acostumbrado a algunos ejercicios de fortalecimiento. Una prueba cronometrada de abdominales (American Collage of Sports Medicine, 1995) se convierte en una buena medición general de la fuerza del tronco y de su resistencia. De la misma manera, puedes calcular la fuerza del tercio superior del cuerpo y su resistencia mediante una prueba de flexiones de brazos. Ambas pruebas son sencillas, sólo se valen del peso corporal, y cuentan con valores normativos basados en la edad. Explicaré las pruebas en las páginas 45 y 46.

Para llevar a cabo una prueba de niveles de repetición, decide si quieres trabajar con 1RM, 10RM o algún otro parámetro basal protocolar. A continuación determina qué ejercicios de fuerza utilizarás en tu programa, ya que harás la prueba de repeticiones máximas para cada uno de ellos. Aunque se han sugerido muchas fórmulas para estimar la 1RM, ninguna de ellas es perfecta. La mejor manera consiste en calcular una carga potencial basada en tu actividad actual, edad y tamaño corporal. Te convendría contar con la ayuda de un profesional de la preparación física. Encontrar la RM suele ser una cuestión de ensayo y error. Calcula lo que crees que puedes levantar esa primera vez, e intenta hacerlo. Si levantas ese peso con facilidad, incrementa la carga; si no puedes moverlo en absoluto, disminuye el peso. Si no sabes calcular (o la persona que te ayuda no lo sabe), es posible que tengas que finalizar la prueba otro día. Pero en este caso hago una advertencia: si levantas mucho peso y no estás acostumbrado a hacerlo, es posible que sientas dolor muscular y más síntomas de artritis uno o dos días más tarde.

Prueba cronometrada de abdominales para determinar la fuerza del addomen

Equipamiento

Temporizador o contador.

Procedimiento

1. Túmbate boca arriba en el suelo, con las rodillas flexionadas aproximadamente a 100 grados (pies planos sobre el suelo).
2. Cruza los brazos sobre el pecho, colocando cada mano sobre el hombro contrario.
3. Despega la cabeza del suelo, con la barbilla en el pecho, y mueve el cuerpo hasta alcanzar la posición vertical; a continuación, vuelve a descender hasta el suelo.
4. Realiza la mayor cantidad de repeticiones posibles en un minuto, controlando mediante el temporizador el número de abdominales completos que consigues ejecutar.
5. Calcula tu estado físico a partir de la tabla que aparece a continuación.

		Clasificación de estado físico				
	Edad	Muy malo	Malo	Regular	Bueno	Excelente
Hombres	20-29	≤32	33-37	38-41	42-46	≥47
	30-39	≤30	30-33	35-37	39-42	≥43
	40-49	≤23	24-28	29-32	34-37	≥39
	50-59	≤18	19-22	24-27	28-33	≥35
	60+	≤14	15-18	19-21	22-28	≥30
Mujeres	20-29	≤26	27-31	32-37	38-42	≥44
	30-39	≤19	20-24	25-28	29-33	≥35
	40-49	≤13	14-19	20-23	24-28	≥29
	50-59	≤9	10-12	14-19	20-22	≥24
	60+	≤2	3-5	6-10	11-15	≥17

Clasificación de estados físicos: reimpresión con permiso de ACSM, 2000.

Prueba de flexiones para determinar la fuerza del tercio superior del cuerpo y el tronco

Equipamiento
Contador.

Procedimiento
1. Túmbate boca abajo y coloca las manos junto a los hombros (palmas hacia abajo). Los hombres mantendrán las piernas extendidas, con los pies apoyados sobre el punto de contacto más bajo, y las mujeres flexionarán las rodillas a 90 grados, valiéndose de ellas como punto de contacto más bajo.
2. Eleva el tronco hasta que los brazos queden completamente extendidos, y a continuación baja el cuerpo hacia el suelo. En el descenso, el pecho no debería quedar a más de 10 cm del suelo (el ancho de un puño), aunque tampoco debe tocarlo entre una flexión de brazos y la siguiente.
3. Debes mantener la espalda recta durante toda la flexión.
4. Cuenta el número de flexiones completas que llevas a cabo sin parar (no existe límite de tiempo).
5. A partir del gráfico que aparece a continuación, calcula tu nivel de preparación física.

	Edad	Clasificación de estado físico				
	Edad	Muy malo	Malo	Regular	Bueno	Excelente
Hombres	20-29	≤21	22-27	29-35	37-44	≥47
	30-39	≤16	17-21	24-29	30-36	≥39
	40-49	≤10	11-16	18-22	24-29	≥30
	50-59	≤8	9-11	13-17	19-24	≥25
	60+	≤5	6-9	10-16	18-22	≥23
Mujeres	20-29	≤15	17-22	23-29	30-34	≥36
	30-39	≤10	11-17	19-23	24-29	≥31
	40-49	≤5	6-11	13-17	18-21	≥24
	50-59	≤5	6-10	12-15	17-20	≥21
	60+	≤1	2-4	5-11	12-15	≥16

Clasificación de estados físicos: reimpresión con permiso de ACSM, 2000.

Pruebas de flexibilidad

La clasificación de flexibilidad puede dividirse en dos: general y específica. Te resultará más sencillo comprobar tu flexibilidad si alguien te ayuda; de lo contrario, es posible que necesites recurrir a una evaluación más funcional, como el que te puedas tocar o no los dedos de los pies sin flexionar las rodillas. Dos pruebas sencillas para determinar la flexibilidad general son la de «sentarse y alcanzar», que puede ser modificada para llevarla a cabo en casa, y una prueba de movimiento de hombros combinado (ACSM, 1995). La prueba de «sentarse y alcanzar» aporta información sobre la flexibilidad del tercio inferior de la espalda y los tendones del hueco poplíteo, mientras que la prueba de movimiento de hombros combinado evalúa diversos movimientos ejecutados con dicha zona del cuerpo. He modificado una prueba clínica, la prueba de Apley, para evaluar los movimientos de hombro combinados y he identificado algunos criterios funcionales para dicha prueba, ya que no existen datos normativos disponibles (véase página 49). Los terapeutas suelen utilizar esta prueba para controlar la actividad de la articulación del hombro (Hoppenfeld, 1976).

La flexibilidad articular específica identifica el alcance de una articulación en cada uno de sus movimientos normales. Por ejemplo, la articulación del hombro (cuya flexibilidad general puedes comprobar mediante la prueba de Apley modificada) realiza flexión, extensión, rotación interna y externa, aducción y abducción. La flexibilidad articular específica se mide mejor si se ocupa de ello un profesional, pero puedes calcularla visualmente si fuera necesario. Determina qué nivel de flexión alcanza tu rodilla cuando te sientas en el borde de una silla y mueves un pie hacia atrás, en flexión (hacia las nalgas). Si consideras que la posición completamente recta marca el grado 0, puedes determinar cuántos grados logras alcanzar sin tener que ayudarte con las manos. Luego compara esta medición con la de otra articulación, o con la de alguien que tenga articulaciones sanas, y determina si necesitas mejorar tu situación. Si en un área resulta evidente que careces de flexibilidad, es posible que tu médico te derive a un terapeuta. Muchos presentamos algunos pequeños déficits de movimiento, pero deberíamos evaluarlos cuando afectan a nuestro funcionamiento normal, es decir, cuando nos impiden realizar una tarea específica.

Una vez más, cuanto más concretos sean tu parámetro basal y tus objetivos, más sencillo te resultará controlar tu progreso. Te sugiero que en un folio registres tus mediciones de parámetros basales y tus objetivos, ya que te resultará de ayuda cuando comiences a diseñar tu programa (explicaré el

Prueba modificada de «sentarse y alcanzar»

Equipamiento

Ayudante; cinta métrica con una marca que señale 15 pulgadas (38 cm).

Procedimiento

1. Siéntate en el suelo y coloca la cinta métrica entre tus piernas. El extremo del cero debe quedar dirigido hacia tu tronco, y tus talones deben situarse a la altura de la marca de las 15 pulgadas. No separes las piernas más que 25 o 30 cm (sin zapatos).
2. Coloca una mano sobre la otra, con las puntas de los dedos a la misma altura. Intenta mantener las rodillas lo más rectas que puedas.
3. El ayudante es responsable de mantener tus rodillas rectas sin ejercer presión sobre ellas; además debe sujetar la cinta métrica para que no se deslice, y registrar la distancia alcanzada con la mayor precisión posible.
4. Inclínate lenta y suavemente sobre la cinta métrica, manteniendo las manos y las rodillas en la misma posición. No te balancees. Deberías ser capaz de mantener tu distancia máxima cómodamente, sin contener la respiración, mientras tu ayudante registra la distancia.
5. Repite la secuencia tres veces, utilizando la mejor distancia como tu puntaje máximo.
6. A partir del gráfico que aparece a continuación, calcula la clasificación de tu estado físico.

		Clasificación de estado físico				
	Edad	Muy malo	Malo	Regular	Bueno	Excelente
Hombres	20-29	≤13,5	14-16	16,5-18	18,5-20	≥20,5
	30-39	≤12,0	13-15	15,5-17	17,5-19	≥19,5
	40-49	≤11,0	12-14	14,5-16	16,5-18	≥18,5
	50-59	≤10,0	10,5-12,5	13-15	15,5-17	≥17,5
	60+	≤9,0	10-12	12,5-14	14,5-16,5	≥17,0
Mujeres	20-29	≤16,5	17-19	19,5-20	20,5-22	≥22,5
	30-39	≤15,5	16,5-18	18,5-19,5	20-21	≥21,5
	40-49	≤14,0	15-17	17,5-18,5	19-20	≥20,5
	50-59	≤14,0	15-16	16,5-18	18,5-20	≥20,5
	60+	≤11,5	13-15	15,5-17	17-18	≥19,0

Clasificación de estados físicos: reimpresión con permiso de ACSM, 2000.

Prueba de flexibilidad de hombro combinada (prueba de Apley modificada)

Equipamiento

Observador.

Procedimiento

1. Lleva una mano hacia atrás, pasando por encima del hombro contrario, e intenta llegar lo más abajo posible por la columna. El observador registra la posición final.
2. A continuación lleva la mano hacia el tercio inferior de la espalda, e intenta «subir» por la columna todo lo que puedas mientras el observador vuelve a registrar la posición final.
3. Repite con el otro brazo.

Clasificación	Parte superior del brazo	Parte inferior del brazo
Excelente	Alcanza un punto situado por debajo de la base del cuello	Supera la parte inferior de la escápula
Buena	Alcanza la base del cuello	Alcanza la parte inferior de la escápula
Regular	Alcanza la cara lateral del cuello	Alcanza la zona media del tercio inferior de la espalda
Mala	No llega a la cara lateral del cuello	No llega a la zona media del tercio inferior de la espalda

proceso en el próximo capítulo). Una forma de mejorar el cumplimiento de un programa de ejercicios consiste en llevar un diario; puedes comenzar volcando allí tus mediciones de parámetros basales y objetivos, y luego utilizarlo para llevar un registro de tus sesiones de entrenamiento.

Identifica tus necesidades

Una vez establecidos tus objetivos, estarás preparado para confeccionar un programa de entrenamiento que te permita alcanzarlos. Pero antes debes determinar lo que necesitas, de tal manera que una vez que comiences el programa no lo dejes. Las necesidades básicas incluyen equipamiento e instalaciones, además de clases, compañeros de ejercicios y recursos comunitarios. Un buen primer paso consiste en identificar de qué equipamiento e instalaciones dispones, lo que te ayudará a establecer algunos de los parámetros de tu programa de ejercicios. Por ejemplo, si cerca de tu lugar de residencia existe algún centro que disponga de un programa de ejercicios acuáticos para personas con artritis, puedes apuntarte a él como parte de tu régimen aeróbico. Más adelante explicaré otras posibilidades, pero debes tener en cuenta que cada comunidad cuenta con recursos de diferente tipo.

Volviendo al ejemplo anterior, el golfista no necesita demasiado equipamiento para trabajar la flexibilidad de sus hombros, y puede hacerlo en casa. Para mejorar la resistencia que necesita a la hora de recorrer nueve hoyos de golf, sin embargo, tiene que caminar o correr. Si estuviese trabajando con este golfista, yo le formularía preguntas como: «¿Puedes salir a andar por tu barrio? Y si es así, ¿estarías dispuesto a hacerlo?», o «Si tuvieras que trabajar sobre una cinta, ¿te costaría menos seguir un programa relacionado con caminar o con correr?». Si una persona desea seguir un programa con cinta, ¿dispone de una en su casa o en alguna instalación deportiva cercana? Hago hincapié en que se encuentre cerca, porque una de las razones más comunes por las que las personas dejan de hacer deporte es la incomodidad, tanto para llegar al lugar como para entrar y utilizar el equipamiento que necesitan. En ocasiones la instalación que requieres sí que existe, pero tras una investigación más minuciosa descubres que es muy costosa, o que siempre está atestada de gente. Si eres una persona mayor, algunas instalaciones disponen de horarios específicos para la tercera edad durante los cuales posiblemente coincidan menos usuarios.

El equipamiento debe variar, dependiendo de tus objetivos y de la complejidad del programa que elabores. Para la ejercitación cardiovascular, el equipamiento puede incluir desde un calzado adecuado hasta una cinta para caminar o correr. Los aparatos más comunes para la ejercitación aeróbica son las cintas, las bicicletas estáticas y las máquinas que simulan el esquí de fondo, y algunos de los nuevos dispositivos que ofrece el mercado incluyen ejercitadotes de tecnología elíptica y simuladores de escalones. Si te apuntas a alguna instalación deportiva, el lugar mismo determinará el tipo de equipamiento que utilizarás. En el caso de que quieras comprar algún dispositivo, procura probarlo antes de pagar por él, ya que algunos incrementan la sintomatología en las extremidades inferiores. Es importante que sepas qué buscas en un determinado aparato; por esa razón, en el próximo capítulo explicaré el tipo de actividades cardiovasculares que más recomiendo.

Para los programas de resistencia existe una variedad mucho más amplia de equipamiento. Al nivel más simple, sólo necesitas de tu cuerpo. El equipamiento requerido para los programas llevados a cabo en casa puede incluir cintas elásticas, pesas, mancuernas y pesos libres. Algunas máquinas pueden ser utilizadas en el ámbito doméstico, pero en general la gente va a los gimnasios porque la mayor variedad de máquinas que allí se ofrecen les permite practicar una gran variedad de ejercicios. Lógicamente, el equipamiento disponible en los gimnasios también varía, así que debes prestar mucha atención a lo que cada sitio te ofrezca.

Vestimenta y equipamiento básico necesarios

▷ Pantalones cortos sueltos y con goma en la cintura, o «ciclistas».
▷ Camisetas (manga corta y larga).
▷ Calcetines absorbentes.
▷ Calzado deportivo para caminar o correr (véase capítulo 7).
▷ Sudadera para los días más fríos.
▷ Cortavientos.
▷ Gorra con visera.

Para el gimnasio: botella de agua, toalla, bolsa de deporte.
Para casa: cuerdas elásticas, pesas o mancuernas.

Mecanismos de apoyo

Los mecanismos de apoyo son recursos que pueden ayudarte a conseguir tus objetivos. Son ejemplo de ello los compañeros de entrenamiento o algunas personas dispuestas a animarte; los cuidadores de niños; los grupos de apoyo para enfermos de artritis e incluso las clases grupales. Las personas suelen buscar «refuerzo» en amigos o familiares, porque se trata de un factor que les estimula a cumplir con su programa de entrenamiento. El apoyo familiar puede ser tan simple como organizar la cena en un horario próximo al de tu entrenamiento, o tan comprometido como invitar a tus seres queridos a que participen en el programa contigo.

Contar con un compañero de entrenamiento se convierte en un buen mecanismo de apoyo. Tengo una amiga que sale a caminar con otra mujer a las 5:30 todas las mañanas, antes de marcharse a su trabajo. Asegura que cuando sabe que alguien la está esperando en la esquina, no puede «pasar» del ejercicio. Y no sólo realiza una actividad física, sino que además disfruta de las charlas que mantiene con su amiga diariamente.

Si tienes pensado entrenar con alguien, es preferible que se trate de una persona con habilidades similares a las tuyas. De lo contrario podría resultar un buen encuentro social que, sin embargo, no te ayudaría a conseguir tus objetivos físicos. Cuando acababa de casarme, pensaba que mi marido y yo podríamos salir a correr juntos. Finalmente le convencí para que me acompañase durante unas vacaciones, pero, poco más de un kilómetro después de haber empezado a correr, a mí me faltaba el aire (aquél fue probablemente el kilómetro que he recorrido a mayor velocidad en mi vida), mientras él me preguntaba si «ya había entrado en calor». Evidentemente, había elegido un buen compañero de vida, ¡pero un malísimo compañero de entrenamiento!

Quizá no te apetezca entrenar con otra persona todos los días, pero sí que te agrada el contacto social. Busca entonces un grupo, o incluso una per-

Realizar ejercicios con un compañero o apuntarte a una salida en grupo para caminar o correr puede motivarte a no dejar tu programa de entrenamiento.

sona, con quien puedas quedar una vez a la semana para llevar a cabo una sesión de entrenamiento en su compañía. Esta alternativa combinará el respaldo social con tu deseo de ser más independiente. Muchas zonas cuentan con grupos que salen a caminar o correr una vez a la semana, para practicar una actividad física y socializar. Otra forma de contar con refuerzo social es la participación en alguna actividad local. Y eso no significa que tengas que correr. Muchas regiones organizan caminatas grupales o salidas en bicicleta, a veces combinadas con alguna carrera u otra actividad relacionada con la salud. Incluso el hecho de participar en estos encuentros puede resultarte de gran apoyo. El verano pasado todos los miembros de mi familia nos reunimos precisamente en la época en que en mi comunidad se llevaba a cabo una carrera de 5 km y una caminata de 1 km. Nos apuntamos los diez componentes del grupo familiar, y participamos en alguna de las dos carreras. También lo hicieron varias familias más. Aquellas actividades nos proporcionaron mucha diversión, ejercicio físico y apoyo.

Una vez que determines adónde quieres llegar y dónde te encuentras en este momento, estarás listo para comenzar a diseñar un programa de ejercicios valiéndote de toda esta información. En el capítulo 2 analizo los componentes de la preparación física con más profundidad. Explico cada uno de ellos, su importancia y algunos principios básicos de la ejercitación. En mi opinión, cuanto más sabes, más controlas. Y puedes realizar ciertos ajustes basándote en tus necesidades en lugar de seguir un programa estándar.

PLAN DE ACCIÓN

Prepararse para un nuevo programa

❖ Visita a tu médico.
❖ Evita las lesiones de la siguiente manera:
   • Conoce tus limitaciones.
   • Comprende las causas y los tipos de lesiones.
   • Adquiere un equipamiento apropiado (como calzado deportivo).
   • Planifica tus precalentamientos y momentos de descanso.
❖ Establece objetivos, tanto a largo como a corto plazo.
❖ Determina tu parámetro basal mediante pruebas de aptitud física, fuerza y flexibilidad.
❖ Identifica lo que te impide practicar ejercicio físico y lo que te anima a hacerlo.

CAPÍTULO 2

Diseña un programa de ejercicios

Tras tomar la decisión de ponerte en forma, has establecido tus objetivos y determinado tu parámetro basal. Por eso ahora estás preparado para desarrollar un programa de ejercicios que te ayude a cumplir con la meta que te has propuesto. Es posible que ya estés entrenando y que sólo quieras cambiar tu rutina para que se adapte a tu artritis; y la decisión tal vez derive de que te cuesta llevar a cabo algunas tareas específicas, como levantarte de una silla o caminar con tu nieto hasta el parque de tu zona. Quizá creas que debes centrarte sólo en esa actividad, pero si únicamente trabajas con ese fin limitado posiblemente no consigas cumplir tus objetivos. Un caballero que conozco intentaba mejorar su aptitud para caminar sin fatigarse, pero se dio cuenta de que el dolor que sentía en la rodilla era un gran factor limitante para él. Así que después de comenzar un simple programa doméstico de fuerza de piernas, logró caminar sin dolor.

Componentes de la aptitud física

Como expliqué en el capítulo anterior, los tres componentes básicos de un programa de aptitud física son la resistencia cardiovascular (aeróbica), la fuerza muscular y la flexibilidad. Crea un programa de acondicionamiento básico a partir de esos tres elementos y luego incluye componentes relacionados con otras actividades (como la agilidad) o movimientos funcionales. A pesar de que tu objetivo se relacione principalmente con uno de estos componentes, como la fuerza, un buen programa debe incluir los tres. Cada uno proporciona beneficios específicos relacionados con la salud y la preparación física, e indirectamente ayuda a realizar muchas otras actividades.

A la hora de crear un programa que se ajuste a tus necesidades, los objetivos que hayas establecido te ayudarán a decidir qué debes enfatizar en tu programa. Si tienes una meta relacionada con la salud, como mejorar tu estado cardiovascular (para así disminuir el riesgo de sufrir alguna enfermedad cardíaca), pon especial énfasis en actividades de intensidad moderada que duren al menos diez minutos. Tales actividades, sin embargo, no tienen que ser específicamente deportivas. Yo establezco una clara distinción entre la salud general y la aptitud física, y sitúo las actividades en un continuo que abarque desde aquellas que cumplen con necesidades específicas de salud a las que mejoran el estado físico. Las destinadas a mejorar la aptitud física requieren un nivel de intensidad superior y más especificidad. Por cuestiones de salud, 30 minutos de actividad acumulada durante todo el día resultan adecuados, pero para conseguir una mejor preparación física es necesario practicar una actividad aeróbica de mayor duración por sesión. Este libro se centra en la aptitud física, que aporta más beneficios para la salud.

Antes de que crees tu programa deberías entender a la perfección algunos términos y principios. Cuando trabajo con pacientes, mi objetivo es que sean ellos quienes controlen su propia rehabilitación. Si me limitase a hacerles practicar sus ejercicios bajo mi supervisión y a decirles lo que tienen que hacer sin explicarles el propósito de la actividad, entonces no estaría realizando mi trabajo adecuadamente. En general estos pacientes vuelven a su casa y no hacen nada. Entonces suelen volver a tener problemas y necesitan otra visita al médico, todo lo cual se podrían haber evitado. Antes de analizar cómo crear un programa, explicaré unos cuantos conceptos científicos y principios relacionados con la ejercitación.

Resistencia cardiovascular

Existen muchas expresiones que, en términos generales, son sinónimos de resistencia cardiovascular, como aptitud aeróbica, capacidad aeróbica y resistencia. En lo que a mi área se refiere, enfatizo en la capacidad del corazón para transportar oxígeno a los músculos que se encuentran trabajando, y en la capacidad de estos últimos para utilizarlo. Muchas personas creen que actividad física y ejercicio son sinónimos, pero aunque el ejercicio es un tipo de actividad física, no todas las actividades físicas son ejercicio (Whaley y Kaminisky, 2000). Por ejemplo, trabajar en tu jardín es una actividad

Fotolia: © Sculpies

El tipo de programa de ejercicios que elijas depende de tus objetivos físicos y tus necesidades personales. La bici, por ejemplo, desarrolla la resistencia cardiovascular.

física que aporta ciertos beneficios para la salud, pero no es un ejercicio. Los mejores ejercicios aeróbicos son actividades que elevan el ritmo cardíaco a un nivel de entrenamiento durante más de cinco minutos, son de naturaleza repetitiva y emplean una gran masa muscular.

Algunos de los ejercicios aeróbicos más comunes son caminar, correr, nadar y montar en bicicleta. La ejercitación llevada a cabo en equipamiento de interior también puede ser aeróbica si es de naturaleza rítmica y utiliza una gran masa muscular. Los dispositivos que simulan la práctica de esquí de fondo, de subir escaleras y de remar (además de muchos otros nuevos dispositivos que ofrece el mercado en la actualidad) pueden ser utilizados para realizar ejercicios aeróbicos. Otras actividades, como las clases de aerobismo y tenis, aportan ciertos beneficios aeróbicos. Sin embargo, como en general se trata de breves «explosiones» de actividad, no producen el mismo grado de acondicionamiento cardiovascular (a pesar de que algunas de ellas puedan resultar apropiadas para ti). Explicaré diversos programas de ejercitación alternativos, en especial actividades grupales, en el capítulo 6, y pautas para saber qué buscar en una clase si el objetivo es mejorar la aptitud cardiovascular.

El ejercicio aeróbico no sólo mejora la circulación hacia los músculos y las articulaciones; la naturaleza rítmica de las actividades también parece contribuir a lubricar las articulaciones, disminuyendo así el dolor. El ejercicio aeróbico representa una de las formas más sencillas de reducir la rigidez asociada a la artritis. Un beneficio adicional es el mejor mantenimiento de la masa muscular, que lentamente comienza a disminuir entre los veinte y los treinta años de edad y puede convertirse en un grave problema de salud (Westby, 2001; Minor *et al.*, 1989).

Fuerza muscular

Definida más sencillamente como la habilidad de producir fuerza muscular, suele ser dividida en fuerza muscular y resistencia muscular. La resistencia muscular es la capacidad de un músculo para contraerse repetidamente o de forma continua (como cuando llevas a un niño en brazos), mientras que la fuerza pura es la cantidad de fuerza producida mediante una contracción (como cuando te pones de pie desde una silla). La mayoría de nosotros necesitamos de una combinación de ambas: la resistencia muscular para los músculos posturales, y la fuerza muscular en el tronco, las piernas y los brazos para levantar peso.

Muchas personas comienzan a perder fuerza con el paso de los años o cuando se vuelven inactivas, aunque la pérdida no es irreversible (Rogers y Evans, 1993). Además, las mujeres pierden más fuerza que los hombres, en especial en la parte superior del cuerpo (quizá porque son menos activas durante su juventud). La fuerza muscular permite realizar muchas tareas en casa y en el trabajo y, lo más importante, ayuda a reducir el estrés de las articulaciones. Hurley y Hagberg (1998) aseguran: «[…] la fuerza muscular es un importante determinante de la capacidad que una persona mayor necesita para mantener un estilo de vida activo y de calidad […]».

Una excelente culturista octogenaria contó que había comenzado a levantar pesas porque le costaba cargar con las bolsas de la compra y hacer otras tareas del hogar. Sorprendentemente, no comenzó a levantar pesas hasta los setenta años; y ahora que tiene más de ochenta se encuentra fantásticamente bien. Yo enseño su foto a mis alumnos y les pido que adivinen su edad, y siempre le restan un par de décadas.

El control que ejerce el sistema nervioso sobre un músculo y la condición del músculo en sí se combinan para producir el control muscular y la fuerza que las distintas actividades requieren. De hecho, gran parte de la mejoría inicial que se consigue con el entrenamiento de fuerza es un ajuste de la cantidad de actividad neural necesaria para contraer un músculo. Un ejemplo es el proceso mediante el cual los bebés aprenden a ponerse de pie. A través de una serie de intentos repetidos, sus movimientos resultan menos torpes y al final consiguen mantenerse sobre sus piernas durante períodos más prolongados. La cantidad de contracción muscular que se necesita para la actividad se ha perfeccionado, al igual que la fuerza en el músculo mismo.

Cuando hay dolor en una articulación como la de la rodilla, el sistema nervioso también puede inhibir la contracción muscular. Muchos pacientes me han contado que la rodilla se les dobla inesperadamente, en general como consecuencia del dolor. Pero una vez que inician la rutina de fortalecimiento, sienten menos dolor y sus rodillas dejan de ceder. Los pacientes a los que se les ha sustituido la articulación mediante cirugía también mencionan la inhibición de la contracción muscular a causa del dolor. He visto a muchos pacientes que al día siguiente de la intervención no pueden levantar las piernas de la cama, si bien no tenían ningún problema para hacerlo antes de la operación. A medida que el dolor que rodea la zona operada disminuye y ellos practican diferentes movimientos, consiguen elevar la pierna intervenida, aunque en realidad no se ha producido ningún cambio real en su fuerza. La mayoría de los programas de fortalecimiento producen cambios neurales y musculares que mejoran el control muscular y la fuerza (Sale, 1988).

Flexibilidad

La flexibilidad es un término amplio que incluye diversos conceptos. En su concepción más simple, se trata de la capacidad de una articulación para cumplir con su radio de movimiento completo: por ejemplo, tocarse el hombro con la mano. Un movimiento se torna más complejo cuando utiliza diversas articulaciones y músculos de forma combinada. Tocarse los dedos de los pies, por ejemplo, requiere flexibilidad en los tendones del hueco poplíteo, la cadera y los músculos del tercio inferior de la espalda.

Una importante preocupación para muchos pacientes con artritis es conseguir llevar a cabo ciertos movimientos que requieren accionar varias articulaciones en distintas direcciones. Los golfistas deben ser capaces de rotar y extender sus hombros al mismo tiempo que flexionan y rotan el tronco si desean ejecutar un movimiento adecuado para un swing. Incluso las actividades cotidianas como ducharse requieren mover ambos hombros combinadamente para lavarse la cabeza o la espalda.

La artritis suele causar la pérdida de la flexibilidad articular, pero en realidad esta deficiencia se debe a que la persona restringe sus movimientos a causa del dolor. El incremento de las actividades puede demorar la pérdida de flexibilidad y mantener el funcionamiento articular (Chapman, De-Vries y Swezey, 1972). Si una persona no mueve una articulación en todo su radio, al final pierde una porción de esa gama de movimiento total. Yo trabajé con una mujer que venía a verme porque no podía elevar el brazo por encima del hombro y, como resultado, no se podía peinar correctamente. Descubrí que había perdido fuerza porque no utilizaba el brazo, y que también la articulación del hombro había disminuido su capacidad motriz. Puesto que elevar el brazo le provocaba dolor en el hombro, había dejado de hacerlo. Con la terapia consiguió recuperar casi todo el radio de movimiento, y pudo volver a peinarse sola. Si esta mujer hubiese seguido usando la articulación, tal vez modificando la actividad para reducir el dolor, no habría requerido una terapia prolongada para recuperar el movimiento perdido. El viejo axioma de «usar o perder» es muy aplicable a las habilidades físicas.

Relacionado con la flexibilidad aparece el concepto de la rigidez, uno de los signos distintivos de la artritis. La rigidez puede ser descrita como la «sensación de malestar o restricción del movimiento después de un período de inactividad» (Nichols, 2001). En otras palabras, es como si las articulaciones y los músculos que las rodean necesitasen un cambio de aceite. Sin embargo, la rigidez no es en realidad la pérdida del radio de movimiento de una articulación. Lo que suele suceder es que cuando una persona comienza a sentirse rígida, se mueve menos y al final podría llegar a perder el radio de movimiento completo. No es raro experimentar esta sensación después de mantenerse en la misma posición durante un período prolongado, como por ejemplo un largo rato sentados en el cine. Las actividades que apuntan a mejorar la flexibilidad comprenden movimientos lentos y suaves que disminuyen la sensación de rigidez y permiten recuperar la movilidad. Yo suelo aconsejar a mis pacientes que se levanten y se muevan cada hora aproximadamente, y hagan funcionar todas sus articulaciones; un poquito de movimiento reduce significativamente su sensación de rigidez. En el cuadro que aparece a continuación encontrarás otras ideas para reducir este problema.

Controlar la rigidez

La rigidez es casi inevitable en los pacientes con artritis, pero aquí encontrarás algunas maneras de vencerla:

▷ Levántate y muévete cada hora.

▷ Recurre a las duchas templadas.

▷ Introduce las manos en agua templada y, sin sacarlas de allí, realiza actividades que te inciten a ejecutar el rango completo de movimiento.

▷ Si no tienes inflamación, aplícate una compresa caliente en la espalda (durante no más de 20 minutos).

▷ Aplícate cremas o analgésicos tópicos, que pueden reducir el dolor asociado a la rigidez.

▷ Utiliza un manguito de neopreno para que la rodilla se mantenga caliente y disminuya la rigidez.

Aptitud funcional

A pesar de que no figura como uno de los principales componentes de un programa de preparación física, la aptitud funcional puede en realidad convertirse en el factor que impulse tu decisión de comenzar un programa de ejercicios. La fuerza, resistencia y flexibilidad de una persona determinan su capacidad para llevar a cabo las típicas tareas del hogar o bien las actividades relacionadas con su trabajo. Diversos estudios muestran que la artritis afecta a estos componentes subyacentes, así como a la capacidad del individuo para realizar sus actividades diarias.

A medida que avances en tu programa es posible que notes que mejora tu habilidad para completar tus tareas cotidianas. De hecho, incluso es posible que te hayas propuesto objetivos específicamente relacionados con una tarea que te cuesta mucho ejecutar. En ocasiones es conveniente no sólo seguir un programa de ejercicios de entrenamiento, sino también incluir actividades funcionales específicas dentro del mismo. Por ejemplo, la paciente que había perdido el radio de movimiento de su hombro no podía peinarse. Entonces, como parte de su programa para casa, practicaba subir el brazo hacia la cabeza mientras sujetaba un cepillo. Tuvo que practicarlo varias veces al día, mientras se miraba en un espejo, pero el ejercicio le permitió ver la mejoría en su capacidad para ejecutar una acción diaria, y complementó el resto de su programa de rehabilitación.

Calentamiento y enfriamiento

Incluir calentamientos y enfriamientos en un programa de ejercicios resulta especialmente importante cuando las personas envejecen, se recuperan de lesiones, participan en actividades enérgicas y sufren problemas de salud como una afección cardíaca. El calentamiento consiste en un breve período de actividad suave previa a la sesión de ejercicios, que prepara los músculos, las articulaciones y otros sistemas para la actividad que han de llevar a cabo. El período de enfriamiento, por su parte, permite que la persona disminuya su ritmo después de la ejercitación. Así como has personalizado tu programa de ejercicios, también puedes ajustar el calentamiento y el enfriamiento para que se adapten a tus necesidades personales y actividades.

Si sufres rigidez aguda es posible que te apetezca realizar algún ejercicio rítmico suave, para lo cual debes comenzar por una serie de movimientos reducidos, y luego incrementar el radio de movimiento a medida que te «aflojas». Por ejemplo, antes de jugar al tenis puedes calentar los hombros con balanceos pendulares. Comienza con los brazos a ambos lados del cuerpo, y balancéalos con suavidad mediante reducidos movimientos pendulares que poco a poco incrementen el rango del balanceo. Una variante común de este calentamiento consiste en elevar los brazos lateralmente, hasta la altura de los hombros. Ejecuta pequeños círculos e incrementa el tamaño de los mismos con cada rotación. Puedes recurrir a otras variaciones, pero el objetivo siempre es un movimiento controlado que conduzca a un lento incremento del radio de movilidad.

Después de esta simple actividad de calentamiento, añade un ligero estiramiento de hombros elevándolos, uniendo las manos por encima de la cabeza y flexionando el torso ligeramente hacia cada lado. Estos fáciles movimientos reducen la rigidez e incrementan el flujo sanguíneo hacia los hombros, preparándolos para una actividad muy exigente. Para completar el calentamiento, deberías llevar a cabo una rutina similar con el tronco, la cadera y las piernas. El tenis es una actividad en la que participa todo el cuerpo, así que debes tenerlo preparado para ello. Por último, puedes practicar algunos golpes, simulando los movimientos que ejecutarás en el partido e integrando un movimiento corporal total.

Después de una lesión, sin embargo, el músculo o la articulación se encuentran más rígidos y antes de ejercitarse deben realizar una actividad suave. En general, tu calentamiento debería ser proporcional a la actividad que llevarás a cabo. En otras palabras, cuanto más intensa sea, más largo será el calentamiento. Si piensas caminar durante 20 minutos a intensidad mode-

Un calentamiento y un enfriamiento adecuados resultan de vital importancia para mantener la flexibilidad del cuerpo y evitar lesiones.

rada, tal vez no necesites demasiado calentamiento previo. Antes de caminar, podrías simplemente estirar los músculos de las pantorrillas y luego empezar a incrementar la velocidad de forma lenta y gradual. Ese inicio gradual puede actuar como parte del calentamiento. Por el contrario, antes de un partido de tenis debes tomarte más tiempo para preparar todas las articulaciones y músculos que participarán en el juego. Para calentar antes de una actividad enérgica, te sugiero que realices suaves ejercicios para aflojarte y algunos movimientos para incrementar tu ritmo cardíaco. Además de estirar los hombros, corre alrededor de la pista y realiza algunos estiramientos de tronco, cadera y piernas. Cuando eras adolescente o tenías veinte años seguramente no necesitabas demasiado calentamiento previo, pero a medida que pasan los años, o si no estás en buenas condiciones físicas, esta parte de la práctica deportiva adquiere una importancia fundamental.

El enfriamiento, al igual que el calentamiento, debe adecuarse a la actividad que estés practicando y es más importante si eres una persona mayor o no te encuentras en buenas condiciones físicas. Si la actividad resulta agotadora, el enfriamiento debería ser más prolongado, aunque tu estado físico sea óptimo. Este período de enfriamiento es un momento importante para que tu cuerpo elimine algunos subproductos metabólicos producidos en los músculos (como el ácido láctico). También permite que otros sistemas corporales regresen a niveles de reposo. Tanto el calentamiento como el enfriamiento disminuyen la posibilidad de que se produzca un problema serio, como la arritmia cardíaca (McArdle, Katch y Katch, 2000).

En la universidad aprendí por las malas que si no enfrías correctamente lo pagas más tarde. Inmediatamente después de correr una carrera complicada me senté en el suelo y me quedé sin hacer nada, por lo que poco después necesité ayuda para levantarme y estuve rígida durante varios días. Nadie puede evitar todos los dolores y la rigidez, pero creo firmemente que una buena rutina de calentamiento y enfriamiento consigue reducir su severidad. El enfriamiento forma parte ahora de mi rutina, y si estuviese rígida antes de ejercitar, prolongaría el enfriamiento. Incluyo en este período mi programa de estiramiento, que aparentemente disminuye la rigidez del día siguiente (en especial si he llevado a cabo un entrenamiento muy exigente).

Principios de la ejercitación

Varios son los principios que explican por qué y de qué manera las variaciones en los programas afectan a la respuesta corporal:

1. Sobrecarga.
2. Progresión.
3. Especificidad.
4. Reversibilidad.

La comprensión de cada uno de estos principios te ayudará a personalizar tu programa. Más adelante explicaré las pautas de aplicación de estos principios en relación con cada uno de los componentes de la preparación física.

Sobrecarga

El primer principio del entrenamiento establece que es necesario sobrecargar un sistema para estimular una respuesta. Si alguien puede hacer algo sin demasiado esfuerzo, el cuerpo no necesita adaptarse; pero a medida que una tarea se complica, el organismo se adapta al estrés al que es sometido. A una persona le cuesta poco esfuerzo muscular levantar un bolígrafo, así que los músculos no se adaptan fisiológicamente. Sin embargo, si alguien no está habituado a levantar objetos pesados, cargar con varios libros le supondrá un mayor esfuerzo muscular. Esta sobrecarga en el sistema muscular estimula ciertos cambios en la fuerza a medida que se repite. Un individuo puede ser capaz de subir y bajar una calle sin estresarse demasiado. Pero si incrementa la velocidad o la extensión de la caminata, el esfuerzo sobrecargará el sistema ligeramente y, con la repetición, fortalecerá el sistema cardiovascular. Es posible conseguir una sobrecarga a través de distintos medios, aunque el más común es el incremento de la intensidad, la duración y la frecuencia de la actividad. En los próximos capítulos, mientras explico cada tipo de ejercicio estipulo pautas para progresar en ese tipo de actividad (aunque debes aplicarlas con cautela y personalizarlas según tu cuerpo).

Observa que la sobrecarga actúa a partir de la continuidad. Una cierta cantidad produce una buena respuesta al entrenamiento, en tanto que una carga excesiva incrementa la posibilidad de lesión. Si no has llevado una vida activa últimamente y has decidido comenzar un programa de ejercicios cardiovasculares, te recomiendo que empieces por las caminatas. Para un programa inicial deberás caminar varias veces al día a un ritmo cómodo, durante sólo 5 o 10 minutos. Como esta cantidad es más de lo que habías estado haciendo anteriormente, sobrecargará el sistema, aunque no tanto como para provocarte una lesión. Un caballero que conozco decidió comenzar a caminar después de una baja debida a una lesión, y al final tuvo que pedirse una nueva baja porque comenzó con caminatas de una hora y al día siguiente amaneció con un dolor agudo de rodilla. La idea de que un poco es bueno y más es mejor no resulta necesariamente aplicable a la ejercitación física.

Progresión

Una de las causas más comunes de lesión es la progresión inadecuada, es decir, un incremento demasiado veloz de la sobrecarga. El concepto básico es que para permitir que el cuerpo se adapte correctamente a un programa de entrenamiento, éste debe avanzar de forma lenta y apropiada. Este principio es aplicable incluso al nivel inicial. Si tu nivel actual de actividad es bajo, no lo incrementes de pronto a un nivel enérgico. En general el cuerpo puede ajustarse temporalmente a una carga excesiva, pero la posibilidad de sufrir una lesión es muy superior. Casi todos recordamos alguna ocasión en la que, como consecuencia de haber trabajado mucho en casa, al día siguiente no pudimos movernos: en otras palabras, sobrecargamos los músculos más allá de lo que estaban listos para soportar.

Un aspecto igualmente importante de este principio, no obstante, es que con el fin de crear una carga, la persona debe avanzar en el programa. Si ella o él camina 20 minutos todos los días a la misma velocidad, alcanzará un punto en el que estará manteniendo su estado cardiovascular aunque sin avanzar. Este estado puede no estar mal si la persona ha conseguido el nivel que desea, pero para mejorar todavía más debe progresar en su programa. He tenido muchos pacientes que se quejaban de no estar fortaleciéndose, aunque seguían un programa de ejercicios en casa. Después de analizar sus rutinas, noté que estaban repitiendo exactamente los mismos ejercicios que al comienzo de su rehabilitación: habían llegado a un nivel estable. El principio de la progresión asegura que si una persona desea mejorar, la cantidad de trabajo que realice debe cambiar. Para muchos de estos pacientes el cambio fue tan simple como incrementar la cantidad de resistencia que estaban empleando.

Diversos factores determinan la tasa de progresión, incluidos la edad, la experiencia previa, las lesiones sufridas en el pasado, el tipo de ejercicio realizado y el estado de salud actual. En general, las adaptaciones iniciales a la ejercitación consisten en una serie de cambios neurales; el cuerpo logra trabajar más eficientemente sólo la cantidad de músculo requerida, y activa los diversos sistemas fisiológicos que participan en el ejercicio. A medida que la persona envejece, el cuerpo se basa todavía más en las adaptaciones neurales para algunas formas de ejercicio. En efecto, la capacidad de adaptación del individuo se ralentiza a medida que pasan los años o si comienza a sufrir problemas de salud. Los niños pequeños aprenden nuevas habilidades rápidamente, pero los adultos de edad avanzada suelen tener más dificultades. Pero, por otro lado, si una persona ha realizado alguna actividad en el pasado, su sistema neural se adaptará con mayor facilidad (de ahí el antiguo refrán de que nunca te olvidas a montar en bicicleta).

El proceso de curación también se vuelve más lento con la edad, así que se debe avanzar de forma más gradual después de una lesión para permitir que los tejidos tengan tiempo de recuperarse adecuadamente. La artritis es similar a una lesión en el sentido de que afecta no sólo a las articulaciones sino también a los músculos circundantes, por lo que la progresión de la actividad debe ser más lenta. En algunos casos, es posible que sea necesario reducir ligeramente la intensidad del ejercicio después de una enfermedad o rebrote artrítico y luego recomenzar desde ese nivel inferior. Tras haber sufrido una infección pulmonar grave, recomendé a mi padre que comenzara a caminar recorriendo una distancia de unas pocas casas, dos o tres veces al día, a pesar de que antes de su enfermedad había estado acostumbrado a caminar varios kilómetros. Gracias a su nivel previo de actividad consiguió progresar de forma estable; iba agregando una casa o dos al día y en un mes o dos recuperó la distancia que solía recorrer.

Especificidad

El término *especificidad* significa que los cambios del cuerpo son específicos para el tipo y el objetivo del entrenamiento. Si una persona realiza ejercicios de fortalecimiento de brazos, ganará fuerza en dichas extremidades. Un ejercicio de ese tipo puede aportar algunos beneficios para todo el cuerpo, dado que su principal propósito es proporcionar resistencia muscular. El concepto de especificidad también es aplicable a una clase específica de ejercitación, como la de naturaleza cardiovascular. Quien regularmente sale a caminar puede quedarse sin aliento después de nadar un solo largo. La razón es que la acción de caminar activa los brazos y las piernas de un modo en particular, y son estas últimas las que hacen todo el trabajo. Por otro lado, los movimientos de la natación son completamente diferentes, y la persona usa principalmente los brazos. Cualquier ejercicio cardiovascular aporta algunos beneficios; pero recuerda que la elección de la actividad con la que entrenes puede resultar afectada por lo que tus articulaciones problemáticas sean capaces de tolerar.

En el capítulo 1 me referí brevemente a la especificidad cuando expliqué cómo se mide el parámetro basal. Sugerí entonces que deberías seleccionar una medida cardiovascular que refleje la actividad que estás practicando o piensas practicar, porque si escoges una actividad diferente de la que utilizaste como parámetro basal, es posible que no notes una gran mejoría aunque en efecto se esté produciendo. Las actividades funcionales son bastante específicas, razón por la cual son buenos componentes de un programa de entrenamiento. Sin embargo, ese mismo atributo también limita sus beneficios. Recuerda a la señora con el problema de hombros que practicaba levantar la mano hacia la cabeza como parte de su plan de rehabilitación. Si se hubiera limitado únicamente a ese gesto, sin ningún otro ejercicio de fortalecimiento y flexibilidad, es probable que nunca hubiese sido capaz de ejecutar otras actividades como colocar objetos en un armario alto. La especificidad, entonces, es una de las razones por las que necesitas un programa equilibrado que incluya ejercicios de naturaleza cardiovascular, de fuerza y de flexibilidad.

Reversibilidad

La reversibilidad es el concepto de «si no lo usas, lo pierdes». El principio de la reversibilidad asegura que si dejamos de ejercitarnos, perderemos las capacidades físicas que ya no utilizamos. Esta secuencia se observa en muchos individuos cuando tienen problemas con la artritis, puesto que lentamente disminuyen sus actividades y como resultado pierden flexibilidad, fuerza y resistencia. Sin embargo, el principio actúa en ambos sentidos: una persona puede revertir los efectos de un estilo de vida sedentario. Con una actividad regular, el cuerpo se adapta y gana fuerza, flexibilidad y resistencia, independientemente de la edad a la que la persona comience a ejercitarse.

Este principio también es aplicable a breves períodos de inactividad, o a una enfermedad. Si te ves obligado a dejar de ejercitarte por motivo de alguna dolencia, rápidamente comienzas a perder masa muscular y fuerza. Pero en cuanto vuelves a ejercitarte, puedes revertir la pérdida. Como expliqué en la sección relativa a la progresión, tendrás que disminuir ligeramente la carga del ejercicio al reanudar tu programa. Cuanto más tiempo pases sin entrenar, más necesitarás ajustar tu nivel inicial. El reposo absoluto en cama era la opción generalizada después de las cirugías y durante los períodos de enfermedad, pero en la actualidad reconocemos que el reposo absoluto no suele ser lo mejor para favorecer la curación. Los rápidos cambios que se producen en el cuerpo durante el reposo total pueden ralentizar la curación. Una de mis tareas como fisioterapeuta consiste en ayudar a las personas a levantarse y comenzar a moverse, incluso al día siguiente de la cirugía. Los cambios son reversibles, y cuanto menor es el tiempo de reposo, más rápida es la recuperación.

Formas de estimular
una respuesta al entrenamiento

La intensidad, la duración y la frecuencia son las tres herramientas primarias para sobrecargar los sistemas. Cuando tomes una decisión sobre el programa que quieres seguir, determina el nivel inicial de cada ejercicio utilizando una combinación de estos tres parámetros.

Intensidad

La intensidad se refiere, en términos generales, al esfuerzo que debes llevar a cabo para ejecutar una actividad, ya te resulte bastante fácil o muy difícil de completar. Cuanto mayor es la intensidad, mayor es también la respuesta al entrenamiento (adaptaciones corporales como desarrollar más fuerza), al menos hasta cierto punto. La intensidad del ejercicio cardiovascular determina la potencia a la que debe trabajar el corazón. Cuanto más elevado es el ritmo cardíaco, más intensa es la actividad; en consecuencia, podemos utilizar nuestro ritmo cardíaco como una herramienta para controlar la intensidad de una actividad cardiovascular.

La intensidad de una actividad de fuerza, por otro lado, se relaciona con la cantidad de fuerza requerida para mover un determinado tipo de resistencia. A medida que la cantidad de resistencia crece, también lo hace la fuerza que la persona debe ejercer y la respuesta fisiológica resultante. La intensidad, al igual que la sobrecarga, marca una continuidad. En su intensidad más baja, un ejercicio no produce una respuesta al entrenamiento, mientras que en la intensidad más alta la posibilidad de lesión se incrementa, como también el estrés que sufren los sistemas corporales.

Por ejemplo, el ritmo cardíaco asciende cuando te pones de pie, pero el incremento suele ser tan ínfimo que no estimula una respuesta al entrenamiento. Sin embargo, si de pronto saltas de la silla y corres hacia la puerta, probablemente tu ritmo cardíaco subirá hasta niveles prácticamente máximos. No sólo no podrías continuar corriendo a esa velocidad, sino que también correrías el riesgo de lesionarte un músculo o provocar una lesión más grave. Las intensidades óptimas de entrenamiento tienden a oscilar entre moderada y alta, y siempre se deben equilibrar los entrenamientos con períodos de recuperación apropiados, durante los cuales el organismo pueda llevar a cabo las adaptaciones fisiológicas pertinentes.

Duración

Incrementar la duración de una actividad es la segunda forma de sobrecargar los sistemas. El efecto del incremento de la duración es más sencillo de demostrar en las actividades cardiovasculares. Por ejemplo, casi todas las personas pueden recorrer andando el largo de una casa sin notar fatiga ni que les falta el aire. No obstante, a medida que se incrementa la duración de la caminata, los músculos necesitan más oxígeno y el corazón debe trabajar con más intensidad, incluso aunque la persona camine a un ritmo tranquilo.

El entrenamiento de fuerza utiliza la duración de dos formas diferentes: incrementando la cantidad o el tiempo en que la persona mantiene un músculo contraído o, más comúnmente, incrementando el número de contracciones. Las contracciones isométricas (aquellas en las que debes mantener una posición) deben ser cronometradas. Un ejemplo es la práctica de sentadillas contra la pared para incrementar la fuerza de las piernas. Puedes comenzar manteniendo la posición contra la pared durante 30 segundos, e incrementarla gradualmente hasta 60. En general no recomiendo que durante el entrenamiento de fuerza se recurra a muchas contracciones isométricas prolongadas, porque ese método puede ejercer un efecto negativo sobre la tensión sanguínea. Aunque normalmente no es considerado un medio para incrementar la duración, el incremento del número de repeticiones para un movimiento determinado también dispara la sobrecarga del sistema muscular. En general, a medida que asciende el número de repeticiones, la proporción de resistencia (intensidad) disminuye, y el resultado es una mejoría en la resistencia muscular. Habitualmente, entre 8 y 10 repeticiones de un movimiento de fuerza mejoran tanto la fuerza muscular como la resistencia.

Frecuencia

Cualquier ejercicio puede sobrecargar el sistema, pero para conseguir una respuesta al entrenamiento es necesario continuar sobrecargando los sistemas corporales con regularidad. Muchas personas hacen alguna actividad en una única ocasión, como mover objetos pesados en su casa, y sí que producen una sobrecarga. Pero, por desgracia, tanta sobrecarga sobre los músculos suele convertirse en dolor al día siguiente y no en cambios a largo plazo. Si quieres incrementar tu fuerza, tienes que sobrecargar los músculos con mucha más regularidad. Cada uno de los tres componentes de la ejercitación —resistencia cardiovascular, fuerza muscular y flexibilidad— responde a frecuencias de entrenamiento ligeramente diferentes.

Requisitos cardiovasculares

Para estimular la mejoría del sistema cardiovascular debes realizar ejercicios aeróbicos al menos tres veces a la semana, incrementando la sobrecarga mediante el aumento del número de sesiones semanales. También podrías ampliar el número de veces al día que te ejercitas, aunque ésta es, en general, una forma de alcanzar la duración óptima del ejercicio cardiovascular cuando no se puede trabajar en una sesión continua. Por ejemplo, si acabas de comenzar un programa de ejercicios, puedes montar en bicicleta dos veces al día, en dos sesiones de entre 5 y 10 minutos. También puedes comenzar con una frecuencia semanal de tres días como mínimo, incrementándola gradualmente hasta cinco.

Requisitos de fuerza

La frecuencia recomendada para el entrenamiento de fuerza es un mínimo de dos veces a la semana, aunque estudios recientes han demostrado cambios significativos en la fuerza con una única sesión semanal (explicaré más adelante las diferentes opciones de entrenamiento de fuerza). Una frecuencia superior a las tres sesiones semanales es innecesaria y podría provocar lesiones. Algunos pacientes con artritis ya han sido sometidos a cirugías de sustitución articular o han sufrido lesiones que requirieron rehabilitación. Si es tu caso, es posible que el terapeuta te haya indicado que hicieras ejercicios tres veces al día. Este programa de «fuerza» sólo es posible porque no estás sometiendo a tus músculos a una gran resistencia; dichos planes de rehabilitación están diseñados para volver a entrenar el control neural del movimiento y desarrollar resistencia muscular, pero no para incrementar la fuerza. El caballero que no podía levantar la pierna de la cama después de haber sido sometido a una cirugía de sustitución de rodilla tuvo que practicar elevaciones de una sola pierna (entre otros ejercicios), llegando hasta las 30 repeticiones tres veces al día. Una vez que la zona intervenida se recuperó y el hombre volvió a sus actividades normales, creé para él un programa de entrenamiento de resistencia, con una frecuencia de dos sesiones semanales.

Requisitos de flexibilidad

Para mejorar la flexibilidad es necesario practicar actividades de estiramiento y de movilidad a diario. El movimiento regular y suave, así como el estiramiento, resultan esenciales para aflojar las articulaciones rígidas o incluso para mejorar la movilidad. Una vez que hayas alcanzado tu objetivo de flexibilidad, un programa de mantenimiento te requerirá una frecuencia inferior, aunque probablemente deberías mantener tu programa de flexibilidad al mismo nivel. Algunos músculos, como los tendones del hueco poplíteo, tienden a tensarse con más facilidad y siempre necesitan un estiramiento regular. Los músculos de los muslos aumentan la sensación de rigidez y pueden alterar la forma en que la persona se mueve, incrementando el estrés sobre sus articulaciones. He descubierto que estirar durante unos minutos al día reduce notablemente la rigidez en mis piernas y me ayuda a aliviar el dolor en el tercio inferior de la espalda.

Unamos todos los ingredientes

Ya que he explicado algunos principios básicos y componentes de la ejercitación, presentaré ejemplos de programas completos, si bien sólo ofreceré un panorama general de cada uno de ellos. Los próximos capítulos están dedicados a formas específicas de establecer o modificar cada componente por separado. Observa que no es necesario llevar a cabo todos los tipos de actividad a diario; más adelante explicaré las pautas en detalle.

Cómo aplicar tus objetivos y pruebas de parámetro basal

Antes de comenzar a planificar el programa de ejercicios, reúne toda la información sobre tus parámetros basales y objetivos. En mi caso particular, he notado que me resulta mucho más sencillo confeccionar un plan cuando dispongo de toda la información preliminar recogida en un formulario (véase ejemplo en página 73). Cuando hayas especificado cada objetivo, te resultará más sencillo decidir en qué áreas debes centrarte o qué tipo de actividades necesitas.

Otra forma de registrar esta información es mediante un diario de ejercicios. No necesitas nada raro; puedes crearlo a partir de un simple cuaderno. Llevar un diario cumple con dos propósitos: te ayuda a registrar el progreso hacia tus metas a partir de una información objetiva, y en realidad también contribuye a que cumplas con el programa. La información del entrenamiento que debes apuntar incluye fecha, tipo de actividad, duración, intensidad y síntomas. El método para registrar la intensidad puede ser simple (como clasificar la actividad de difícil o fácil) o más preciso (como apuntar el ritmo cardíaco). El registro de síntomas puede ayudarte a detectar un incremento de los problemas relacionados con una actividad específica, y a incluir modificaciones en tu programa. Al menos deberías llevar un diario para tu programa de entrenamiento de fuerza, para que cuentes con indicaciones apropiadas y datos de resistencia relativos a cada levantamiento de peso. Si no quieres que tu diario resulte demasiado complejo, simplemente deja reflejado cada uno de tus entrenamientos de alguna manera. A mi madre le gusta marcar los días de entrenamiento en su agenda, porque le permite reforzar visualmente la idea de que tiene que continuar su programa.

Combinar los componentes de la ejercitación con los objetivos

A aquellas personas que acaban de comenzar y buscan una preparación física básica, les sugiero que pongan el acento sobre el ejercicio cardiovascular (ya que es el que aporta mayores beneficios para la salud) y que también incluyan actividades de fuerza y flexibilidad en su programa (véase tabla 2.1).

EJEMPLO DE INFORMACIÓN INICIAL

Fecha: 10 de febrero de 2001   **Peso:** 65,7 kg

Nivel actual de actividad: Andar tres veces a la semana durante quince minutos.

Objetivos:
1. Incrementar la cantidad de tiempo que puedo trabajar sin fatigarme.
2. Disminuir la rigidez en mis manos y hombros para poder coger objetos de las baldas superiores de los armarios.
3. Disminuir el dolor en mis rodillas.
4. Perder 2,5 kg.

Parámetros basales:
Prueba de andar: tiempo 16:42; VO_2 max de 32 (categoría de aptitud física media).
Fuerza abdominal: 15 sentadillas (categoría mala).
Fuerza de tronco y hombros: 4 flexiones (categoría muy mala).
Prueba de «sentarse y alcanzar»: 18,5 pulgadas (46 cm) (categoría regular).
Flexibilidad de hombros: categoría regular.

Objetivos a partir de pruebas de parámetros basales:
1. Disminuir el tiempo de la prueba de andar, mejorar a categoría de aptitud física buena).
2. Mejorar ambas categorías de fuerza a regular.
3. Mejorar la flexibilidad a categoría buena.

Observa que el calentamiento es relativamente breve en los días en que la actividad consiste en andar, y más prolongado cuando lo que se lleva a cabo es un entrenamiento de fuerza. Como verás en el próximo capítulo, es posible comenzar incluso con varias sesiones breves, como una caminata de cinco minutos por la mañana, otra a mediodía y una última por la noche, si al principio la persona no tolera las caminatas prolongadas.

Analicemos ahora un programa para un golfista cuyos objetivos sean recorrer nueve hoyos sin fatigarse e incrementar su flexibilidad durante el juego. Puesto que se trata de una persona bastante activa (juega un poco al golf), puede comenzar con un nivel ligeramente más intenso de actividad aeróbica. Para seguir el principio de la especificidad, su programa se centra en andar. Para alcanzar el objetivo que la persona se haya impuesto en relación con su flexibilidad, su programa incrementa el componente de la flexibilidad: recurre a algunas actividades específicas del golf así como a estiramientos generales, pero enfatiza en el estiramiento de hombros y tronco. Véase tabla 2.2.

Tabla 2.1 Programa inicial de preparación física

Días	Calentamiento	Entrenamiento	Enfriamiento
Lunes, miércoles, viernes, sábado	2-5 min.: suave movimiento de áreas rígidas y extremidades inferiores	Andar: comenzar con 15 minutos a ritmo cómodo (reserva de ritmo cardíaco 40% (RRC), capítulo 3)	5-10 min.: estiramiento de extremidades inferiores y ejercicios de tronco
Martes, jueves	10 min.: 5 de ciclismo o caminata; 5 de suave movimiento de áreas rígidas, centrado en hombros y extremidades inferiores.	Fortalecimiento: 15 min., programa básico de fuerza (capítulo 4): empuje de piernas, flexión de tendones del hueco poplíteo, aducción y abducción de cadera, rotación interna y externa de cadera; comenzar con muchas repeticiones a baja resistencia hasta que el dolor remita	5-10 min.: estiramiento de las áreas estresadas

¿Y si ya estás practicando una actividad aeróbica regular, pero tienes problemas de dolor, rigidez y pérdida de movilidad en las piernas? Sugeriría entonces estos objetivos para el programa:

1. Mantener el estado cardiovascular.
2. Disminuir el dolor en reposo de un nivel 3 al 10.
3. Incrementar el radio de movimiento de la cadera y la rodilla (flexión y extensión).

Recuerda que fortalecer los músculos que rodean una articulación disminuye el dolor. Por consiguiente, tendrás que diseñar un programa de flexibilidad para mejorar tu radio de movimiento, y programas de fortalecimiento para desarrollar un soporte muscular alrededor de las articulaciones de las extremidades inferiores, como muestra el ejemplo de la tabla 2.3.

Cuando hayas recopilado todos los componentes de tu programa, tienes que asegurarte de que se ajuste a tus necesidades. Todos hemos visto sugerencias de programas de entrenamiento (en general más elaborados que los ejemplos anteriores) en revistas o artículos. Sin embargo, estos programas pueden no coincidir con tus objetivos, habilidades o restricciones. Si tienes una agenda muy ocupada, tal vez no dispongas de tiempo ni te apetezca seguir un programa complejo. Por esta razón conviene que comprendas algunos de los principios básicos y pautas del ejercicio, ya que a partir de entonces podrás diseñar o modificar un programa a fin de que se ajuste a tus necesidades y te permita alcanzar tus objetivos personales.

Tabla 2.2 Ejemplo de programa para golfista

Días	Calentamiento	Entrenamiento	Enfriamiento
Lunes, sábado	5 min.: suave movimiento de extremidades inferiores (círculos con tobillo, estiramiento de pantorrillas, sentadillas parciales	Andar 20 min.: 5 minutos a ritmo tranquilo al comienzo, 15 minutos a ritmo ágil (60-70% RRC)	15 min.: 2-5 minutos de caminata a ritmo tranquilo; programa de flexibilidad, enfatizando tronco y extremidades superiores
Domingo	5-10 min.: suave movimiento de hombro y tronco.	Golf	

Hace muchos años traté a una paciente que había comenzado un programa de flexibilidad que había encontrado en un artículo sobre el dolor en el tercio inferior de la espalda, que era lo que ella estaba experimentando. Desafortunadamente no sabía personalizar el programa según sus propias necesidades, y me pedía ayuda porque el plan de ejercicios tal como figuraba en la revista duraba más de una hora. Por otro lado, como tenía una familia numerosa y muy ocupada, no conseguía cumplir con el entrenamiento y su dolor había empeorado. En realidad ella no necesitaba muchos de los estiramientos recomendados —el programa incluía estiramientos para todas las partes del cuerpo— y, además, las recomendaciones no se ajustaban a las investigaciones médicas. El programa le indicaba que debía mantener el estiramiento durante un minuto, y repetirlo en diez ocasiones. Como verás en el capítulo dedicado a la flexibilidad, este procedimiento no sigue las pautas básicas del estiramiento. Así que tras modificar su programa y reducirlo a unos

Tabla 2.3 Ejemplo de programa para incrementar el radio de movimiento y la fuerza de las extremidades inferiores

Días	Calentamiento	Entrenamiento	Enfriamiento
Lunes, miércoles, viernes, sábado	10 min.: ciclismo con poca resistencia; suave radio de movimiento para extremidad inferior	Fortalecimiento: 15 min., programa básico para extremidades inferiores (capítulo 4): empuje de piernas, flexión de tendones del hueco poplíteo, aducción y abducción de cadera, rotación interna y externa de cadera; comenzar con muchas repeticiones a baja resistencia hasta que el dolor remita	10 min.: 5 minutos de ciclismo; 5 minutos de estiramiento de las extremidades inferiores (tendones del hueco poplíteo, pantorrillas, cuádriceps y músculos de la cadera; capítulo 5)
Martes, jueves, sábado	5-10 min.: radio de movimiento para extremidades inferiores (capítulo 5)	Tu actividad aeróbica normal	10 min.: estiramiento de extremidades inferiores (capítulo 5)

pocos estiramientos más simples complementados con ejercicios de fortale-cimiento, la mujer consiguió completar su programa diario en 15 minutos, si-guiendo una ejercitación que satisfacía su necesidad de un entrenamiento simple y breve que, al mismo tiempo, aliviara su dolor de espalda.

En este capítulo he presentado los componentes y principios básicos de la ejercitación y he explicado la necesidad de que individualices tu progra-ma. Sin embargo, tienes que conocer más datos específicos sobre cada uno para poder ajustar tu plan de ejercicios del modo más eficaz posible. El pró-ximo capítulo se centra en la preparación cardiovascular, es decir, en las ac-tividades que la estimulan, y en la forma de diseñar el componente cardio-vascular de tu programa.

PLAN DE ACCIÓN
Diseñar un programa

❖ Conoce los componentes básicos de la preparación física:
- Resistencia cardiovascular.
- Fuerza muscular.
- Flexibilidad.
- Estado funcional.
- Calentamiento y enfriamiento.

❖ Comprende los principios de la ejercitación:
- Sobrecarga.
- Progresión.
- Especificidad.
- Reversibilidad.

❖ Comprende lós conceptos de intensidad, duración y frecuencia.

❖ Recopila la información sobre objetivos y parámetros basales y utilízala para personalizar un programa según tus necesidades individuales.

CAPÍTULO 3

Cómo incorporar la actividad aeróbica

Tal vez hayas leído algunos artículos e informes sobre la salud que destacan la importancia de la actividad aeróbica. La rigidez y el dolor derivados de la artritis pueden haberte llevado a pensar que tu salud se encontraba en malas condiciones o que no podías participar en actividades aeróbicas. Quizá estás ejercitándote con regularidad, pero te das cuenta de que debes adaptar tu programa —incluir otros componentes o modificar actividades existentes— a causa de la artritis. Siempre recuerdo a mis pacientes que la principal causa de mortalidad entre las personas de más de treinta años es la enfermedad cardíaca y no la artritis. Además, la actividad y la ejercitación regular suelen disminuir los síntomas y, contrariamente a la creencia popular, no aceleran el deterioro de las articulaciones comprometidas (Panush y Brown, 1987).

Beneficios de la actividad aeróbica

Las actividades aeróbicas son aquellas que se valen del oxígeno para producir energía en los músculos activos. El corazón, los pulmones y el sistema circulatorio trabajan al unísono para llevar oxígeno a las células y eliminar de los músculos los subproductos del metabolismo. Cuando una persona practica una actividad física de forma regular, mejora su circulación y el sistema cardiovascular, y los músculos que participan en la actividad se benefician. El ejercicio aeróbico regular contribuye a que los sistemas circulatorio y muscular incrementen su nivel de salud y eficacia.

No todas las actividades son aeróbicas. El cuerpo puede producir energía durante un período breve (como durante una carrera a gran velocidad) sin un inmediato uso de oxígeno. Para que sea aeróbica, una actividad debe durar más de unos pocos minutos y ser ejecutada a una intensidad sostenible. Los ejercicios rítmicos resultan excelentes para activar los sistemas aeróbicos, y trabajan los mismos músculos repetidamente para que la circulación no tenga que cambiar de un área del cuerpo a otra. Los ejercicios que cumplen con estos requisitos incluyen andar, correr, nadar y montar en bicicleta. Las clases de aerobismo aportan algunos beneficios aeróbicos, pero, debido a la variedad de los movimientos, son de tipo combinado: un poco de preparación muscular y flexibilidad más una mejoría cardiovascular limitada. Sin embargo, la ganancia cardiovascular no es tan grande como la obtenida a través de los ejercicios rítmicos antes mencionados.

El ejercicio aeróbico no sólo beneficia al corazón. El ejercicio aeróbico de bajo impacto no exacerba el dolor de la artritis. Combinado con el fortalecimiento y el estiramiento, mejora la aptitud física, disminuye la depresión y el dolor, y (a largo plazo) mejora el funcionamiento general. Puesto que varios estudios han demostrado que la capacidad aeróbica del individuo que padece artritis es inferior a la de los individuos de su misma edad que no sufren la enfermedad, este aspecto de la preparación física requiere especial atención (Ekblom *et al.*, 1974; Beals *et al.*, 1985; Minor *et al.*, 1989). Los beneficios para la salud se acumulan cuando una persona simplemente pasa de la inactividad a la actividad física moderada (Whaley y Kaminisky, 2001; Pate *et al.*, 1995). Por eso, a medida que la actividad física se incrementa (en cantidad o calidad), el riesgo de enfermedad cardiovascular disminuye.

Algunos artículos establecen una diferencia entre actividad aeróbica y ejercicio aeróbico: el ejercicio es una actividad más intensa y concentrada. Por ejemplo, cortar el césped es una actividad que aporta algún beneficio aeróbico, pero no tanto como andar a ritmo ligero durante 30 minutos. A pesar de que yo utilizo la expresión «actividad aeróbica» en todo el libro, me estoy refiriendo al ejercicio aeróbico. Los beneficios para la salud que proporciona el ejercicio aeróbico incluyen: un menor riesgo de enfermedad cardíaca y crónica, la normalización de la tensión sanguínea, el control del peso corporal, la disminución del nivel de azúcar y lípidos en sangre, y la reducción de la rigidez y el dolor provocados por la artritis. Antes de identificar los requisitos básicos de un programa aeróbico, debemos volver a examinar los objetivos del programa, ya que ayudan a decidir el nivel apropiado de cada requisito dentro del plan de ejercicios.

El ciclismo es un ejercicio aeróbico que ha demostrado beneficiar a los pacientes con artritis, y que también permite disfrutar de la naturaleza y conocer lugares nuevos.

Requerimientos básicos del ejercicio aeróbico

Todos los componentes de la preparación física necesitan cumplir con niveles mínimos de sobrecarga con el fin de estimular una respuesta de adaptación. Los ejercicios cardiovasculares son aquellos que incitan al corazón y los pulmones a trabajar con más intensidad de la normal. A pesar de que es cierto que estos órganos trabajan más en cuanto pasas del reposo a cualquier actividad (como levantarte de la silla y caminar hacia la cocina), dichos incrementos son normalmente tan leves que no mejoran el sistema cardio-vascular. La cantidad de sobrecarga debe superar el nivel de reposo para activar el sistema, pero no tanto como para que el organismo no consiga adaptarse.

Intensidad

Nuestras células, tanto las musculares como todas las demás, tienen la capacidad de trabajar sin oxígeno (anaeróbicamente) o con oxígeno (aeróbicamente). Con el fin de trabajar de forma aeróbica, la intensidad de la actividad debe ser tal que el sistema circulatorio pueda transportar sangre oxigenada hacia las células que se encuentran trabajando. Si la actividad es demasiado intensa, la cantidad de oxígeno puede no resultar suficiente para que las células trabajen completamente en el sistema aeróbico, y tal vez deban satisfacer parte de las necesidades energéticas sin oxígeno. Este proceso favorece la formación de ácido láctico, y conlleva que el organismo no pueda mantener dicho nivel de actividad durante demasiado tiempo.

Siempre suelo referirme al mundo de las carreras para demostrar la diferencia entre los dos sistemas. La persona que recorre 400 m (es decir, la que completa una vuelta alrededor de la pista) corre a una velocidad muy superior a la del individuo que cubre 1.600 m, pero no consigue mantener dicha velocidad durante demasiado tiempo. Si quien va a recorrer 1.600 m comienza la carrera a la misma velocidad que la persona que ha de alcanzar los 400 m, deberá disminuir su velocidad durante la segunda vuelta, o de lo contrario no podrá continuar. Puedes comprobar este fenómeno por ti mismo. Levanta los brazos a nivel del hombro (no lo hagas si tienes problemas en esta zona del cuerpo) y comienza a realizar círculos pequeños y rápidos: no sólo los ritmos cardíaco y respiratorio se elevarán rápidamente, sino que además comenzarás a sentir una sensación de quemazón en los músculos del hombro y al final deberás detenerte. Si deseas continuar, tendrás que disminuir la intensidad reduciendo la velocidad de los círculos y bajando los brazos. Los ritmos respiratorio y cardíaco se han incrementado para aumentar la cantidad de oxígeno que recibían los músculos activos; y al disminuir la velocidad de la actividad, el sistema circulatorio ha conseguido satisfacer las necesidades de dichos músculos, permitiéndote continuar con el ejercicio.

El incremento del ritmo cardíaco se relaciona directamente con la intensidad de una actividad: cuanto más intensa sea ésta, mayor será el ritmo cardíaco, al menos hasta un punto. Tú cuentas con un ritmo cardíaco en reposo (que es como tu parámetro basal) y un ritmo cardíaco máximo (que es el más elevado que alcanza tu corazón). El ritmo cardíaco máximo se relaciona con la edad, y la fórmula más habitual para calcularlo consiste en restar a 220 nuestra edad en años. Debido a la relación lineal entre el ritmo cardíaco y la intensidad del ejercicio, puedes calcular la intensidad del ejercicio controlando el ritmo cardíaco.

La Universidad Norteamericana de Medicina Deportiva (ACSM) ha desarrollado pautas de ejercitación para el adulto sano, basadas en numerosos estudios (Pollock *et al.*, 1998; ACSM, 2000). La intensidad recomendada para el ejercicio aeróbico, con el fin de conseguir una respuesta al entrenamiento, se sitúa entre el 50 y el 85% de la reserva de ritmo cardíaco (RRC) de la persona. La reserva de ritmo cardíaco es un método para ajustar el ritmo cardíaco máximo estimativo utilizando el ritmo cardíaco en reposo. El siguiente recuadro muestra la fórmula para calcular la reserva de ritmo cardíaco, llamada fórmula de Karvonen, e incluye un ejemplo relacionado con la intensidad. El ritmo cardíaco que se debe alcanzar durante el ejercicio suele ser denominado ritmo cardíaco objetivo. Yo recomiendo el uso de la fórmula de Karvonen porque proporciona un ritmo cardíaco más apropiado si tu ritmo cardíaco en reposo es muy bajo o muy alto.

Cálculo del ritmo cardíaco en entrenamiento utilizando la fórmula de Karvonen

Ritmo cardíaco máximo (RCM) = 220 – edad
Ritmo cardíaco en entrenamiento (RCE) =
    [(RCM – RC en reposo) × intensidad] + RC en reposo
Ejemplo: edad = 50 años; RC en reposo = 80; intensidad deseada = 65%
RCM = 220 – 50 = 170
RCE = [(170 – 80) × 0,65] + 80
RCE = 138,5 ppm

Cálculo de la intensidad

El ritmo cardíaco es más fácil de determinar a través del pulso radial, como expliqué en el capítulo 1 (véase figura 1.1 en la página 34). Tómate el pulso en la muñeca utilizando los dedos índice y corazón de la mano contraria y aplicando una suave presión. Si utilizas el pulgar, que cuenta con su propio pulso, obtendrás un ritmo falso. Practica tomar el pulso durante 30 segundos, aunque durante el ejercicio lo harás durante los 10 segundos inmediatamente posteriores a la finalización de la actividad. Multiplica esa cifra por 6 para calcular tu ritmo cardíaco en pulsaciones por minuto (ppm). El ritmo cardíaco decrecerá rápidamente en cuanto dejes el ejercicio, por lo que un recuento de ritmo cardíaco de 30 segundos no reflejará el ritmo real en actividad.

La tabla 3.1 proporciona recuentos de 10 segundos para ritmos cardíacos objetivos, con el fin de que puedas memorizar el tuyo.

Puesto que el pulso radial puede demostrar cierto margen de error y un recuento de 10 segundos suele exagerarlo, realiza el cálculo sobre 10 segundos pero con una diferencia de más o menos dos pulsaciones. Por ejemplo, el ritmo cardíaco de entrenamiento identificado en el cuadro es 139; el recuento objetivo de 10 segundos oscilaría entonces aproximadamente entre 22 y 24, o 132 a 144 ppm. Intentar alcanzar un ritmo cardíaco exacto resulta poco práctico y frustrante, mientras que buscar el ritmo cardíaco objetivo aproximado es mucho más fácil.

Si tomas alguna medicación que altere tu respuesta cardíaca, tienes problemas a la hora de tomarte el pulso o deseas trabajar de una forma más sencilla para calcular la intensidad, puedes recurrir a lo que se conoce como escala de esfuerzo percibido (RPE) (Robertson y Noble, 1997). Este método permite calcular la intensidad del ejercicio sobre una escala que oscila entre

Tabla 3.1 Recuentos de 10 segundos para ritmo cardíaco, con equivalencias en minutos

Recuento de 10 seg.	Pulsaciones por min.	Recuento de 10 seg.	Pulsaciones por min.
10	60	21	126
11	66	22	132
12	72	23	138
13	78	24	144
14	84	25	150
15	90	26	156
16	96	27	162
17	102	28	168
18	108	29	174
19	114	30	180
20	120		

6 y 20 puntos. La escala se relaciona con el ritmo cardíaco; si multiplicas su valor por 10, equivale a tu ritmo cardíaco. Una RPE de 14 (es decir, una ejercitación bastante intensa) se corresponde con un ritmo cardíaco objetivo de 140. En consecuencia, si yo determino que mi ritmo cardíaco objetivo para una intensidad del 60% es 140, mi RPE debería ser 14. La escala de esfuerzo percibido no es tan precisa como la medición del ritmo cardíaco, pero con la práctica podrás calcular tu respuesta al ejercicio. Si no tomas ninguna medicación que afecte a tu ritmo cardíaco, deberías tomarte el pulso durante el ejercicio al menos una vez y relacionarlo con tu percepción de trabajo. También puedes utilizar las descripciones de los niveles para determinar si estás trabajando a la intensidad adecuada: 13 a 14 = bastante intensa; 15 a 16 = intensa; 17 a 18 = muy intensa, y 19 a 20 = muy, muy intensa.

Cómo establecer la intensidad

La estipulación de la intensidad inicial de un programa se basa en distintos factores, incluida la edad, el nivel actual de actividad, las precauciones relativas a la ejercitación que haya identificado el médico y el tipo y gravedad de la artritis. La mayoría de los médicos coinciden en que cuanto mayor seas y menos aptitud física demuestres, menor deberá ser la intensidad inicial de tu trabajo físico. Tienes más posibilidades de seguir un programa si minimizas la intensidad al comienzo, como por ejemplo empezar al 40 por 100 de la RRC, un parámetro inferior a la intensidad normalmente sugerida (ACSM, 2000). Comenzar con una carga ligera disminuye el riesgo de sufrir dolor o una lesión, y limita el agravamiento de la artritis. Más adelante en este capítulo haré referencia a los principales tipos de ejercicio aeróbico, y daré ejemplos de intensidades iniciales para diferentes clases de personas.

Cuando tengas dudas en relación con tu propio programa, es preferible que seas cauto. Siempre es mejor comenzar a un nivel que pueda parecer demasiado sencillo para ti y luego incrementar la intensidad, que comenzar en una intensidad excesivamente elevada. Si empiezas por lo más fácil desarrollarás el hábito de ejercitarte y reducirás tus posibilidades de sufrir lesiones. La tabla 3.2 incluye recomendaciones sobre el nivel de intensidad basado en el nivel actual de actividad de cada persona.

Una sencilla forma de determinar si te encuentras en el nivel correcto durante la ejercitación (sin dejar de tomarte el pulso durante la sesión) es la prueba del habla. En la intensidad más baja deberías ser capaz de mantener una conversación con tu compañero mientras hacéis los ejercicios. En una

Tabla 3.2 Intensidad inicial recomendada, basada en el nivel actual de actividad

Nivel actual de actividad	Intensidad
Sedentario (menos de 2 días a la semana, actividad suave)	55-65%
Ligeramente activo (2-3 días a la semana, actividad entre suave y moderada)	65-75%
Activo (3-5 días a la semana, actividad entre moderada y enérgica)	75-85%

intensidad moderada probablemente puedas pronunciar una frase o dos, pero no te apetecerá hablar constantemente, porque te quedarás sin aire. En un nivel intenso de ejercicio aeróbico, podrás responder a una pregunta o pronunciar una frase breve, pero no querrás hablar más que eso. Recuerda que si los músculos que estás trabajando experimentan una sensación de pesadez y quemazón, significa que estás esforzándote demasiado. La sensación de quemazón suele anunciar la producción de ácido láctico, un subproducto del metabolismo que revela que el músculo no está recibiendo suficiente oxígeno (proceso que he descrito anteriormente).

A medida que avances, es posible que desees variar la intensidad valiéndote de diferentes métodos de entrenamiento. A pesar de que la mayoría de los programas descritos aquí se centran en el trabajo continuo, con programas más complicados podrías incluir dos técnicas más: el intervalo y el fartlek. El ejercicio a intervalos supone alternar períodos de ejercitación y descanso, o incluso alternar períodos de intensidad. La proporción de descanso en el ejercicio es lo que determina el sistema metabólico que utilizarás. Cuanto más breve sea el período de descanso, más aeróbica resultará la sesión. Los intervalos de descanso no siempre suponen un reposo completo, sino relativo; y eso implica que debes ralentizar el ritmo pero sin detenerte. El fartlek, que significa «juego de velocidad», es una técnica creada en Suecia. Consiste en una sesión continua que incluye diferentes niveles de intensidad. Por ejemplo, los primeros minutos de entrenamiento resultan sencillos; luego se continúa con un breve «arranque» a gran velocidad, seguido de un ritmo moderado durante un período mayor. Esta variación en la intensidad continúa durante toda la sesión, aunque los intervalos no son necesariamente iguales. Ambas técnicas representan buenas alternativas para variar la sesión de entrenamiento y, además, estimulan sistemas adicionales, como los que participan en las actividades de velocidad.

Duración

Como he explicado anteriormente, para que los sistemas aeróbicos comiencen a actuar con eficacia se necesitan varios minutos de actividad continua. Cuanto más tiempo mantengas la actividad, mayor será el porcentaje de energía derivado del sistema aeróbico. Las pautas de la Universidad Norteamericana de Medicina Deportiva identifican un objetivo de 20 a 60 minutos de actividad aeróbica continua. Una vez más, la duración inicial debe basarse en el nivel actual de actividad de la persona, su edad y otros parámetros de salud. Debido a tu artritis, es posible que tengas que comenzar con tramos de ejercicios de 5 minutos de duración, y descansar entre medias (Minor, 1996). Luego, lentamente, prolongarás la sesión hasta llegar a la duración recomendada. Si te has mantenido ligeramente activo, podrías extender tu duración inicial hasta los 15 minutos; quien ha mantenido un nivel de actividad elevado puede fácilmente comenzar con sesiones de 20 o 30 minutos.

Estas duraciones iniciales pueden parecer extremadamente breves, pero tienes la posibilidad de compensarlo incrementando la frecuencia de las sesiones, como por ejemplo repitiéndolas en dos o tres ocasiones durante el día. Comenzar con una duración excesiva, o una intensidad exagerada, puede provocar dolor e incluso causar alguna lesión. A medida que una persona envejece, le lleva más tiempo adaptarse a los factores de estrés físicos, y por consiguiente se encuentra más expuesta a ciertos tipos de lesión por sobreuso. Así que no olvides que tus articulaciones, tendones y músculos necesitan tiempo para adaptarse a las nuevas formas de estrés a las que los estás sometiendo.

Algunas personas pueden necesitar o desear continuar con las sesiones breves. En ocasiones, los horarios de trabajo imposibilitan la ejecución de sesiones muy prolongadas, mientras que una ejercitación de 15 minutos es más fácil de cumplir. Hay quienes me cuentan que una sesión breve no agrava su artritis, pero que cuando intentan aumentar el tiempo de ejercitación comienzan a experimentar más dolor. Debes descubrir, entonces, qué duración te resulta más adecuada, tanto en términos de tus horarios laborales como en relación con la artritis. A largo plazo, es mucho mejor ejercitarse regularmente que dejar de hacerlo por no poder seguir el programa «ideal».

Frecuencia

La frecuencia de tu ejercitación semanal representa un factor crucial en tu respuesta al programa. Para obtener beneficios para la salud deberías (ideal-

La hidratación

Evitar la deshidratación resulta de extrema importancia, en especial cuando estás practicando ejercicio. Sigue los siguientes consejos para mantenerte hidratado:

▷ Bebe mucha agua y zumos a lo largo del día.
▷ Al menos una hora antes de una sesión de ejercicio prologada, bebe uno o dos vasos de agua o una bebida deportiva que favorezca el reemplazo de electrolitos (prueba una porción pequeña para comprobar que no te siente mal al estómago).
▷ Durante las sesiones más prolongadas, en especial cuando hace calor, bebe pequeñas cantidades cada 15 o 30 minutos.
▷ Inmediatamente después de los ejercicios, recupera los fluidos perdidos bebiendo agua, zumo o una bebida isotónica (en los casos de gran sudoración es recomendable recurrir a las bebidas que favorecen el reemplazo de electrolitos). La cantidad de fluido perdido se relaciona con la temperatura, la intensidad de la actividad, la duración de la actividad y el peso corporal.
▷ El alcohol y la cafeína son sustancias deshidratantes, así que evítalas o al menos disminuye su consumo si tienes pensado realizar ejercicios físicos más tarde.

mente) hacer algún tipo de actividad a diario. Las pautas expuestas por los Centros para el Control y la Prevención de Enfermedades (CDCP) y la ACSM en relación con la salud cardiovascular sugieren actividades (no necesariamente ejercicio) «preferiblemente todos los días de la semana» (Pate *et al.*, 1995). Las recomendaciones relativas a la aptitud cardiovascular son similares, con un mínimo de 3 a 5 días de ejercicio aeróbico a la semana (ACSM, 1998, 2000). La posibilidad de lesionarse se incrementa cuando la frecuencia y duración del ejercicio también crecen (en especial, con más de cinco días a la semana). Entonces, una manera de disminuir la posibilidad de sufrir lesiones por sobreuso es realizar otra actividad, como montar en bicicleta una o dos veces a la semana, o reducir la intensidad a un nivel suave. Los beneficios para la salud de un programa de preparación física regular superan ampliamente el riesgo de lesión con un plan correctamente diseñado.

Como he mencionado en la sección relativa a la duración, es posible que debas dividir tus sesiones de ejercicio en dos períodos separados al día. Este incremento en la frecuencia durante el día sólo es apropiado cuando la sesión de ejercicio aeróbico es más breve de lo deseado. El tiempo total diario de tus sesiones no debería exceder, normalmente, las pautas recomendadas de 20 a 60 minutos. A pesar de que no existen criterios sobre los límites máximos de tiempo, yo sugiero que no sobrepases la hora de entrenamiento. Más allá de ese tiempo podrías arriesgarte a sufrir una lesión por sobreuso debido a los efectos de la artritis, así que es mejor prevenir que curar.

Actividades aeróbicas

Como he mencionado, las actividades de naturaleza continua, rítmica y que usan grandes grupos musculares estimulan el sistema cardiovascular de forma óptima. Los más comunes entre estos ejercicios son caminar, correr, montar en bicicleta y nadar. Explicaré algunos de los beneficios relacionados con cada una de estas actividades, y propondré sugerencias para aplicar las diferentes modalidades de ejercicio.

Caminar

Caminar es una actividad excelente, que también resulta funcional; todos tenemos que caminar para desplazarnos de un sitio a otro. Un programa de caminata suele mejorar la resistencia, la capacidad aeróbica y el tiempo que se tarda en recorrer una distancia, al tiempo que disminuye el dolor y la depresión en los enfermos de artritis (Minor *et al.*, 1989; Minor, 1991). Puedes hacerlo a diario siempre que varíes la intensidad y sigas algunos consejos básicos.

Como sucede con cualquier otra actividad, el equipamiento que utilices puede incrementar o reducir tus posibilidades de sufrir lesiones. Los elementos más importantes para salir a caminar son los calcetines y el calzado. Si tienes artritis en las extremidades inferiores, es posible que tu biomecánica se encuentre alterada y tu forma de andar no sea la ideal. Un calzado adecuado puede contribuir a mejorar la alineación de la extremidad y el andar, generando un paso más estable que provoque menos estrés sobre las articulaciones artríticas. Si eres como yo, es posible que averigües el precio de un buen par de zapatillas de deporte para caminatas y pienses que no te hacen falta. Sin embargo, el calzado de mala calidad puede incluso empeorar tu andar y aumentar el estrés sobre las articulaciones afectadas, incrementando así el daño a largo plazo. Tu médico puede incluso determinar que necesitas calzado ortopédico o especial.

¿Necesito un calzado especial para salir a caminar?

A pesar de que no es necesario contar con un calzado de estas características, yo lo recomiendo porque está diseñado específicamente para la biomecánica de la actividad. Un buen calzado para caminata resulta cómodo, absorbe los impactos y proporciona un buen soporte, sobre todo en el arco. Asegúrate de tener espacio suficiente para mover los dedos con soltura y que el talón te sujete bien el pie, para evitar resbalarte. El calzado y demás estrategias de protección de las articulaciones serán analizados con mayor detalle en el capítulo 7. Los calcetines pueden parecer de menor importancia, pero añaden protección y disminuyen la potencial fricción. Asegúrate de que tus calcetines sean absorbentes y te queden bien. Revisa tu calzado y tus calcetines con regularidad para comprobar su desgaste, y reemplázalos cuando lo consideres necesario. Las zapatillas deportivas gastadas pueden provocar lesiones por sobreuso o incrementar el estrés sobre las articulaciones artríticas, causando más dolor.

¿Qué tipo de calentamiento debería realizar?

Un calentamiento para un programa de caminata gira en torno a movimientos suaves que involucran a la totalidad del cuerpo, como estirarse hacia arriba. Se centra en las pantorrillas (tendón del tobillo), los tendones del hueco poplíteo, los cuádriceps y los músculos de la cadera. El capítulo 5 explica los diferentes tipos de ejercicios de estiramiento y radio de movimiento. Para las actividades que no exigen movimientos rápidos, el estiramiento previo parecería no ser tan importante para prevenir lesiones como el estiramiento posterior. De todas maneras, los músculos y sistemas que resultarán estresados necesitan calentarse. Los estiramientos activos, como los movimientos de amplio rango, llevan el flujo sanguíneo hacia los músculos. Haz entre 5 y 10 repeticiones de cada radio de movimiento. Si te sientes rígido, añade algunos estiramientos breves. Después de algunos movimientos de calentamiento puedes comenzar con una caminata lenta e incrementar gradualmente la velocidad hasta que alcances la intensidad que te has marcado. Recuerda que deberías sentir que puedes mantener esta velocidad (intensidad) durante toda la caminata.

¿Dónde debería caminar?

La superficie sobre la que se camina es muy importante para los enfermos de artritis, porque las irregularidades ejercen un mayor estrés sobre las articulaciones de las extremidades inferiores e incrementan la posibilidad de sufrir lesiones. Las colinas pueden resultar muy difíciles, en especial si son empinadas, y en ocasiones empeoran el dolor en las articulaciones comprometidas. Subir o bajar pendientes altera la biomecánica del movimiento y transmite más estrés a las extremidades inferiores. Comienza en un terreno llano y sin irregularidades. Podrías incorporar cuestas suaves cuando desarrolles más fuerza, pero no olvides que las colinas empinadas suelen causar problemas —independientemente de tu nivel de aptitud física— si tus articulaciones se ven gravemente comprometidas.

Caminar bajo techo en un centro comercial o en una pista cubierta son buenas alternativas a las caminatas al aire libre, en especial en épocas de mal tiempo. Si caminas en un centro comercial, adapta tu intensidad (en particular si está atestado), y no olvides llevar un calzado que ofrezca una protección correcta. Caminar sobre una cinta también es una buena opción, pero si se trata de una cinta motorizada tienes que velar por tu propia seguridad y aprender a entrar y salir de ella sin peligro. Una buena cinta debería contar con un botón de detención de emergencia, que ayuda a evitar caídas. He descubierto que, en mi caso particular, andar sobre una cinta me resulta aburrido; así que sería conveniente que contaras con un televisor o algo de música, para que la sesión te resulte más llevadera.

Muchas veces me preguntan por el uso de algún tipo de *stepper* (simulador de escalones) como alternativa a la caminata. Este tipo de ejercicio es aeróbico y puede resultar beneficioso; sin embargo, algunas personas afectadas de artritis me han dicho que agrava su dolor de rodilla o cadera. Basándome en esta información, en general no recomiendo este aparato a los pacientes con artritis. Si quieres probar un *stepper* de todas maneras, te sugiero que lo ajustes a una resistencia baja, con pasos pequeños y de corta duración, para que puedas comprobar cómo reaccionan tus articulaciones a esta actividad.

¿Cómo es un programa de caminata?

Las tablas 3.3, 3.4 y 3.5 describen programas de caminata para individuos con tres niveles de iniciación diferentes: previamente sedentario con aptitud física baja; suavemente activo con aptitud física regular a moderada, y actualmente activo con buen estado físico. Se explican posibles progresiones en un marco de tres meses para los dos primeros ejemplos, y progresiones más breves para los otros.

Por favor, recuerda que se trata únicamente de ejemplos y que debes ajustar cualquier programa a tus necesidades y habilidades particulares, puesto que el estado de salud de una persona y su respuesta a un programa también determinan su progreso. Por ejemplo, si descubres que la duración inicial de tu entrenamiento te resulta bastante llevadera y no tienes dolor, puedes incrementarla de 5 a 10 minutos en el segundo entrenamiento. Siempre que el dolor o la rigidez no aumenten, sigue tratándose de una duración segura para un programa de iniciación. Pero si incrementas la duración y se te hincha la rodilla, vuelve al tiempo inicial y toma medidas para controlar la inflamación. Si antes de este incidente no habías sufrido ningún problema, repasa tus actividades en los días previos, porque es posible que descubras que la causa es cualquier otra (como haber caminado sobre una superficie irregular el día anterior).

Observa que para el individuo de bajo estado físico de la tabla 3.3, la intensidad inicial es inferior a las pautas que establece la ACSM; ha sido modificada para ajustarse a la artritis y para ayudar a la persona a no abandonar el programa. La intensidad se mantiene baja durante unas semanas y luego asciende de forma progresiva, al igual que la duración. Observa que la frecuencia inicial es tres veces al día, lo cual consigue que el tiempo total alcance el mínimo recomendado. La frecuencia del entrenamiento puede ser disminuida a dos veces al día cuando las sesiones alcancen los 15 minutos de duración, y luego a una vez al día cuando duren alrededor de 20 minutos. Desde ese momento en adelante, la persona se encontrará en condiciones de incrementar lentamente tanto la intensidad como la duración.

Quien ha sido medianamente activo y se encuentra en un nivel de preparación física regular (basado en una evaluación preliminar, en la medida de lo posible), puede comenzar con caminatas más prolongadas a una intensidad superior (véase tabla 3.4). La intensidad del entrenamiento permanece estable durante el primer mes, pero la duración aumenta. Resulta tentador incrementar la velocidad y la duración con mayor rapidez, pero los pacientes con artritis tienen más probabilidades de continuar con su programa si los avances son más lentos y mantienen niveles cómodos para su enfermedad. Suele ser recomendable incrementar la duración sin aumentar la velocidad hasta que el individuo se acostumbre a entrenarse.

Tal vez descubras que te encuentras en mejor estado físico del que pensabas, o que tu artritis no te molesta demasiado. En ese caso, podrías incrementar la intensidad en un 2 a 5 por 100 en la cuarta semana. Si te acercabas al nivel moderado de aptitud física en la prueba de parámetros basales, podrías comenzar con una única sesión de 20 minutos y luego incrementar la duración, la intensidad o ambas.

Un individuo activo que desee aplicar un programa de entrenamiento regular o modificar uno ya existente puede comenzar a un nivel de intensidad más elevado (véase tabla 3.5). Yo sugeriría incluir algunas variantes en el programa para procurar que la ejercitación no deje de resultar interesante y exigente. De todas maneras, haz lo que prefieras: a algunas personas les gusta seguir una rutina invariable para no tener que consultar en su diario lo que deben hacer a continuación. Para variar el régimen podrías incluir una ruta empinada o una caminata más prolongada dos veces a la semana (véase semana 1 en la tabla).

Tabla 3.3 Programa inicial de caminata para individuo de estado físico malo o regular

Mes 1	Mes 2	Mes 3
Semana 1		
Frecuencia: 3-5 días/semana * Intensidad: 40% de RRC Duración: 5 minutos, 3 veces al día	Frecuencia: 5-7 días/semana Intensidad: 45% de RRC Duración: 15-20 minutos, 1 vez al día	Frecuencia: 5-7 días/semana Intensidad: 50% de RRC Duración: 30 minutos, 1 vez al día
Semana 2		
Frecuencia: 3-5 días/semana Intensidad: 40% de RRC Duración: 6-7 minutos, 2-3 veces al día	Frecuencia: 5-7 días/semana Intensidad: 45% de RRC Duración: 20-25 minutos, 1 vez al día	Frecuencia: 5-7 días/semana Intensidad: 50% de RRC Duración: 30 minutos, 1 vez al día
Semana 3		
Frecuencia: 3-5 días/semana Intensidad: 42-43% de RRC Duración: 10 minutos, 2-3 veces al día	Frecuencia: 5-7 días/semana Intensidad: 45-48% de RRC Duración: 25-30 minutos, 1 vez al día	Frecuencia: 5-7 días/semana Intensidad: 55% de RRC Duración: 30 minutos, 1 vez al día
Semana 4		
Frecuencia: 3-5 días/semana Intensidad: 42-43% de RRC Duración: 12-14 minutos, 2 veces al día	Frecuencia: 5-7 días/semana Intensidad: 47-48% de RRC Duración: 30 minutos, 1 vez al día	Frecuencia: 5-7 días/semana Intensidad: 55% de RRC Duración: 30 minutos, 1 vez al día

* Días alternos para 3 sesiones/semana.

A medida que el programa se intensifica, tanto el calentamiento como el enfriamiento ganan importancia. Cada uno debería tener más duración e incorporar más ejercicios de radio de movimiento, más actividad aeróbica suave (como caminar en el lugar) y más estiramientos, en especial durante la fase de enfriamiento. No olvides incluir trabajo de fortalecimiento para el tronco y las extremidades inferiores, porque te protegerá contra lesiones y problemas que podrían surgir durante las cuestas o en un terreno abrupto. Muchas personas dan por sentado que si llevan bastante tiempo caminando con regularidad, su tronco y piernas han adquirido la fuerza que necesitan. Pero esta suposición es incorrecta. Según el principio de especificidad que

Tabla 3.4 Programa intermedio de caminata para individuo de estado físico regular o moderado

Mes 1	Mes 2	Mes 3
Semana 1		
Frecuencia: 5 veces/semana Intensidad: 55% de RRC Duración: 15 minutos, 2 veces al día	Frecuencia: 5-7 veces/semana Intensidad: 57-58% de RRC Duración: 25 minutos	Frecuencia: 5-7 veces/semana Intensidad: 62-63% de RRC Duración: 30-35 minutos
Semana 2		
Frecuencia: 5 veces/semana Intensidad: 55% de RRC Duración: 17-18 minutos, 1 vez al día; 10 minutos, 1 vez al día	Frecuencia: 5-7 veces/semana Intensidad: 57-58% de RRC Duración: 30 minutos	Frecuencia: 5-7 veces/semana Intensidad: 62-63% de RRC Duración: 30-40 minutos
Semana 3		
Frecuencia: 5 veces/semana Intensidad: 55% de RRC Duración: 20 minutos, 1 vez al día; 10 minutos, 1 vez al día	Frecuencia: 5-7 veces/semana Intensidad: 60% de RRC Duración: 30 minutos	Frecuencia: 5-7 veces/semana Intensidad: 65% de RRC Duración: 30-40 minutos
Semana 4		
Frecuencia: 5 veces/semana Intensidad: 55% de RRC Duración: 22-23 minutos	Frecuencia: 5-7 veces/semana Intensidad: 60% de RRC Duración: 30-35 minutos	Frecuencia: 5-7 veces/semana Intensidad: 65% de RRC Duración: 30-40 minutos

Tabla 3.5 Programa avanzado de caminata para individuo de estado físico bueno o excelente

	Semana 1	Semana 2	Semana 3	Semana 4
	Frecuencia: 5-7 veces/semana Intensidad: 75% de RRC Duración: 30-45 minutos	Frecuencia: 5-7 veces/semana Intensidad: 75-80% de RRC Duración: 30-45 minutos	Frecuencia: 5-7 veces/semana Intensidad: 75-80% de RRC Duración: 30-45 minutos	Frecuencia: 5-7 veces/semana Intensidad: 75-80% de RRC Duración: 35-50 minutos
Lunes	30 minutos	30 minutos	35 minutos	30 minutos
Martes	35 minutos	35 minutos, 80% de RRC	40 minutos	40 minutos, 80% de RRC
Miércoles	30 minutos, ruta empinada	35 minutos, ruta empinada	40 minutos, ruta empinada	45 minutos, ruta empinada
Jueves	30 minutos	40 min., fácil	45 min., fácil	35 minutos
Viernes	35 minutos, ruta empinada	35 minutos, ruta empinada	30 minutos, ruta empinada, 80% de RRC	40 minutos, ruta empinada, 80% de RRC
Sábado	45 min., fácil*	45 min., fácil	45 min., fácil	50 min., fácil

* Fácil: disminuir intensidad alrededor del 5-10%.

expliqué en el capítulo 2, el fortalecimiento se produce principalmente a través de ejercicios que requieren producir más fuerza. Caminar incrementa la resistencia muscular, pero no necesariamente la fuerza.

El capítulo 4 se centra en el entrenamiento de fuerza y proporciona algunas ideas para entrenar el tronco y las piernas. Un caballero con el que trabajé caminaba con regularidad, en general varios kilómetros. Sin embargo, nunca siguió ningún entrenamiento de fuerza, y le costaba bajar las escaleras. Después de un simple programa de fortalecimiento doméstico, no sólo consiguió subir y bajar escaleras con más facilidad sino que además descubrió que podía andar más rápidamente y con menos dolor.

Trotar o correr

Debo hacer referencia a algunas ideas erróneas sobre esta actividad, que no es recomendable para todos los pacientes con artritis, pero que, quizá injustamente, con el paso de los años ha adquirido una mala reputación entre las personas mayores. Cuando estaba preparando este libro, un colega me confesó que esperaba que yo no incitara a los lectores con artritis a dejar de correr. Él es corredor, y muchas veces le habían instado a dejar esta actividad por la posibilidad de que desarrollase artritis.

Algunas personas sugieren que la acción de correr desarrolla esta enfermedad o la empeora. La mayor parte de estas teorías se basa en el hecho de que correr ejerce un impacto mayor sobre las extremidades inferiores que caminar. Así como es cierto que el impacto sobre las articulaciones es considerablemente superior al correr que al andar, existe poca evidencia de que la acción misma de correr provoque artritis. Algunos estudios han analizado la incidencia de la artritis en relación con la práctica de correr, y se han hecho descubrimientos que apoyan ambas teorías. Los estudios que observaban una mayor incidencia de artritis en los corredores descubrieron que los largos recorridos y las velocidades elevadas parecían elevar ligeramente el riesgo de desarrollar la enfermedad. Otros estudios epidemiológicos más extensos han descubierto que una lesión articular previa, junto con el factor género y la obesidad, son los elementos de predicción más importantes; y también llegaron a la conclusión de que trotar, correr y otras actividades físicas extenuantes no incrementaban las posibilidades de desarrollar artritis (Morrow *et al.*, 2002; Hootman, 2002). De hecho, la relación entre el riesgo de desarrollar artritis y correr parece determinar una curva en forma de U. Se observa un ligero aumento del riesgo en los niveles superiores de esta actividad; los niveles moderados podrían en realidad ofrecer cierta protección, y en el otro extremo de la curva se aprecia un mayor riesgo de artritis a causa de la inactividad. De todas maneras, no existe evidencia de que un paciente con artritis que continúe corriendo acelere el desarrollo de su enfermedad (Lane *et al.*, 1987; Fries *et al.*, 1994).

¿Cómo me preparo?

Si no estás habituado a correr y tu estado aeróbico es bajo, comienza con una caminata y observa de qué manera respondes; posteriormente podrás avanzar hacia un programa de nivel más enérgico. Además de seguir un programa de caminata, empieza a fortalecer tus extremidades inferiores. Y luego, si quieres correr, alterna las caminatas con las carreras suaves.

Si en el pasado fuiste corredor, puedes empezar a trotar a ritmo tranquilo durante períodos breves, de 15 a 20 minutos, siempre que no hayas ganado mucho peso con el paso de los años y no padezcas una artritis significativa en las extremidades inferiores. El sobrepeso es un factor de riesgo primario para los enfermos de artritis y, combinado con una actividad de alto impacto como correr, puede ejercer un estrés indebido sobre las articulaciones. Si tienes sobrepeso, es preferible que realices otra actividad de bajo impacto hasta que tu peso resulte más adecuado para tu altura.

Si ya estás habituado a salir a correr, no tienes que dejarlo simplemente porque te hayan diagnosticado artritis. Con frecuencia el incremento del dolor articular impulsa a la persona a consultar a un médico, y éste diagnostica la enfermedad. Intenta disminuir temporalmente la distancia que recorres, y durante ese tiempo sigue un programa de fortalecimiento y mantén el dolor bajo control. Una vez que lo consigas, aumenta lentamente los kilómetros que recorres hasta recuperar el nivel que deseas. Posiblemente descubras que puedes continuar corriendo pero que tienes que cubrir una distancia inferior a la que recorrías cómodamente en el pasado. Cuando yo estaba en la universidad, me entrenaba para correr maratones. Y a pesar de que en la actualidad sigo corriendo, he descubierto que mi rodilla comienza a darme problemas cuando cubro una distancia excesiva. Para no dejar de correr, tal vez necesites encontrar un equilibrio entre lo que quieres hacer y lo que tu cuerpo puede soportar.

¿Necesito un calzado especial?

Debido al gran impacto que se produce al correr, debes prestar mucha atención al calzado que utilices y a la superficie sobre la que corras. En el capítulo 7 encontrarás algunas sugerencias sobre calzado deportivo. Asegúrate de que tus zapatillas protejan el pie adecuadamente. Deberás reemplazarlas con más frecuencia que el calzado para las caminatas, porque en ningún caso debes correr con deportivas desgastadas.

Observa que he incluido el fortalecimiento entre las sugerencias de entrenamiento, a pesar de que esta sección habla de correr. La clave para cumplir con mi propio programa ha sido mi régimen de fortalecimiento, que ha disminuido en gran medida el dolor de mi rodilla después de las carreras. Diversos estudios han demostrado que la fuerza de la rodilla es inferior en los individuos que padecen artritis. De ahí la importancia de la fuerza muscular, que ayuda a absorber el impacto que la acción de correr transmite a las extremidades inferiores.

¿Cómo es un programa de carrera?

Mantén un nivel bajo de recorrido o duración, a menos que te estés preparando para una competición (como una carrera de 10 km). Correr duran-

Tabla 3.6 Programa intermedio de carrera para individuo de estado físico bueno

Mes 1				
	Semana 1	**Semana 2**	**Semana 3**	**Semana 4**
	Frecuencia: 5-7 veces/semana Intensidad: 65% de RRC Duración: 20-30 min., alternando 5 min. de trote, 5 min. andando	Frecuencia: 5-7 veces/semana Intensidad: 65% de RRC Duración: 20-30 min., alternando 10 min., de trote, 10 min. andando	Frecuencia: 5-7 veces/semana Intensidad: 65-70% de RRC Duración: 20-30 minutos, carrera continua	Frecuencia: 5-7 veces/semana Intensidad: 65-70% de RRC Duración: 20-40 minutos
Lunes	20 minutos	20 minutos	20 minutos	20 minutos
Martes	25 minutos	25 minutos	25 minutos	30 minutos
Miércoles	30 minutos	30 minutos	30 minutos	40 minutos
Jueves	20 minutos	20 minutos	20 minutos	30 minutos
Viernes	25 minutos	25 minutos	25 minutos	20 minutos
Sábado	30 minutos	30 minutos	30 minutos	40 minutos
Mes 2				
	Semana 1	**Semana 2**	**Semana 3**	**Semana 4**
	Frecuencia: 5-7 veces/semana Intensidad: 70-75% de RRC Duración: 20-40 minutos	Frecuencia: 5-7 veces/semana Intensidad: 70-75% de RRC Duración: 30-50 minutos	Frecuencia: 5-7 veces/semana Intensidad: 70-80% de RRC Duración: 30-60 minutos	Frecuencia: 5-7 veces/semana Intensidad: 70-80% de RRC Duración: 30-60 minutos
Lunes	30 minutos	40 minutos	40 min., empinado	40 min., difícil
Martes	30 minutos	40 min., empinado	45 minutos	50 minutos
Miércoles	40 minutos	50 minutos	30 min., difícil**	45 min., fácil
Jueves	20 minutos	30 minutos	50 minutos	30 minutos, difícil, empinado
Viernes	30 minutos	40 minutos, ruta empinada	40 minutos	50 minutos, fácil
Sábado	40 minutos	50 min., fácil*	60 min., fácil	60 minutos

* Fácil: disminuir intensidad alrededor del 5-10%.

** Difícil: incrementar intensidad alrededor del 5-10%

Tabla 3.7 Programa avanzado de carrera para individuo de estado físico bueno o excelente

	Semana 1	Semana 2	Semana 3	Semana 4
	Frecuencia: 5-7 veces/semana Intensidad: 70-80% de RRC Duración: 30-45 minutos	Frecuencia: 5-7 veces/semana Intensidad: 70-80% de RRC Duración: 30-50 minutos	Frecuencia: 5-7 veces/semana Intensidad: 70-85% de RRC Duración: 30-60 minutos	Frecuencia: 5-7 veces/semana Intensidad: 70-85% de RRC Duración: 30-60 minutos
Lunes	30 min., difícil**	30 min., fartlek	35 min., difícil	40 minutos
Martes	40 minutos	45 min., difícil	45 min., fácil	50 min., empinado
Miércoles	45 minutos, fartlek	35 minutos, empinado	50 minutos, empinado	45 minutos, difícil
Jueves	40 minutos	50 min., fácil	45 min., fartlek	30 minutos
Viernes	35 minutos, empinado	35 minutos, empinado	30 min., difícil, empinado	40 minutos, fácil
Sábado	45 min., fácil*	50 minutos	60 min., fácil	60 minutos

* Fácil: disminuir intensidad alrededor del 5-10%.

** Difícil: incrementar intensidad alrededor del 5-10%

te 30 a 60 minutos por entrenamiento resulta más que adecuado para mantener el estado físico, sin olvidar descansar durante uno o dos días. Variar la distancia recorrida o la duración de las carreras durante la semana es una técnica habitual de entrenamiento que no sólo reduce el aburrimiento sino que también favorece la recuperación.

En el programa del ejemplo dirigido a individuos que ya estén preparados para comenzar a correr (tabla 3.6), recomiendo entrenar sobre un terreno llano. También es preferible alternar las caminatas con las carreras, disminuyendo gradualmente el tiempo dedicado a caminar. El ejemplo alterna períodos de cinco minutos de caminata y carrera durante la primera semana, pasando a sesiones de 10 minutos durante la segunda. Aunque tu parámetro basal de preparación física sea lo suficientemente bueno como para que comiences tu programa de carreras y lleves ya algún tiempo practicando ejercicio, siempre es preferible comenzar poco a poco, para permitir que tus articulaciones y musculatura tengan tiempo de adaptarse al impacto de correr. Si eres impaciente, comienza con carreras breves, como he sugerido antes.

Si en la actualidad sales a correr y simplemente deseas modificar tu programa, cuentas con numerosas opciones. El ejemplo de la tabla 3.7 es sólo una sugerencia. Tal como sucede con los programas de caminatas, un programa de carreras variado combate el aburrimiento, aunque es posible que notes que tus restricciones de tiempo o de espacio te limitan a una rutina casi constante. De todas maneras, puedes variar en la distancia, el tipo de terreno y la intensidad, o experimentar con técnicas como el fartlek.

Ciclismo

El ciclismo es una excelente actividad aeróbica, en especial si deseas disminuir el impacto sobre las articulaciones. Conozco a muchas personas que deciden montar en bicicleta cuando su artritis les da problemas, como una forma de ejercitar sin dolor. La mayoría de los estudios han analizado la bicicleta estática, así que es posible que consigas diferentes resultados si optas por un programa de ciclismo al aire libre. La consideración más importante es que el ciclismo, al igual que otras actividades aeróbicas, aporta beneficios a los pacientes con artritis.

¿Cuáles son las mejores condiciones para practicar ciclismo?

En un programa de ciclismo, existen dos factores capaces de afectar al dolor de rodilla y cadera durante la actividad: la altura del sillín y la resistencia del pedal. Ajusta la altura del sillín de tal manera que tu rodilla quede completamente extendida cuando el pedal se encuentre en su posición más baja (véase figura 3.1). Este ajuste permite el mayor radio de movimiento de la rodilla y la cadera, y dispersa el estrés. Si tienes una contextura física como la de mi padre (que mide 1,92 m), tal vez necesites modificar el soporte del sillín para que te permita alcanzar una altura superior; y si montas al aire libre, busca una bicicleta de mayor tamaño. Mantén la resistencia del pedal en un nivel bajo, porque eso te permitirá un rango superior de movimiento. Puedes realizar este ajuste con facilidad en una bicicleta estática a través del mecanismo de control de resistencia. Cuando montes al aire libre, utiliza los cambios y en los ascensos elige una resistencia que no te ofrezca dificultad.

La comodidad del sillín también determina la facilidad o dificultad que experimentes durante el entrenamiento. En la actualidad existen nuevos tipos de sillines, en general más anchos y acolchados que los antiguos. Pruébalos y determina cuál te resulta más cómodo en relación con tu contextura física. Por último, recuerda que el ciclismo (en especial al aire libre) puede causar problemas en las muñecas. Por eso, trabaja con una bicicleta que te permita modificar la posición de las manos y mantener una postura relativamente erguida. Si lo deseas, podrías acolchar el manillar para disminuir las molestias en las muñecas y las manos.

Una variante de bicicleta estática que puedes utilizar es aquella en la que el manillar se mueve sincronizadamente con los pedales. Estas máquinas suelen permitir una postura erguida y, debido a la posición del manillar, reducen el estrés sobre las articulaciones. También ayudan a trabajar el tercio superior del cuerpo durante todo el ejercicio, lo cual aporta un mejor acondicionamiento, flexibilidad para el tronco y los hombros, y más comodidad. La Universidad Norteamericana de Medicina Deportiva ofrece información en Internet sobre cómo elegir una bicicleta estática.

Figura 3.1 Posición correcta sobre una bicicleta

¿Cómo es un programa de ciclismo?

Si no te has mantenido activo, y en especial si no practicabas ciclismo, comienza a trabajar sin resistencia durante el período de calentamiento, y luego mantenla muy baja durante varias semanas (véase tabla 3.8). Esta estrategia te ayudará a reducir el dolor en los muslos. Si montas al aire libre, durante las primeras semanas trabaja en zonas relativamente llanas. Comienza a una intensidad baja, basada en tu falta de actividad previa. También puedes llevar a cabo el enfriamiento sin resistencia, a una velocidad de pedal inferior. Es posible que al principio no te resulte cómodo sentarte en la bicicleta, así que comienza con dos o tres breves períodos de ejercicio al día (aunque el ejemplo muestra una sesión de 15 minutos), hasta que te adaptes al sillín.

Si llevas algún tiempo montando en bicicleta puedes comenzar a una intensidad ligeramente superior, pero empieza y termina el calentamiento sin resistencia. Puesto que el movimiento del ciclismo es muy diferente del

Tabla 3.8 Programa inicial de ciclismo para individuo de estado físico malo o regular

Mes 1	Mes 2
Semana 1	
Frecuencia: 3-5 días/semana Intensidad: 50% de RRC; 50-60 rpm Duración: 15 minutos	Frecuencia: 5-7 días/semana Intensidad: 60% de RRC; 55-65 rpm Duración: 30 minutos
Semana 2	
Frecuencia: 3-5 días/semana Intensidad: 55% de RRC; 50-60 rpm Duración: 20-25 minutos	Frecuencia: 5-7 días/semana Intensidad: 60-65% de RRC; 55-65 rpm Duración: 30-35 minutos
Semana 3	
Frecuencia: 3-5 días/semana Intensidad: 50% de RRC; 50-60 rpm Duración: 20-25 minutos	Frecuencia: 5-7 días/semana Intensidad: 55% de RRC; 55-65 rpm Duración: 35 minutos
Semana 4	
Frecuencia: 3-5 días/semana Intensidad: 55-60% de RRC; 55-65 rpm Duración: 25-30 minutos	Frecuencia: 5-7 días/semana Intensidad: 55-60% de RRC; 55-65 rpm Duración: 40 minutos

de la caminata, los músculos trabajan de otra manera; si te has mantenido activo pero sin montar en bicicleta, deberías cumplir con un período de adaptación. Por último, si llevas algún tiempo montando y has comenzado a sentir dolor articular, es posible que modifiques tu programa. Una rodillera de neopreno puede aliviar el dolor y te permite seguir montando. Como en el caso de cualquier otra actividad aeróbica, el fortalecimiento contribuye a mejorar el equilibrio muscular y disminuye el estrés excesivo alrededor de las articulaciones. La tensión muscular también puede estar agravando el problema, así que no dejes de trabajar tu flexibilidad. Si has practicado ciclismo y buscas variedad, recurre a diferentes ritmos y duraciones, similar al fartlek, incluso durante una carrera (véase el ejemplo en tabla 3.9).

Volviendo al tema del ciclismo al aire libre, debo mencionar el uso de casco. El casco es un elemento fundamental para la seguridad, así que nunca montes sin llevarlo. Si eres como yo, posiblemente jamás llevases casco de niño, y ahora te resulte caluroso e incómodo. Pero las lesiones en la cabeza debidas a accidentes en bicicleta pueden ser graves, así que no te costará

Tabla 3.9 Programa avanzado de ciclismo para individuo de estado físico bueno o excelente

	Semana 1	Semana 2	Semana 3	Semana 4
	Frecuencia: 5-7 veces/semana Intensidad: 70-75% de RRC Duración: 30-45 minutos	Frecuencia: 5-7 veces/semana Intensidad: 70-75% de RRC Duración: 30-50 minutos	Frecuencia: 5-7 veces/semana Intensidad: 70-80% de RRC Duración: 30-60 minutos	Frecuencia: 5-7 veces/semana Intensidad: 70-80% de RRC Duración: 30-60 minutos
Lunes	30 minutos	30 minutos	40 min., difícil	45 minutos
Martes	35 minutos, ritmo variado	45 minutos, ritmo variado	50 minutos	50 minutos, ritmo variado
Miércoles	40 minutos	40 minutos, difícil	35 minutos, ritmo variado	60 minutos
Jueves	30 minutos	45 min., fácil	40 min., difícil	35 min., difícil
Viernes	45 minutos, ritmo variado	30 minutos, difícil	50 minutos, fácil	45 minutos, fácil
Sábado	45 minutos	50 minutos ritmo variado	60 minutos, ritmo variado	60 minutos, ritmo variado

acostumbrarte a llevar casco (si te sirve de ayuda, piensa en el buen ejemplo que darás a los más jóvenes).

Natación

Cuando yo iba a la universidad, un anciano afectado de artritis reumatoide grave llegaba todos los días a la piscina a la hora de comer y nadaba durante una hora completa. Le vi hacerlo durante cuatro años; rara vez faltaba a una sesión. Este hombre me contó que la natación era la única actividad que le mantenía en movimiento y disminuía su dolor. Y está claro que no es un deporte para todo el mundo, aunque para muchos es fundamental. Si tu artritis te afecta a los hombros, es posible que notes que la natación agrava el dolor en lugar de disminuirlo. Sin embargo, los pacientes con artri-

Tabla 3.10 Programa inicial de natación para individuo de estado físico malo o regular

Mes 1	Mes 2
Semana 1	
Frecuencia: 3-5 días/semana * Intensidad: 50% de RRC Duración: 20 minutos en total; intervalos (véase descripción en texto)	Frecuencia: 3-5 días/semana Intensidad: 60% de RRC Duración: 30 minutos en total (continuos, si es posible)
Semana 2	
Frecuencia: 3-5 días/semana Intensidad: 55% de RRC Duración: 20 minutos en total; intervalos: sumar a cada uno un largo más	Frecuencia: 3-5 días/semana Intensidad: 60% de RRC Duración: 35 minutos en total (continuos, si es posible)
Semana 3	
Frecuencia: 3-5 días/semana Intensidad: 55% de RRC Duración: 25 minutos en total; Intervalos: seguir sumando un largo a cada uno	Frecuencia: 3-5 días/semana Intensidad: 65% de RRC Duración: 35-40 minutos en total (continuos)
Semana 4	
Frecuencia: 3-5 días/semana Intensidad: 55% de RRC Duración: 30 minutos en total; Intervalos: seguir sumando un largo a cada uno	Frecuencia: 3-5 días/semana Intensidad: 65% de RRC Duración: 40 minutos en total

* Alterna días si entrenas tres veces a la semana.

tis en las extremidades inferiores o en múltiples articulaciones suelen notar que la ausencia de impacto de la natación se convierte en una excelente opción de ejercicio. Nadar aporta varios beneficios: no es necesario soportar un gran peso porque el cuerpo flota, la relajación es mayor y la rigidez suele reducirse (con una temperatura del agua apropiada), todo lo cual favorece un acondicionamiento corporal general.

¿Cómo es un programa de natación?

Sugiero que comiences con un programa a intervalos, dado que pocas personas son capaces de nadar continuamente durante la duración recomendada si no se han entrenado previamente (tabla 3.10): recuerda que el tercio superior del cuerpo tiende a perder forma física más rápidamente que las piernas. Otra diferencia entre nadar y caminar es que la natación no es una actividad funcional, mientras que casi todo el mundo camina todos los

Tabla 3.11 Programa avanzado de natación para individuo de estado físico bueno o excelente

	Semana 1	Semana 2	Semana 3	Semana 4
	Frecuencia: 3-5 días/semana Intensidad: 65-75% de RRC Duración: 30-45 minutos	Frecuencia: 3-5 días/semana Intensidad: 65-75% de RRC Duración: 35-50 minutos	Frecuencia: 3-5 días/semana Intensidad: 70-80% de RRC Duración: 40-60 minutos	Frecuencia: 3-5 días/semana Intensidad: 70-80% de RRC Duración: 40-60 minutos
Lunes	30 minutos continuos	45 minutos continuos	40 minutos continuos, difícil	40 minutos continuos, difícil
Martes	35 minutos: 20 continuos, 15 inter. difíciles	50 minutos: 25 continuos, 25 intervalos	50 minutos: 30 continuos, 20 intervalos	55 minutos: 35 continuos, 20 intervalos
Miércoles	40 minutos continuos	35 minutos continuos	40 minutos continuos	45 minutos continuos
Jueves	45 minutos: 25 continuos, 20 intervalos	45 minutos: 30 continuos, 15 intervalos	60 minutos: 35 continuos, 25 inter. difíciles	60 minutos: 40 continuos, 20 intervalos
Viernes	30 minutos continuos, difícil	50 minutos, fácil	50 minutos continuos, fácil	50 minutos continuos, fácil

días aunque no se esté entrenando. Establece tu parámetro basal, tal como harías con las demás actividades. Puedes llevar a cabo la prueba identificada en el capítulo 2, o simplemente comprobar cuántos largos eres capaz de hacer sin detenerte. Este número se transformará luego en tu intervalo inicial; si puedes nadar cuatro largos sin parar, realizarás series de cuatro intervalos con descansos intermedios. Te recomiendo que cambies de estilo, no sólo para disminuir el estrés que producen ciertos movimientos específicos, sino también para hacer el ejercicio más interesante.

Si ya estás practicando algo de natación, puedes intentar acercarte al período óptimo de 30 a 60 minutos de actividad continua. Como verás en el ejemplo de la tabla 3.11, para mí el entrenamiento a intervalos forma parte de las sesiones, y recurro a intervalos más prolongados para mantener el interés del programa. También sugiero alternar el tipo de brazada durante los intervalos e incluir en la rutina algo de patada (con o sin tabla) y trabajo de brazos (utilizando flotadores para que sustenten el peso del tercio inferior del cuerpo). Diversificar el programa reduce el aburrimiento y posiblemente también el riesgo de lesiones por sobreuso causadas por la repetición de un único tipo de brazada.

¿Existen consideraciones especiales para un programa de natación?

El ritmo cardíaco desciende cuando la persona se encuentra en el agua y cuando nada. Te sugiero restar 13 pulsaciones por minuto a tu ritmo cardíaco máximo, y luego calcular tu ritmo cardíaco objetivo (McArdle, Katch y Katch, 2000, pág. 377). Esta modificación te proporcionará un cálculo más preciso de ritmo cardíaco durante la práctica de la natación. Otra forma de ajustar la alteración del ritmo cardíaco consiste en recurrir al esfuerzo percibido para controlar la intensidad del entrenamiento.

Los nadadores suelen experimentar dolor de hombro, en parte debido al desequilibrio en el «tirón» muscular que se produce con la natación. Los músculos anteriores se tornan fuertes y tensos, y tiran de los hombros hacia delante, haciéndoles adoptar una postura redondeada. Para contrarrestar dicho tirón, incluye en tu programa algunos ejercicios de fortalecimiento destinados a conseguir estabilidad escapular (músculos de la cara posterior del hombro), más un programa de estiramiento para la parte anterior del hombro. La brazada de mariposa resulta especialmente estresante para la articulación del hombro, así que no la practiques, o hazlo sólo un poco. El uso de paletas también puede causar problemas, puesto que ofrecen una mayor resistencia para los músculos anteriores del hombro, lo cual produce desequilibrios musculares incluso mayores.

Fotolia: © Carina Hansen

La natación se convierte en una excelente forma de realizar ejercicio aeróbico de bajo impacto.

Esta tendencia al desequilibrio justifica mi sugerencia de que el programa de natación deba ser llevado a cabo cinco días a la semana como mucho.

Cómo personalizar tu programa

Personalizar tu programa significa bastante más que decidir si vas a caminar o nadar, o si tu programa comenzará en el nivel más bajo de intensidad o en uno ligeramente superior. Significa ajustar a tu estilo de vida el programa aeróbico que consideres necesario, adaptarlo a las instalaciones a las que puedas recurrir, y tener en cuenta tus deseos o necesidades personales. Ofreceré algunos ejemplos de programas personalizados, pero cada persona quiere y necesita cosas diferentes.

Una conocida mía personalizó su programa combinando un plan de ciclismo con otro de natación. Los martes y jueves va a nadar por la noche a la piscina cubierta de su zona; y los lunes, miércoles y viernes va a trabajar en bicicleta cuando el clima se lo permite, o practica en su bicicleta estática por la noche, cuando el ciclismo al aire libre resulta poco recomendable.

También le gusta montar durante los fines de semana, gracias a lo cual disfruta de una agradable actividad social mientras realiza ejercicio aeróbico.

Mi padre prefiere mantener cierta flexibilidad en su programa, ajustándolo de tal manera que se adapte al clima y a sus demás actividades. Cuando va al gimnasio en invierno y a comienzos de la primavera, practica bicicleta estática durante aproximadamente 15 minutos y luego camina en la cinta durante un período similar. Después que este ejercicio aeróbico, completa un programa de levantamiento de pesas que determinamos entre los dos. También sale a caminar al aire libre o monta en bicicleta alrededor de un lago si las condiciones climáticas se lo permiten. En verano, recorre regularmente nueve hoyos del golf y además suele salir a caminar. Cuando el clima es benévolo, prefiere realizar un programa de fortalecimiento en casa, porque le resulta más fácil complementarlo con sus variadas actividades.

Si no has desarrollado el hábito de mantenerte activo, te sugiero que registres tu programa por escrito y lleves un diario de ejercicios; seguirás contando con la posibilidad de personalizar tu rutina para que se adapte a tus horarios, pero escribir el programa y llevar un diario te ayudará a mantenerte «en marcha». Al analizar tus horarios habituales, podrás identificar momentos en los que posiblemente tengas que ajustar o variar tu rutina de ejercicios. Por ejemplo, si trabajas a tiempo completo y tienes reuniones los miércoles por la tarde, puedes marcar ese día como tu jornada de descanso o tal vez optar por caminatas breves durante la mañana y a la hora de comer en lugar de entrenar después del trabajo. En general yo practico mis ejercicios después de trabajar, pero los viernes solía quedar a comer con una amiga. Este encuentro me permitía sociabilizar y al mismo tiempo variar mi rutina. Durante el verano adapto mis horarios dejando de trabajar los martes, que es el día de mi liga de golf (siempre recorro todo el campo).

Personalizar tu programa te ayuda a pasar del «tengo que» al «quiero», y mejora las posibilidades de que no lo abandones a largo plazo. Debes recordar también que no se trata de un ajuste que se lleva a cabo en una única ocasión; a medida que progreses, no sólo modificarás la intensidad y duración de tu programa sino que también incluirás otras opciones de ejercicio. Quizá decidas practicar algún deporte como el golf, o bien integrarte en un grupo que se ejercite de forma colectiva como una actividad social. En mi ciudad, cada fin de semana un grupo de personas se reúne en un restaurante local para caminar, trotar o correr. Llegan de varias localidades diferentes y presentan distintos niveles de destreza y preparación física. Esta reunión semanal es una actividad social divertida que refuerza sus respectivos programas de ejercicio.

La información y los ejemplos incluidos en este capítulo se centran en la ejercitación cardiovascular. El próximo componente del ejercicio (explicado en el capítulo 1) es la fuerza. Ya he aludido a la importancia de la fuerza en las actividades cotidianas. En el capítulo 4 haré referencia a los requisitos básicos de un régimen de entrenamiento de fuerza, presentaré los diferentes programas y daré algunas pautas básicas de seguridad. El entrenamiento de fuerza no sólo está destinado a los atletas jóvenes, sino que resulta vital para cualquier persona que siga un programa de ejercicios.

PLAN DE ACCIÓN ——————————

Incorporar actividad aeróbica

❖ Cuantifica tu ritmo cardíaco y determina tu nivel de intensidad (la recomendación es entre el 50 y el 85 por 100 de la reserva de ritmo cardíaco).

❖ Establece duración y frecuencia basándote en tu nivel actual de actividad, tu edad y tus problemas de salud (las recomendaciones oscilan entre 20 y 60 minutos diarios, al menos de 3 a 5 veces a la semana).

❖ Elige una actividad aeróbica (o varias): caminar, correr, montar en bicicleta, nadar u otra.

❖ Básate en los ejemplos de programas y adáptalos a tu nivel de preparación física, horarios y otras necesidades.

CAPÍTULO 4

Incrementa tu fuerza

Tal vez creas que no necesitas un entrenamiento de fuerza o que podría causarte más dolor y rigidez, así que ¿para qué seguirlo? Pero, como he mencionado en capítulos anteriores, el entrenamiento de fuerza puede aportar varios beneficios. Preparé a mi padre un simple programa de fortalecimiento hace varios años, cuando intentaba postergar su cirugía de sustitución articular de rodilla. Y logró posponerla durante varios años gracias a su ejercitación regular. Cuando finalmente se operó, recuperó su fuerza funcional con relativa rapidez. Después de finalizar la rehabilitación comenzó una rutina intensiva de entrenamiento de fuerza en un gimnasio, y ahora no sólo no tiene ningún problema con la rodilla operada, sino que la otra le duele menos.

Beneficios del entrenamiento de fuerza

Los pacientes con artritis han notado que el entrenamiento de fuerza puede reducir el dolor y mejorar el grado de fuerza y funcionamiento, sin empeorar la enfermedad. Un grupo de individuos afectados de artritis en la rodilla que participaron en un programa de entrenamiento de fuerza tres veces a la semana demostraron una significativa ganancia de fuerza, y también una clara mejoría en funciones como caminar. También notaron que les resultaba más sencillo realizar tareas simples como ponerse los calcetines (Baker *et al.*, 2001).

Los ejercicios de fortalecimiento incrementan la circulación hacia los músculos que se encuentran trabajando y desarrollan masa muscular magra (elevando en consecuencia el metabolismo). También extienden el radio de movimiento de algunas articulaciones (Huerly y Hagberg, 1998). Los músculos fortalecidos pueden absorber el estrés que, de lo contrario, llegaría a la articulación. La debilidad de las extremidades inferiores precede y contribuye al dolor y la pérdida de funcionalidad características de la artritis (Wrigthson y Malanga, 2001). Por último, la fuerza muscular resulta crucial si estás pensando en someterte a una sustitución articular, puesto que un grado de fuerza inadecuado podría ralentizar la recuperación. En efecto, he trabajado con muchos pacientes que después de una cirugía de rodilla tuvieron que seguir un plan de rehabilitación porque eran incapaces de levantarse de una silla sin ayuda: su otra pierna se encontraba demasiado débil.

Requisitos básicos
del entrenamiento de fuerza

Recuerda que para estimular la adaptación de los músculos debes sobrecargar el sistema muscular. Y puedes conseguirlo incrementando la resistencia contra un movimiento, o aumentando la frecuencia o duración del movimiento resistido. Existen varias formas de ejecutar una actividad de resistencia, cada una de las cuales recurre a un tipo diferente de contracción muscular. A medida que envejeces, tu cuerpo se adapta al entrenamiento de fuerza principalmente a través de los cambios neurales; los músculos responden más eficientemente y de forma más completa cuando lo necesitan.

Antes de recopilar los detalles específicos de un programa de fuerza, decide si tu objetivo es mejorar la resistencia muscular, desarrollar fuerza pura o combinar las dos posibilidades. La resistencia muscular es la capacidad de mantener una contracción durante un período prolongado, o de contraer el músculo con cierta fuerza y de forma repetida. Como ejemplo de resistencia imagina la acción de cargar una bolsa de la compra, un gesto en el que los brazos se mantienen en la misma posición en todo momento. Pero si no cuentas con la resistencia necesaria para trasladar ese peso hasta tu casa, te ves obligado a dejar la bolsa en el suelo. Utilizas fuerza pura para elevar un objeto en una única ocasión con un movimiento breve, como cuando colocas una maleta en el coche. La mayoría de las personas necesita ambos tipos de fuerza, así que decántate por un programa combinado si no estás seguro del tipo de fuerza requerida para tus objetivos.

Cómo mejorar la fuerza en las actividades cotidianas

Si te frustra ser incapaz de realizar ciertas tareas o movimientos, aquí tienes algunos ejercicios de fuerza que pueden aliviar dichos problemas:

▷ ¿Te cuesta llevar las bolsas de la compra hasta tu casa? Trabaja la fuerza de sujeción y practica algunas flexiones de bíceps, aducciones de hombro para el músculo dorsal ancho y remo.
▷ ¿Te duele el tercio inferior de la espalda durante las tareas domésticas? Fortalece tu tronco con abdominales, extensiones de brazo y pierna contraria, y elevaciones laterales de tronco. También necesitas fuerza en los muslos, porque parte del dolor puede surgir al flexionar la espalda en lugar de la cadera y las rodillas. Los ejercicios de empuje de piernas y extensión de cadera fortalecerán dichas áreas.
▷ ¿Tienes dificultades para sentarte y levantarte de una silla que no disponga de apoyabrazos? La fuerza de los muslos y las piernas es la clave. Céntrate en la práctica de ejercicios de empuje de piernas y extensión de cadera.
▷ ¿Tienes problemas con algunas tareas menores de la casa? La fuerza de sujeción, normalmente ignorada, es un requisito básico para poder llevar a cabo muchas tareas del hogar con comodidad.

Si te estás recuperando de una lesión o sufres un dolor significativo, tal vez necesites comenzar un programa que gire en torno al control neuromuscular. En un régimen de dichas características utilizas el mismo músculo una y otra vez, sobrecargándolo principalmente mediante repeticiones. Los terapeutas recurren a esta técnica con frecuencia; los pacientes trabajan con una cuerda elástica ligera para conseguir una resistencia media, ejecutan el mismo movimiento en quince o más ocasiones, y repiten la actividad varias veces al día. Este tipo de programa da buenos resultados a la hora de reducir el dolor e incrementar el movimiento en una articulación antes de llevar a cabo un programa de fortalecimiento regular.

Las pautas de la ACSM para los adultos sanos recomiendan seguir un entrenamiento de resistencia dos veces a la semana (ACSM, 2000; 2002). Estas normas sugieren realizar de 8 a 10 ejercicios para trabajar los grupos musculares más importantes. En lo que a la intensidad se refiere, aconsejan de 8 a 12 repeticiones por movimiento, empleando una carga moderada. Estas pautas determinan un programa eficaz que consigue desarrollar tanto fuerza muscular como resistencia. Si deseas un programa de entrenamiento más avanzado con levantamiento de peso, sigue un entrenamiento de fuerza tres veces a la semana y completa tres series de cada ejercicio; este nivel más elevado te aporta mayores beneficios sin estresar exageradamente tus articulaciones artríticas. Si decides seguir un régimen de ejercicios en tu casa, entrena al menos tres veces a la semana e incorpora algunas actividades de fuerza funcional en tu rutina diaria.

Intensidad

La intensidad que emplees dependerá, como ya he explicado, del grado de fuerza que desees alcanzar y los objetivos que te hayas marcado. Piensa en la intensidad como una línea continua que oscila entre la ausencia total de resistencia y la resistencia más elevada. El método más común para determinar la intensidad de un programa de entrenamiento de resistencia consiste en descubrir el peso máximo que puedes levantar en una, seis o en diez repeticiones de cada movimiento. A partir de esa información podrás establecer la intensidad como un porcentaje de dicho levantamiento de peso.

La mayoría de los sistemas se basa en un régimen de tres series, cada una de las cuales ejercita una intensidad diferente. Esta técnica funciona bien si piensas entrenar en un gimnasio o centro de preparación física que cuente con diversos aparatos y alguien que pueda ayudarte a determinar tu parámetro basal para cada movimiento. Otra técnica para determinar los niveles iniciales de resistencia se basa en el peso corporal (Kisner y Colby, 2002). Los pesos iniciales son un porcentaje del peso corporal; por ejemplo, press de banco = 30% del peso corporal; extensión de piernas = 20% del peso corporal; flexión de piernas = 10 a 15% de peso corporal; y empuje de piernas = 50% de peso corporal. Otra alternativa sencilla consiste en estimar cuánto peso puedes levantar por-movimiento e intentarlo. Si diez repeticiones te resultan excesivamente fáciles, incrementa el peso en la siguiente ocasión; si no consigues completar las diez repeticiones, disminúyelo.

Para un programa general de fortalecimiento, la resistencia será entre moderada y alta, y de aproximadamente el 80% del máximo. Una menor resistencia combinada con un número más elevado de repeticiones (15 a 20) producirá una mejor resistencia muscular. En el caso de la artritis, uno de los factores más importantes que determinan la resistencia es el nivel de comodidad. El entrenamiento de resistencia no debería resultar excesivamente fácil, pero si comienzas a experimentar síntomas de dolor por la artritis, reduce la resistencia. La mayoría de las personas admite tener menos problemas con un programa de baja resistencia (aproximadamente 50%) que se base en las repeticiones moderadas (una serie de 10 a 15 repeticiones). En general comienzo el entrenamiento de fuerza con este tipo de programa, para poder ver cómo responde la artritis.

Si tienes pensado ejercitar en tu casa, diseña un programa en el que utilices tu propio peso corporal, mancuernas, o simples dispositivos de resistencia como las cuerdas elásticas. Tú determinarás la intensidad de tales actividades mediante el número de repeticiones que seas capaz de completar con la totalidad de tu peso corporal o una resistencia determinada. Si al principio no consigues utilizar la totalidad de tu peso (como en una flexión de brazos completa), puedes empezar en una posición que reduzca la cantidad de peso que tienes que mover, simulando un porcentaje de un levantamiento máximo. Por ejemplo, si sólo consigues hacer una flexión sobre el suelo, comienza con flexiones de pie contra una pared (véase figura 4.1). Esta posición trabaja los mismos músculos pero reduce la resistencia, y a medida que te fortalezcas, podrás practicar las flexiones en el suelo. Los programas de ejercitación doméstica suelen ser menos intensos, pero con un régimen correctamente diseñado puedes conseguir, de todas maneras, valiosos beneficios en lo que a la fuerza se refiere (Baker *et al.*, 2001).

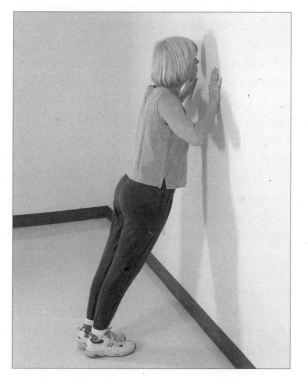

Figura 4.1 Flexión contra la pared

Progresión

Cuándo y cuánto incrementar la resistencia es siempre una preocupación en el momento en que una persona mantiene un entrenamiento de fuerza. Existen numerosos sistemas de entrenamiento con peso, pero el más específico en lo relativo al momento y la forma de avanzar con la resistencia es el llamado «ejercicio diario de resistencia progresiva ajustable» [en inglés, DAPRE], un sistema desarrollado por K. L. Knight (1979). Este sistema resulta de gran ayuda para quienes siguen un programa formal de resistencia que utiliza máquinas de peso libre. Partiendo de una base de 6RM (véase capítulo 1, página 44) para determinar tus cargas, utiliza las siguientes intensidades y repeticiones:

Serie 1 = 10 repeticiones a 1/2 de tu 6RM
Serie 2 = 6 repeticiones a 3/4 de tu 6RM
Serie 3 = tantas repeticiones como puedas a tu 6RM máximo
Serie 4 = tantas repeticiones como puedas con carga adaptada

Analiza estas cuatro cargas; luego, ajusta las cargas de tu entrenamiento en base al número de repeticiones que consigas efectuar durante la tercera serie. Si sólo logras ejecutar dos o menos repeticiones durante la serie número tres, disminuye la carga entre 2,5 y 4,5 kg. Si puedes hacer entre tres y cuatro repeticiones, deja la resistencia como está. Increméntala entre 2,5 y 4,5 kg cuando puedas llevar a cabo de cinco a seis repeticiones; súbela de 2,5 y 7 kg cuando alcances un nivel de entre siete y diez repeticiones, y si logras completar once o más repeticiones, incrementa la carga entre 4,5 y 9 kg.

Como puedes ver, este tipo de programa puede adquirir bastante complejidad, así que sólo lo recomiendo si te tomas tu programa de entrenamiento de resistencia extremadamente en serio y buscas mejorías considerables en tu nivel de fuerza. Presta atención a practicar una biomecánica correcta y observa los síntomas que puedas experimentar con este programa intensivo.

Un método más simple para determinar tu progresión toma como referencia tu capacidad para aumentar el número de repeticiones que consigues llevar a cabo en una serie. El momento en que sabes que tienes que incrementar la resistencia o las repeticiones te lo marca tu capacidad para ejecutar el ejercicio sin esfuerzo, es decir, la sensación de que fácilmente podrías hacer más. Incrementa a quince tus repeticiones por serie. Una vez que logres ejecutar las quince, en la siguiente sesión incrementa el peso entre 2,5 y 4,5 kg, y disminuye el número de repeticiones a ocho. Si no logras ejecutar las ocho repeticiones en este nuevo nivel, entonces necesitas disminuir la cantidad de resistencia.

El error más común que encuentro en los programas es que las personas no logran progresar en su nivel de resistencia. Sin embargo, conozco a un hombre que a veces llega a volverme loca: aumenta sus resistencias con mucha rapidez, ignorando el concepto de la progresión lenta. En ocasiones ha llegado a incrementar un ejercicio de resistencia en dos niveles de peso, y ha duplicado el número de repeticiones de una sesión a la siguiente. Yo, desde luego, no recomiendo esta técnica en absoluto.

Aunque estés utilizando tu peso corporal u otros tipos de resistencia, como una cuerda elástica, recuerda que debes incrementar la intensidad para provocar aumentos en la fuerza. Si siempre mantienes la resistencia al mismo nivel, con las mismas repeticiones y frecuencia que al principio, llegarás a una meseta. Cuando trabajes con cuerda elástica, incrementa la resistencia cambiando a otra de mayor espesor. La mayoría de los sistemas de resistencia elástica utilizan un código de color para denotar la cantidad de resistencia y contar con una referencia a la hora de determinar qué tono simboliza la resistencia más difícil.

Cuando lleves a cabo actividades con el peso de tu cuerpo, como por ejemplo flexiones, te resultará más complicado incrementar la resistencia. Ya he mencionado el ejemplo de las flexiones: debes comenzar contra una pared para conseguir una resistencia menor y finalmente ejecutarlas en el suelo para que la resistencia sea mayor. Puedes alterar la resistencia incluso en el suelo: practicar flexiones con las rodillas apoyadas reduce el peso que debes levantar. Si utilizas los pies como el punto de contacto más bajo, el peso corporal crece. Puedes avanzar en el programa de la forma habitual, incrementando el número de repeticiones y series; pero si en verdad quieres plantearte un desafío, puedes hacer las flexiones en un plano inclinado invertido. Crea uno en tu propia casa tumbándote boca abajo frente a unas escaleras y colocando los pies en el escalón más bajo para hacer las flexiones.

Frecuencia

Los objetivos de tu programa de fortalecimiento determinarán la frecuencia del entrenamiento. Si apuntas a mejorar tu fuerza, las pautas tradicionales recomiendan tres días a la semana, pero las más actuales sugieren realizar un entrenamiento de resistencia dos veces a la semana. Dos días consiguen mejorías satisfactorias en lo que a la fuerza se refiere; y si bien puedes observar ganancias más notables con más días de entrenamiento semanal, los beneficios añadidos son mínimos. Incluso un único día de entrenamiento de fuerza te hará progresar, pero yo recomiendo al menos dos a la semana. Márcate un día de descanso entre una sesión y la siguiente para conseguir resultados óptimos. Los levantadores de peso competitivos y los culturistas entrenan con más frecuencia, pero cada día trabajan una zona diferente de su cuerpo: un día la superior y al siguiente la inferior.

Si estás comenzando un programa de reducción del dolor o de rehabilitación (muchas repeticiones, poca resistencia), síguelo cinco días a la semana. Los programas terapéuticos para estos objetivos suelen pedir a los pacientes que realicen la actividad entre dos y tres veces al día; la resistencia es mínima, y la idea es sobrecargar la musculatura a través de la frecuencia. Un esquema modificado de ejercicios recomienda que la persona complete más de 45 repeticiones por serie —y que haga entre 6 y 12 series al día— si su objetivo es reducir la inflamación y el dolor (Holten, 1993). Cuando el dolor o la inflamación remiten, la resistencia asciende, el número de repeticiones decrece y la frecuencia disminuye hasta una al día.

Inmediatamente después de su cirugía de rodilla, mi padre comenzó un programa simple que incluía dos ejercicios de fortalecimiento para sus piernas. Tenía que hacerlos al menos tres veces al día, llegando hasta las 30 repeticiones por sesión. Una vez que la zona intervenida estuvo curada, aumentó la resistencia utilizando una cuerda elástica para uno de los ejercicios, que ejecutaba una vez al día pero realizando menos repeticiones. Después aumentó la dificultad del otro ejercicio (elevación de pierna) cargando peso en el tobillo y reduciendo las repeticiones y la frecuencia diaria. Y cuando por último comenzó un programa en el gimnasio, siguió este entrenamiento más pesado sólo dos veces a la semana, aunque se le sugirió que continuara con las elevaciones de pierna en casa durante los días de descanso del gimnasio.

Una vez que adquieras una resistencia entre alta y moderada, recuerda incluir un día de descanso entre las sesiones de entrenamiento. Puedes hacer algunos ejercicios a diario, de todas formas, porque la resistencia suele mantenerse en un nivel suave o moderado. Estas actividades incluyen ejercicios de estabilización del tercio inferior de la espalda y algunas actividades con peso corporal que trabajan la resistencia muscular. Encontrarás las pautas de estos ejercicios en la tabla 4.1.

Tabla 4.1 Continuo resistencia-entrenamiento basado en objetivos de entrenamiento

	Rehab./dolor	Resistencia y fuerza	Fuerza
Intensidad	0-40%	40-60%	>85%
Repeticiones	>20	12-20	<6
Series	Múltiples	3	3
Frecuencia	+3 al día	2-3 veces/sem.	2-3 veces/sem.

Variaciones en el entrenamiento de fuerza

Dos factores a tener en cuenta a la hora de establecer un programa de entrenamiento de fuerza son la clase de contracción muscular que utilizarás para un ejercicio y el tipo de biomecánica necesaria para mover la articulación correspondiente. La contracción muscular determina la potencial tensión desarrollada en el interior del músculo, su respuesta al entrenamiento y el posible dolor después de las sesiones. De forma similar, si tu movimiento sigue un curso fijo, como cuando utilizas una máquina de levantar peso, puede producirse una respuesta diferente que si mueves una resistencia libremente.

Tipos de contracción muscular

Existen tres tipos básicos de contracción muscular, derivados de diferentes movimientos: la concéntrica, la excéntrica y la isométrica. Tanto la concéntrica como la excéntrica se producen cuando mueves una articulación en un rango determinado, en tanto que la isométrica no requiere ningún movimiento. Una contracción concéntrica es aquella que acorta el músculo. La contracción excéntrica, en general utilizada para controlar el alcance de un movimiento, estira el músculo. Puedes detectar fácilmente estos tipos de contracción muscular mientras haces flexiones de bíceps. Al levantar el peso hacia tu hombro, el bíceps se acorta de forma concéntrica; y cuando vuelves a colocar el brazo en la posición inicial, relajándolo hacia abajo, el bíceps trabaja de forma excéntrica. Para crear una contracción isométrica deberías realizar el curl de bíceps contra un objeto inmóvil.

Muchos expertos en rehabilitación recomiendan aplicar la resistencia isométrica cuando la articulación se encuentra inflamada, puesto que no tendrá que moverse. Tanto las rutinas de estiramientos isotónicos (con movimiento) como isométricos resultan convenientes para los pacientes con artritis (Wrightson y Malanga, 2001).

Si bien las rutinas isométricas mejoran la fuerza, no resultan tan eficaces si se las utiliza como programas de resistencia con movimiento. El fortalecimiento que aporta el ejercicio isométrico proviene principalmente del ángulo en que se realiza la actividad de resistencia, por lo que suele ser necesario realizar varias contracciones en distintos ángulos articulares. Sin embargo, dado que no estás moviendo la articulación, el ejercicio isométrico no ayudará a mantener el radio total de movimiento articular. Así mismo, la contracción isométrica reduce el flujo sanguíneo hacia el músculo, lo que eleva la presión sanguínea.

Si una articulación se encuentra muy inflamada, puedes realizar breves contracciones isométricas, con repeticiones (Lieberson, 1984). Esta técnica limita el incremento de la presión sanguínea, pero no impide el desarrollo de fuerza. Si tu articulación no se encuentra inflamada, recomiendo que lleves a cabo ejercicios de resistencia en la medida en que la movilidad de la articulación te lo permita. De esta forma podrás mantener o incluso ampliar ese rango y mejorar tu nivel de fuerza.

Ejercicio de cadena abierta
frente a ejercicio de cadena cerrada

Además de los distintos tipos de contracción muscular, puedes utilizar dos tipos básicos de movimiento para conseguir dichas contracciones. Cada uno tiene ventajas y desventajas, y deberías analizar cada actividad para decidir si deseas incluirla en tu programa. Los nombres de estos tipos de movimiento, de cadena abierta o cerrada, derivan de la ciencia de la biomecánica. Se refieren a si la extremidad está fija o no en el extremo distal durante un ejercicio, es decir, si la mano o el pie se mantienen en contacto con una superficie estable o una pieza de equipamiento que se mueva de un modo predeterminado. Una actividad de cadena abierta es aquella en la que la extremidad puede moverse en cualquier dirección, porque no se encuentra unida en su extremo. Por ejemplo, si elevas un pie para despegarlo del suelo, puedes mover esa pierna en cualquier dirección o siguiendo alguna secuencia de movimientos. Una actividad de cadena cerrada, por el contrario, fija el extremo distal de la extremidad al suelo o a un dispositivo que tenga un movimiento predeterminado. Cuando mantienes los pies en el suelo mientras flexionas o estiras una articulación, las otras se mueven de una manera previsible.

Los ejercicios de cadena abierta son adecuados para fortalecer un grupo muscular específico, pero incrementan las fuerzas transmitidas a la articulación involucrada. Las actividades de cadena cerrada transmiten menos fuerza a la articulación (aunque también pueden resultar estresantes) y en general se trata de movimientos más funcionales. Otro beneficio es que cuando ejecutas ejercicios de cadena cerrada, sueles fortalecer varios grupos musculares.

Debido al estrés que sufren las articulaciones, reduce las actividades de cadena abierta al mínimo. Los ejercicios como las flexiones de bíceps son simples y en general no causan demasiados problemas. Por otro lado, los ejercicios de extensión de rodilla que ejecutan un movimiento de cadena abierta producen mucho estrés sobre dicha articulación y probablemente incrementan el dolor. Y si optas por una actividad de cadena abierta, mantén una resistencia más baja alrededor de la articulación artrítica. Por ejemplo, podrías practicar una extensión de rodilla de cadena abierta utilizando una cuerda elástica, pero aléjate de las máquinas de extensión de rodillas. Si quieres utilizar una máquina, el empuje de piernas es una opción más adecuada para ti: se trata de una actividad de cadena cerrada en la que normalmente puedes modificar tu posición para disminuir el estrés que sufren las rodillas.

Entrenar en casa o en un gimnasio

Muchas veces los pacientes me preguntan si deberían apuntarse a un gimnasio. En realidad, depende que las necesidades y la personalidad del individuo, y también de la accesibilidad del gimnasio, entre otros factores. Muchas personas se apuntan a clubes deportivos cada año y los abandonan a las pocas semanas. Antes de apuntarte a una de estas instalaciones, te sugiero que respondas a algunas preguntas:

1. ¿Te gusta practicar ejercicios con gente alrededor?
2. ¿Puedes acceder al club con facilidad? (Considera tanto la distancia que lo separa de tu casa como sus horarios.)
3. ¿Su equipamiento se adapta a tus necesidades? ¿Es ajustable y cuenta con una opción de peso suficientemente baja para ti? (Jamás he oído a ningún paciente quejarse de que el peso no sea suficientemente alto.)

4. ¿Cuántas personas acuden al gimnasio durante las horas en que tú piensas entrenar?

5. ¿Podrías contar con personal cualificado que supervise un programa como el tuyo, dirigido a un individuo con necesidades especiales?

Algunos de los mejores gimnasios te ofrecen apuntarte a diversas actividades, lo cual te permite descubrir cuáles te gustan más. Después de su programa de rehabilitación preliminar posterior a la cirugía de rodilla, mi padre se apuntó a un gimnasio local que ofrecía planes de tres meses de duración. Descubrió que había horarios especiales para personas de la tercera edad en los que las instalaciones estaban más despejadas, y que además contaba con una enfermera especializada en entrenamiento de rehabilitación a disposición de los clientes. Otros clubes se asocian con hospitales y disponen de clases especiales y equipamiento para pacientes con artritis. La variedad del equipamiento del que disponen los gimnasios es un factor positivo, y permite mayor creatividad a la hora de diseñar los programas. Para algunas personas, pagar la matrícula del gimnasio puede convertirse en un incentivo añadido que les ayuda a no abandonar su programa.

¿Y si deseas mejorar tu fuerza pero entrenando en casa? En ese caso puedes desarrollar un programa de entrenamiento de resistencia efectivo utilizando tu peso corporal, mancuernas ligeras o cuerdas elásticas. Como ya he mencionado, para reducir la resistencia en los ejercicios que recurren al peso corporal puedes utilizar un soporte o modificar la posición. Por ejemplo, un eficaz ejercicio para incrementar la fuerza de los cuádriceps (músculos de la cara frontal del muslo) es la sentadilla; sin embargo, las sentadillas tradicionales pueden aumentar el estrés en la articulación de la rodilla. Existe, entonces, una modificación que reduce dicho estrés y te ayuda a soportar el peso de tu cuerpo: la sentadilla contra la pared. De espaldas a una pared, aléjate dos o tres pasos y luego apoya la espalda sobre el muro; a continuación baja el cuerpo lentamente. El ángulo de tus rodillas flexionadas no debería superar los 90 grados. Con el soporte de la pared, puedes mantener esta posición entre 30 y 60 segundos, lo que probablemente no conseguirías sin esta modificación del ejercicio (véase figura 4.2).

Otra forma de adaptar este ejercicio consiste en colocar un balón grande entre tú y la pared. El balón te permite deslizarte hacia arriba y abajo, facilitando la repetición del ejercicio en lugar de mantener la posición durante un tiempo prolongado (asegúrate de mantener la estabilidad si recurres a este tipo de modificación).

El empleo de cuerdas elásticas o mancuernas de poco peso te permite incrementar la resistencia, al tiempo que aporta una mayor variedad al programa que practicas en casa. Encontrarás cuerdas elásticas de diversos espesores; puedes comenzar con una de peso ligero, y gradualmente aumentar la resistencia, tal como harías con las pesas. Las ventajas de las cuerdas elásticas son su bajo precio y su facilidad de transporte: puedes llevarlas a cualquier sitio. Muchos terapeutas utilizan cuerdas elásticas para sus programas de rehabilitación porque los pacientes pueden llevárselas a casa. Un potencial problema de este material es que se desgasta con el uso reiterado y puede llegar a romperse, en especial si practicas los ejercicios con cierta intensidad.

Tienes la posibilidad de desarrollar un programa doméstico eficaz con un mínimo gasto si eliges varias mancuernas. Algunas de las nuevas marcas de equipamiento deportivo cuentan con pesos ajustables, que por lo general están rellenos de agua o arena. Sin embargo, descubrirás que sólo te permiten avanzar hasta un cierto nivel, a partir del cual no podrás incrementar la resistencia si no cuentas con equipamiento adicional. Los beneficios obvios de un programa doméstico son su bajo precio, la tranquilidad (puesto que no compartes la zona de trabajo con otras personas) y la ventaja de no tener que viajar.

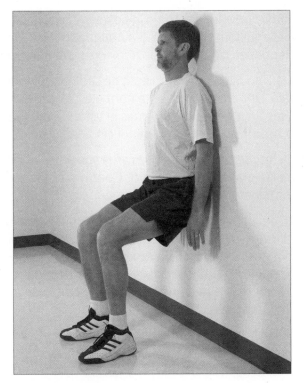

Figura 4.2 Sentadilla contra la pared

Pautas para un programa seguro y eficaz

Seguir unas pautas básicas contribuirá a que tu programa te resulte más seguro y eficaz.

1. Comienza con ejercicios que trabajen los principales grupos musculares, incluidos el tronco (pecho, abdomen y espalda), los hombros, la cadera, las piernas y los brazos (ACSM, 2000).

2. Incorpora un período de calentamiento y enfriamiento a cada sesión de resistencia. El calentamiento debería incluir alguna actividad aeróbica, así como un suave estiramiento.

3. Realiza todos los ejercicios de forma controlada, y con la técnica correcta. Si tienes dudas sobre alguna técnica en particular, pide ayuda. Si debes utilizar todo tu cuerpo o realizar un movimiento balístico para mover el peso, quiere decir que el peso es excesivo. Redúcelo.

4. No contengas la respiración. Exhala lentamente mientras levantas el peso e inhala cuando lo sueltes (véase sección referida a la maniobra de Valsalva).

5. Ejercita tanto la cara frontal como la posterior de cada articulación para favorecer el equilibrio muscular a su alrededor. Por ejemplo, trabaja tanto los tendones del hueco poplíteo como los cuádriceps.

6. Utiliza el máximo radio de movimiento de cada articulación en la medida de lo posible. Una excepción a esta norma es aplicable a las sentadillas: si superas los 90 grados, incrementas el estrés sobre la articulación de la rodilla y no consigues ningún beneficio añadido.

7. Controla tu respuesta. Disminuye la carga si la articulación te duele más, o elimínala si notas un dolor nuevo. Controla tu presión sanguínea si ya sufres problemas de salud previos.

8. Realiza las modificaciones pertinentes, como por ejemplo en el alcance de una actividad, para adaptarte a la artritis. Utiliza tablillas o guantes para disminuir el potencial de lesión articular. Los guantes pueden resultar especialmente beneficiosos a la hora de reducir la molestia de las manos durante el levantamiento de peso, y también ayudan a sujetar mejor las mancuernas.

Ejercicios recomendados

Puedes desarrollar un programa equilibrado de entrenamiento de fuerza con unos pocos ejercicios básicos. Trabaja los grupos musculares opuestos con el fin de desarrollar el equilibrio alrededor de las principales articulaciones, y activa los grupos musculares de las extremidades superiores e inferiores, sin olvidar los del tronco. El control y la posición adecuada son fundamentales durante el entrenamiento de resistencia. Mantén la columna en una posición neutral, sin arquearte ni inclinarte hacia delante excesivamente. Cuando debas inclinarte para algunos ejercicios, como los laterales inclinados, hazlo desde la cadera. Durante los ejercicios para la parte superior del cuerpo que tengas que llevar a cabo de pie, mantén la cadera y las rodillas ligeramente flexionadas.

Ejercicios para el tercio superior del cuerpo

Existen varios movimientos de resistencia básicos que pueden desarrollar tu fuerza central. Sugiero comenzar con los siguientes: press pectoral, aducción de hombro para el músculo dorsal ancho, curl de bíceps, curl de tríceps y lateral inclinado o remo. Algunos de estos ejercicios no sólo desarrollan la fuerza del hombro y del brazo, sino que también trabajan el tronco. Las flexiones son una excelente actividad de resistencia que trabaja con el peso corporal. Las figuras 4.3 a 4.8 muestran cómo hacer los ejercicios con pesas libres, con cintas elásticas o peso corporal. Las máquinas varían en su diseño, pero los nombres de los ejercicios por lo general se mantienen.

Un problema habitual de la artritis es la pérdida de fuerza de sujeción en las manos. Un programa que se centre en la resistencia muscular utilizando un nivel bajo de resistencia y un elevado número de repeticiones ayuda tremendamente a desarrollar la fuerza de manos. En algunas tiendas de productos para rehabilitación puedes comprar elaborados dispositivos que resultan relativamente económicos. También puedes utilizar artilugios de resistencia más simples, como la masilla o las pelotas blandas, específicos para trabajar los músculos de las manos.

Press pectoral

El press pectoral trabaja los músculos de la cara anterior del pecho, así como los tríceps. Túmbate en el suelo con las rodillas flexionadas y los pies apoyados. Comienza con peso en ambas manos, la parte superior de los brazos apoyada en el suelo a una distancia similar a la de los hombros, y los codos ligeramente flexionados. Poco a poco eleva los brazos para levantar el peso, y únelos al estirarlos por completo. Baja los pesos a la posición inicial y repite. Si utilizas cuerda elástica, ten en cuenta que debería ser lo suficientemente larga como para pasar por debajo de tus hombros. El movimiento es el mismo que con pesos libres. Véase figura 4.3.

Figura 4.3 Press pectoral

Aducción de hombro para el músculo dorsal ancho

Este ejercicio trabaja el músculo dorsal ancho, el bíceps y el pectoral mayor. Puedes ejecutar este movimiento sentado o de pie (si trabajas sentado puede resultarte más fácil mantener el equilibrio), con la cuerda elástica detrás de ti y fijada sobre algún elemento como una puerta, tal como muestra la figura 4.4. Comienza con las manos elevadas por encima de la cabeza, aunque sin estirar los brazos completamente. Tira de la cuerda hacia abajo y adelante hasta que las manos queden a la altura de los hombros. Lentamente regresa a la posición inicial y repite.

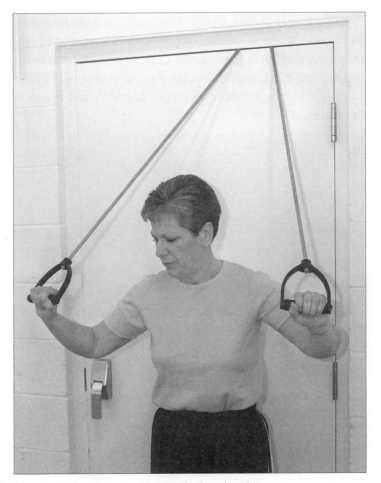

Figura 4.4 Aducción de hombro para el músculo dorsal ancho

Curl de bíceps

El curl de bíceps también puede llevarse a cabo sentado o de pie, y es el ejercicio básico para el fortalecimiento del bíceps. Comienza con pesos libres en cada mano, o sujeta una cuerda elástica con las palmas dirigidas hacia arriba, y lentamente flexiona un codo hasta llevar el peso hasta el hombro. Regresa a la posición inicial y repite el movimiento con el brazo contrario. El tercio superior del brazo debe permanecer inmóvil durante todo el ejercicio. Véase figura 4.5.

Curl de tríceps

Este ejercicio fortalece el tríceps y es otro de los movimientos que pueden llevarse a cabo en posición de sentado o de pie. Con la cuerda elástica por detrás de la espalda (véase figura 4.6), sube una mano hasta la cabeza, flexionando el codo, y con la contraria sujeta el extremo opuesta de la cuerda (o la pesa). Estira el codo para elevar el peso por encima del hombro y a continuación regresa a la posición inicial. Repite con el otro brazo. Como en el caso del curl de bíceps, mantén el tercio superior del brazo inmóvil durante todo el ejercicio.

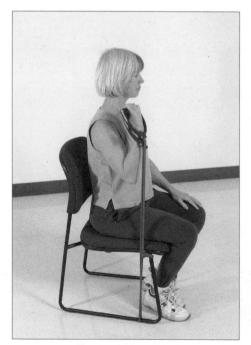 

Figura 4.5 Curl de bíceps   **Figura 4.6** Curl de tríceps

Lateral inclinado

Se trata de una variante de la elevación lateral, que se concentra en el deltoides posterior, el romboides y el trapecio medio. De pie con las rodillas apenas flexionadas, inclínate ligeramente hacia delante desde la cadera, manteniendo la espalda recta. Sujeta una pesa en cada mano, con las palmas dirigidas hacia el suelo. Eleva ambos pesos hacia los lados, permitiendo que los codos se flexionen ligeramente (véase figura 4.7). Regresa a la posición inicial. Asegúrate de controlar el movimiento hacia ambas direcciones.

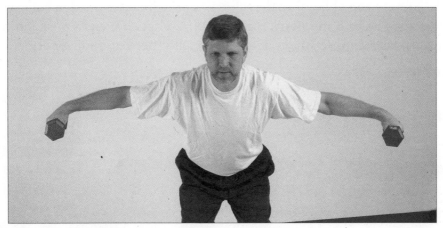

Figura 4.7 Lateral inclinado

Remo

El remo trabaja los mismos músculos que el lateral inclinado, pero se realiza en posición de sentado y con cuerda elástica. Sentado en el suelo con las piernas rectas hacia delante, engancha la cuerda alrededor de tus pies. Comienza con los brazos paralelos a las piernas, sujetando los extremos de la cuerda con ambas manos. Tira con los dos brazos para llevar las manos hacia los hombros (véase figura 4.8). Regresa a la posición inicial y repite.

Ejercicios abdominales

Tres ejercicios trabajan los músculos abdominales, cada uno de los cuales enfatiza diferentes grupos musculares. Para la flexión abdominal, túmbate en el suelo con las rodillas flexionadas y los pies apoyados. Despega lentamente el tronco del suelo hasta que los omóplatos queden en el aire, y lleva las manos hacia las rodillas (véase figura 4.9). Luego regresa a la posición inicial.

La inclinación pélvica (abdominal corto) también requiere que te tumbes el suelo, con la cadera y las rodillas flexionadas en un ángulo de 90 grados. Tensa los músculos abdominales inferiores, intentando elevar la pelvis unos centímetros (véase figura 4.10). Baja la pelvis y repite, procurando mantener constante el ángulo de la cadera.

El último ejercicio abdominal actúa sobre los músculos oblicuos. Partiendo de la misma posición que el abdominal corto, eleva el tronco llevando el hombro izquierdo hacia el centro, lo suficiente como para despegar el omóplato izquierdo del suelo (véase figura 4.11). Vuelve a la posición de inicio y repite con el hombro derecho. Los principiantes pueden colocar las manos a los lados o intentar cruzarlas sobre el pecho; en la posición más avanzada, las manos se sitúan detrás del cuello (pero no tiran de él).

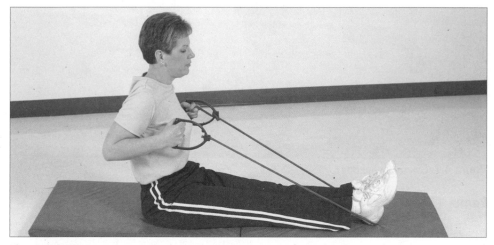

Figura 4.8 Remo

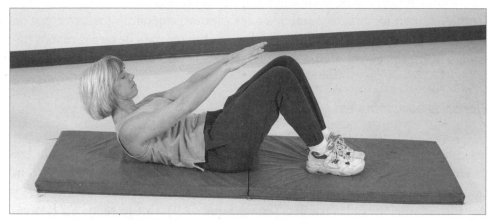

Figura 4.9 Flexión abdominal

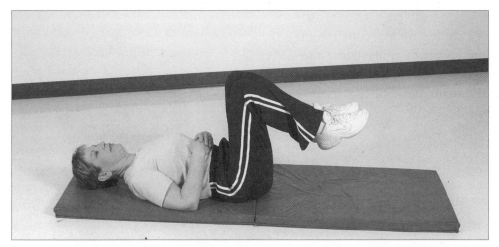

Figura 4.10 Inclinación pélvica (abdominal corto)

Figura 4.11 Flexión avanzada

Ejercicios de fortalecimiento de manos

El ejercicio más sencillo para desarrollar fuerza de sujeción consiste en apretar una pelota de goma o un dispositivo de espuma. Una vez que hayas desarrollado algo de fuerza en la mano utilizando un balón u otro objeto blando, podrás pasar a un dispositivo más sofisticado como el que muestra la figura 4.12. Asegúrate de que tanto los dedos como el pulgar ejerzan una presión equivalente, para equilibrar de esa manera la fuerza ejercida. No olvides relajar la mano por completo entre cada presión. Existen asimismo otros dispositivos que permiten ejercer presión con un dedo cada vez, con el fin de desarrollar su fuerza de forma individual. Una forma sencilla de fortalecer los extensores de los dedos consiste en unirlos y colocar una goma alrededor de sus extremos. A continuación debes intentar abrir los dedos.

Figura 4.12 Ejercicio de fortalecimiento de mano

Ejercicios de tronco

La mayoría de los ejercicios que recomiendo para el tronco son actividades de resistencia corporal. A pesar de que existen máquinas tanto para la espalda como para el abdomen, yo procuro no recomendar su uso. Conozco a una persona afectada de dolor crónico en el tercio inferior de la espalda que realizó ejercicios de estabilización de espalda con regularidad para controlar su problema. Cuando comenzó un programa de entrenamiento de fuerza, pensó que utilizar la máquina de extensión de espalda incrementaría todavía más su fuerza en la zona y reduciría el dolor. Los músculos extensores de la espalda, efectivamente, se fortalecieron, pero el movimiento de la actividad exacerbó su dolor. Si decides probar una máquina de este tipo, te sugiero que primero desarrolles una base sólida con los ejercicios de resistencia corporal; a partir de entonces podrás trabajar con poca o ninguna resistencia, tomando especial conciencia de la posición de tu cuerpo.

Tal como sucede con todas las actividades de resistencia, debes trabajar los grupos musculares opuestos, así que incorpora a tu programa tanto ejercicios abdominales como de espalda. Enfatiza aquellos movimientos que desarrollan la resistencia muscular (aunque puedes incrementar la resistencia para estos movimientos utilizando pesas en las manos). Un programa básico de inclinaciones pélvicas y abdominales cortos (véase página 131) conseguirá fortalecer correctamente el abdomen. Entre los diversos ejercicios para la espalda, las investigaciones han sugerido que la extensión de brazo y pierna contraria y la elevación lateral de tronco son los más eficaces (tal como menciono al final de este capítulo, en la sección referida al dolor en el tercio inferior de espalda). Enseño así mismo algunas otras actividades de estabilización de columna que te permitirán variar tu programa y contar con alternativas si las primeras dos posiciones te resultan demasiado difíciles (pueden provocar malestar en las rodillas).

Extensión de brazo y pierna contraria

Este ejercicio trabaja principalmente los músculos que estabilizan la columna, si bien también mejora la condición del glúteo máximo, los tendones del hueco poplíteo y los músculos de la cintura escapular. Apoya manos y rodillas sobre el suelo (a «cuatro patas»). Lentamente eleva la pierna derecha hacia atrás hasta extenderla casi por completo mientras simultáneamente levantas el brazo izquierdo y lo extiendes hacia delante (véase figura 4.13). Mantén la posición final entre 10 y 20 segundos y luego lentamente baja el brazo y la pierna a la posición de inicio. Concéntrate en mantener el tronco inmóvil durante el movimiento de los brazos y las piernas. Repite con la pierna izquierda y el brazo derecho.

Elevación lateral de tronco

Este ejercicio se centra en el *quadratus lumborum*, un fuerte estabilizador de la columna. Túmbate de lado y flexiona las rodillas hacia atrás en un ángulo de 90 grados. Eleva el tronco y apoya el antebrazo en el suelo, con el codo directamente debajo del hombro. A continuación, sube la cadera hasta que el cuerpo forme una línea recta. Una forma sencilla de imaginar esta

Figura 4.13 Extensión de brazo y pierna contraria

Figura 4.14 Elevación lateral de tronco

posición consiste en pensar que el tercio inferior del brazo y el cuerpo son dos de los lados de un triángulo, y el suelo es el tercero (véase figura 4.14). Mantén la posición entre 10 y 20 segundos y a continuación baja lentamente la cadera hacia el suelo. Repite hacia el lado contrario. Para realizar la versión avanzada de este ejercicio, utiliza los pies como punto de contacto con el suelo, en lugar de la rodilla.

Puente para estabilización de la espalda

Esta posición pone en funcionamiento el erector espinal y los extensores de cadera. Comienza en posición horizontal, con las rodillas flexionadas y los pies apoyados en el suelo. Despega la cadera (recta) del suelo hasta que el tronco y los muslos formen una línea recta, y mantén la posición durante 10 a 20 segundos (véase figura 4.15). Regresa lentamente a la posición de inicio.

Figura 4.15 Puente para estabilización de la espalda

El gato

Se trata de un ejercicio que ayuda a proporcionar movilidad limitada a la columna y en consecuencia mejora la salud de los discos intervertebrales. Comenzando desde la posición de «cuatro patas», suavemente curva y luego arquea la espalda (véanse figuras 4.16 a y b). Deberías procurar que ambos movimientos fuesen controlados y no excesivos. Repite la acción varias veces.

Figura 4.16 El gato

Ejercicios para el tercio inferior del cuerpo

La fuerza del tercio inferior del cuerpo es muy importante para el funcionamiento diario y también para reducir el dolor en rodillas y caderas. De todas las áreas de fortalecimiento, posiblemente ésta sea la más importante. El empuje de piernas es quizá el más común de los ejercicios; una rutina que incluya flexiones de cadera, abducción y aducción y flexiones del tendón del hueco poplíteo mejora notablemente la movilidad y la estabilidad. En casa puedes realizar sentadillas contra la pared utilizando tu peso corporal. Recuerda que todos estos ejercicios pueden ser ejecutados con mancuernas o cuerda elástica. Algunos de mis pacientes han tenido que reemplazar su cuerda elástica, porque después de tanto uso acabó rompiéndose.

Empuje de piernas, cadena cerrada

Este ejercicio fortalece tanto los cuádriceps como los músculos del glúteo. En posición erguida y con los pies en línea con los hombros, coloca la

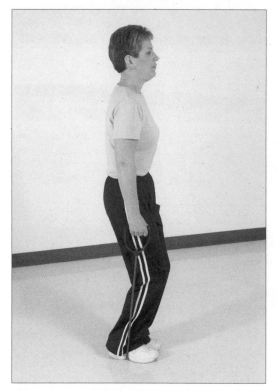

cuerda elástica debajo de tus pies. Flexiona la cadera y las rodillas ligeramente y sujeta la cuerda para que se produzca una ligera tensión (véase figura 4.17). Manteniendo la espalda recta, estira la cadera y las rodillas hasta ponerte completamente de pie. Poco a poco desciende hasta la posición de inicio y repite.

Figura 4.17 Empuje de piernas, cadena cerrada

Flexión y extensión de pierna, cadena abierta

Estos ejercicios deben ser llevados a cabo en posición de sentado, y trabajan los tendones del hueco poplíteo y los cuádriceps, respectivamente. Fija un extremo de la cuerda elástica alrededor de la pata de la mesa o cualquier objeto estable que no se mueva, y el otro alrededor del tobillo, del lado que desees ejercitar. La cuerda debe situarse frente a ti cuando realices la flexión, y por detrás cuando practiques la extensión. Para ejecutar una extensión, comienza con una rodilla flexionada (la pierna sin la cuerda) de tal manera que el pie quede ligeramente debajo de ti. Extiende la rodilla de la pierna que está trabajando con la cuerda hasta que el pie se aleje de ti (véase figura 4.18 a), y mantén la posición al final del movimiento durante dos o tres segundos. Luego vuelve con el pie a la posición inicial, en un movimiento controlado. Para realizar una flexión, acerca el pie a ti poco a poco y mantén la postura como antes (véase figura 4.18 b).

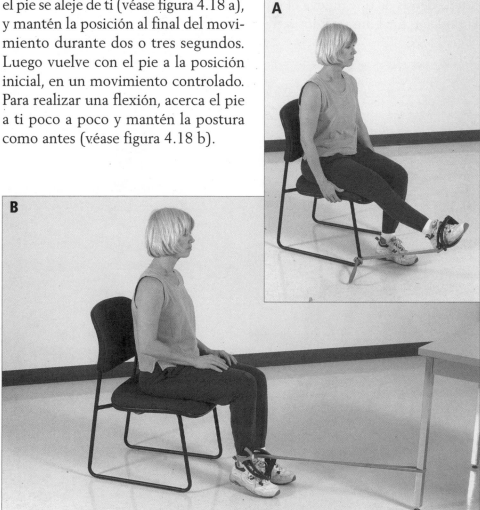

Figura 4.18 (a) Extensión de pierna y (b) flexión de pierna, cadena abierta

Flexión y extensión de cadera, cadena abierta

La extensión de cadera se centra en los músculos del glúteo y el hueco poplíteo, mientras que la flexión estresa los músculos iliopsoas y cuádriceps. Dado que ambos ejercicios se realizan de pie, resulta beneficioso trabajar con otros estabilizadores de cadera. Como en el caso de los ejercicios de rodilla, asegura un extremo de la cuerda elástica a un objeto estable y coloca el otro debajo de tu rodilla. Para la extensión, la cuerda debe quedar frente a ti; mantén el cuerpo erguido y la rodilla bastante estirada. Desplaza el muslo hacia atrás de tal manera que el movimiento se realice a partir de la cadera (véase figura 4.19 a). Para la flexión, gira para que la cuerda elástica quede detrás de ti, y mueve el muslo hacia delante (figura 4.19 b). Mantén la posición final durante dos o tres segundos y luego repite.

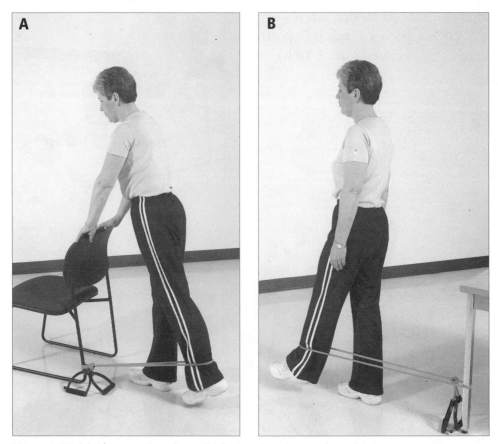

Figura 4.19 (a) Extensión de cadera y (b) flexión de cadera, cadena abierta

Flexión y extensión de rodilla, cadena cerrada

Estos ejercicios constituyen otra forma de trabajar los cuádriceps y tendones del hueco poplíteo. Como en el caso de los ejercicios de cadera, debes trabajar de pie, con la cuerda elástica sujeta a un objeto estable y situada encima de la rodilla. Para la extensión, la cuerda debe quedar delante de ti. El ejercicio consiste en flexionar ligeramente la rodilla a la que has atado la cuerda (figura 4.20 a). Estira la articulación para percibir la resistencia y mantén la posición extendida durante dos o tres segundos antes de permitir que la rodilla vuelva a flexionarse. Para realizar una flexión, gira de tal manera que la cuerda quede detrás de ti y comienza a trabajar con la rodilla en posición recta (figura 4.20 b). A continuación flexiona la rodilla para percibir la resistencia, siguiendo la misma secuencia que con la extensión.

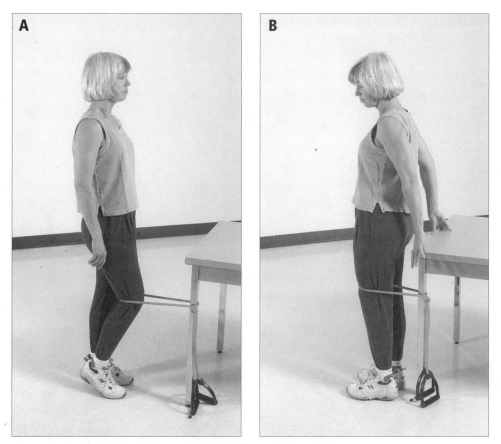

Figura 4.20 (a) Flexión y (b) extensión de rodilla, cadena cerrada

Abducción y aducción de cadera

El principal abductor de la cadera es el glúteo medio, de vital importancia para conseguir un andar normal. De los diversos aductores, el aductor magno es el más fuerte. Estos ejercicios suelen ser practicados de pie, pero si cuentas con una cuerda elástica puedes realizar la abducción desde una posición lateral, tumbado. Como en el caso de los otros ejercicios de pie, aferra un extremo de la cuerda a un objeto inmóvil, y el otro al tobillo de la pierna que desees ejercitar. Para la abducción de cadera, colócate del lado junto al objeto estable con los pies juntos, de tal manera que la pierna que vas a mover quede a mayor distancia del objeto. Desplaza dicha pierna hacia un lado, alejándola del cuerpo y en contra de la resistencia (véase figura 4.21 a). Para realizar la aducción de cadera, la pierna que se mueve se encuentra más próxima al objeto estable. Esta vez debes cruzar dicha extremidad por delante de la otra, tirando de la cuerda (figura 4.21 b). En ambos ejercicios, mantén la posición final durante dos o tres segundos, y luego sitúa la pierna en su posición de inicio.

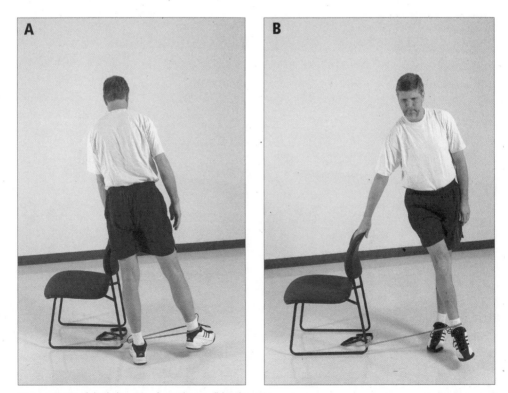

Figura 4.21 (a) Abducción de cadera y (b) aducción

Rotación interna y externa de cadera

Estos ejercicios trabajan los respectivos rotadores de la cadera y son más sencillos de realizar en posición de sentado. Para ejecutar la rotación interna, ata un extremo de la cuerda alrededor del tobillo de la pierna que vas a mover, y el otro a la pata de la silla más próxima a tu otra pierna (véase figura 4.22 a). Aleja el pie del cuerpo mientras mueves el muslo hacia dentro. Para llevar a cabo la rotación externa, ata la cuerda a uno de tus tobillos y a la pata de la silla más próxima al mismo. Cruza un pie por delante del otro mientras la rodilla gira hacia fuera (véase figura 4.22 b). Una vez más, mantén la posición final durante dos o tres segundos antes de regresar a la posición de inicio. En ambos ejercicios debes permitir únicamente la rotación del muslo, y no en la aducción ni la abducción.

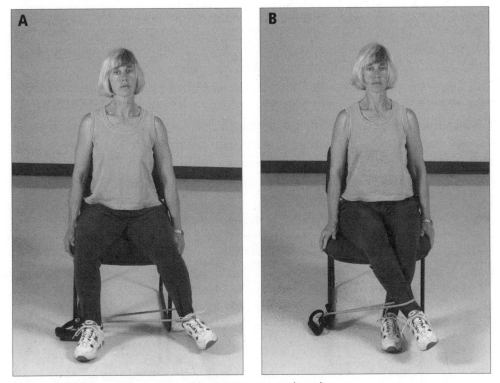

Figura 4.22 (a) Rotación interna y (b) rotación externa de cadera

Programas simples

Ya he descrito dos tipos de programas: uno para aplicar en máquinas de gimnasio y otro para entrenar en casa, y he elaborado dos ejemplos del programa de resistencia en máquina.

El primero (véase tabla 4.2) es adecuado para principiantes y el segundo (véase tabla 4.3) para quien ya posee cierto grado de fuerza. La principal diferencia entre los dos niveles es la intensidad; en efecto, el individuo que ya está siguiendo algún programa puede comenzar con una resistencia superior.

El principiante inicia el trabajo a una intensidad baja por dos razones fundamentales. Primero, tiene menos probabilidades de experimentar una molestia extrema con un programa de baja intensidad y, por consiguiente, querrá repetir. Segundo, la baja intensidad proporciona a los tejidos la posibilidad de adaptarse a las sobrecargas de forma más gradual, por lo que los ejercicios casi nunca agravan la artritis.

Para la persona avanzada he creado un programa con tres series y un nivel de resistencia del 80% de 1RM; si lo deseas, puedes modificar este régimen para adaptarlo a tus propios objetivos. Una serie proporciona una mejoría satisfactoria en fuerza y lleva menos tiempo. Si quieres desarrollar una mayor resistencia muscular, mantén la resistencia en aproximadamente el 70% de tu 1RM e incrementa el número de repeticiones a diez o más.

Los programas para principiantes que entrenan en casa y para las personas más activas también son bastante similares, por lo cual sólo he mostrado un programa para principiantes (véase tabla 4.4). La principal diferencia es, una vez más, la intensidad; el principiante comienza con una cuerda elástica más ligera o con pesos libres. Además, el principiante realiza entre 10 y 15 repeticiones de una actividad en una serie, aumentando el trabajo gra-

Tabla 4.2 Programa inicial de resistencia con máquinas para principiantes

Frecuencia	Intensidad	Repeticiones	Series	Ejercicios
2 veces/ semana	50% de 1RM	10	1	Press pectoral, flexión de bíceps, aducción de hombro, remo, extensión de cadera, empuje de piernas, flexiones de tendones del hueco poplíteo, abducciones de cadera.

Tabla 4.3 Programa avanzado de resistencia con máquinas y peso libre

Frecuencia	Intensidad	Repeticiones	Series	Ejercicios
3 veces/ semana	80% de 1RM	8-10	1-3	Press pectoral, flexión de bíceps, aducción de hombro, remo, press por encima de la cabeza, extensión de cadera, empuje de piernas, flexión de tendón del hueco poplíteo, abducción de cadera, lateral inclinado.

Tabla 4.4 Programa de entrenamiento en casa para principiantes

Frecuencia	Intensidad	Repeticiones	Series	Ejercicios
3 veces/ semana	Moderada	10-15	1	Remo, curl de bíceps, flexión de tríceps, press pectoral, flexiones, extensión de cadera, sentadilla contra la pared, flexión de tendón del hueco poplíteo, flexión abdominal.

dualmente hasta completar tres, en tanto que una persona avanzada puede comenzar directamente con tres series. Pero ambas necesitan incrementar el porcentaje de resistencia a su debido tiempo, sin prisas, si desean mejorar su fuerza.

Como parte de tu programa en el gimnasio o en casa deberías incluir ejercicios de tronco. Un programa bien equilibrado incluye flexiones abdominales y ejercicios de estabilización de espalda. La mayoría de las personas pueden comenzar con dos o tres series de diez repeticiones de las flexiones, incrementando gradualmente el número hasta llegar a veinte. Los ejercicios de estabilización de espalda son de carácter isométrico; adopta la posición final y mantenla durante 10 a 30 segundos (puesto que las recomendaciones difieren en cuanto al tiempo en que se debe mantener la posición, sugiero un abanico un tanto más amplio). La principal preocupación es que dicha acción no cause dolor. Repite la posición sostenida entre 5 y 10 veces. Como explico en la sección dedicada al dolor, alternar entre ejercicios para la espalda y el abdomen puede resultarte incluso muy cómodo.

Energía para entrenar

El objetivo de la ingesta de alimentos antes de entrenar es proporcionar energía para la sesión y minimizar la molestia estomacal. Éstas son algunas pautas:

▷ Come una pequeña cantidad de carbohidratos de fácil digestión (como una magdalena, una rosquilla o una barrita de muesli) aproximadamente una hora antes de una sesión de ejercicio intensa.
▷ Toma una bebida con carbohidratos o de reemplazo de electrolitos durante las sesiones más prolongadas y de mayor intensidad, o agua a lo largo de las sesiones más breves.
▷ Después de una sesión, hidrátate lo antes posible.
▷ Después de una sesión intensa, come algún carbohidrato de fácil digestión (fruta o uno de los alimentos antes mencionados).

Precauciones

El entrenamiento de resistencia, al igual que cualquier actividad física, conlleva algunos riesgos; pero respetando las técnicas adecuadas y tomando precauciones en cuanto a la seguridad es posible reducirlos. Antes de comenzar tu programa de entrenamiento de resistencia, familiarízate con algunos conceptos.

Maniobra de Valsalva

Uno de los problemas que pueden surgir durante el entrenamiento de resistencia tiene que ver con la contención de la respiración. Muchas personas lo hacen cuando levantan un peso elevado, incrementando por consiguiente la cantidad de fuerza que consiguen producir. Intentan exhalar a través de la tráquea cerrada, lo cual incrementa la presión en el tronco, y dicha presión estabiliza el tercio superior del cuerpo, permitiendo que la persona produzca más fuerza en un movimiento determinado. Esta técnica, que recibe el nombre de maniobra de Valsalva, provoca un ascenso extremadamente rápido de la presión sanguínea, seguido a su vez por un descenso de la tensión arterial. Como resultado, el individuo experimenta mareos, visión borrosa y en ocasiones desvanecimientos. Para evitar potenciales problemas, concéntrate en exhalar lentamente mientras ejecutas el movimiento de resistencia. Lo ideal sería que inspires en el momento previo a levantar el peso, exhales lentamente por la boca mientras realizas el levantamiento, e inspires de nuevo al regresar a la posición de inicio.

Hipertensión

Si sufres de hipertensión pero mantienes tu presión sanguínea bajo control, puedes realizar el entrenamiento de resistencia sin ningún peligro, como parte de un programa completo de ejercitación. Habla con tu médico antes de iniciar cualquier tipo de actividad. Sólo puedes comenzar cuando él te dé el visto bueno. Recomiendo que controles tu tensión cada vez que te prepares para el programa de entrenamiento de resistencia; si la tensión en reposo comienza a subir, informa a tu médico de inmediato y reduce el entrenamiento de fuerza de forma temporal. Los individuos hipertensos deberían centrarse en un programa con un alto nivel de repeticiones pero bajo en resistencia. El entrenamiento en circuito es una opción viable para estas personas.

Dolor en el tercio inferior de la espalda

El dolor en el tercio inferior de la espada es una de las quejas más frecuentes que los médicos y los terapeutas deben tratar, y una serie de estudios epidemiológicos sugiere que hasta un 85 por 100 de los adultos lo padece en algún momento. El entrenamiento de fuerza forma parte de un programa para reducir esta dolencia, pero es verdad que algunos movimientos pueden exacerbar el dolor. En efecto, aquellos que requieren giros de tronco repetidos o extensión y flexión podrían causar problemas en la zona inferior de la espalda. Si ya sufres molestias en esa zona, deberías evitar tales movimientos. Algunas máquinas de extensión de espalda que se utilizan en los gimnasios, a pesar de que son recomendables para el fortalecimiento, pueden promover un excesivo movimiento de columna y, por consiguiente, incrementar el dolor.

Los ejercicios que fortalecen la espalda en posición neutral puedan dar mejores resultados a la hora de controlar el dolor crónico. Se les conoce como ejercicios de estabilización de espalda, y consisten en movimientos que mantienen el tronco y la columna inmóviles mientras lo que se ejercitan son los brazos, las piernas, o ambos.

Existen dos ejercicios particularmente eficaces para estabilizar la columna sin cargarla de excesiva presión durante la actividad (McGill, 2001). Estos ejercicios son la extensión de brazo y pierna contraria y la elevación lateral de tronco, previamente descritos en la sección de ejercicios para el tronco (véase página 133). La mayoría de los terapeutas sugiere mantener cada posición entre 10 y 20 segundos (posiblemente tengas que trabajar un tiempo para llegar a esta duración) y repetir la actividad cinco veces. Antes de practicar estos ejercicios de estabilización, realiza «el gato» (página 135) entre seis y ocho veces para movilizar suavemente la columna.

En mi caso, noto que me encuentro más cómoda cuando alterno algunos ejercicios de espalda con otros abdominales. Los ejercicios para el abdomen ayudan a estirar la espalda sin caer en una extensión exagerada. Yo realizo ejercicios de espalda y abdominales después del entrenamiento cardiovascular o bien al final del día. Los ejercicios de estabilización de espalda tienen el objetivo de desarrollar la resistencia muscular en los pequeños músculos que rodean la columna, así que practícalos a diario.

Personaliza tu programa

Tal como haces con tu ejercitación aeróbica y tu programa general, diseña tu rutina de entrenamiento de fuerza para que se ajuste a tus necesidades. Cuando elaboré mi propio programa de fuerza, me planteé dos objetivos principales: fortalecer cadera y rodillas para poder correr, y desarrollar más fuerza y resistencia en el tronco para mejorar en el golf. Yo acudo al gimnasio de la universidad dos días a la semana para entrenar, a pesar de que sigo un programa alterno en casa para los días en que no puedo desplazarme hasta allí. Puesto que correr es una actividad de resistencia y yo sufro problemas crónicos de rodillas, trabajo con una resistencia ligeramente inferior (alrededor del 60%) y más repeticiones (dos series de 15). También realizo ejercicios abdominales y de estabilización de espalda a diario. La única dificultad que tengo es la de controlar mi impulso competitivo; si una mujer joven se encuentra frente a mí en una máquina, enseguida me descubro controlando cuánto peso está levantando y comparándolo con el mío. Afortunadamente soy capaz de controlar ese impulso, a pesar de que a mi ego le cuesta más. Si eres una persona competitiva, recuérdate que el entrenamiento nunca debería convertirse en una competición.

Una mujer con la que trabajé se había marcado el objetivo de disminuir su dolor de rodillas para poder salir a caminar con regularidad. Siguió un programa en su casa en el que trabajaba con pesas tres veces a la semana. Su rutina incluía elevación de una sola pierna, elevaciones laterales de pierna (abducción) y flexiones del bíceps. Luego realizaba una serie de 10 sentadillas parciales, seguidas de ejercicios abdominales y de espalda. Una vez que llegó a un nivel en el que no le dolía la rodilla, mantuvo su programa en lugar de seguir avanzando. Un joven que conozco también prefiere seguir un programa de fuerza en su propia casa. Se concentra en el trabajo abdominal (200 al día) y del tronco (100 flexiones diarias, a pesar de su artritis de hombro).

Otras personas me han contado que prefieren acudir a un gimnasio. Un hombre comenzó realizando algunos ejercicios para el tronco con peso libre en su casa, y cuando consideró que su fuerza era la adecuada, se pasó a un gimnasio de su zona. Su programa es simple: cumple una serie de 10 repeticiones de cada ejercicio, cubriendo prácticamente todos los que ya he sugerido. Este tipo de programa es breve y más sencillo de acomodar a los horarios de trabajo.

Aunque muchas personas consideran que el entrenamiento de fuerza es para los atletas, yo sostengo que es adecuado para todos. A lo largo de este capítulo explico por qué el desarrollo de la fuerza muscular puede contribuir a disminuir el estrés y el dolor de la artritis, y a mejorar la capacidad de llevar a cabo actividades entretenidas. Recurre entonces a la información expuesta en este capítulo, y diseña tu propio programa de entrenamiento de resistencia.

El componente final de un programa de ejercicios es la flexibilidad, que explicaré en detalle en el capítulo 5. Como ya he mencionado, este tema resulta especialmente importante para los pacientes con artritis, dado que una de las características de esta enfermedad es la falta de flexibilidad y la disminución del radio de movimiento. Por esa razón, si incorporas algunas actividades muy simples a tu rutina diaria podrás reducir estos dos problemas.

PLAN DE ACCIÓN ——————————————————

Desarrollar un programa de fuerza

❖ Decide si quieres centrarte en la resistencia muscular, en la fuerza pura o en ambas.

❖ Determina tu intensidad (basándote en un porcentaje de tus levantamientos máximos en 1, 6 o 10 repeticiones, o bien en tu peso corporal).

❖ Diseña tu progresión.

❖ Establece la frecuencia (se recomienda de dos a tres días a la semana).

❖ Ten presentes los tipos de contracción muscular (concéntrica, excéntrica e isométrica) y la diferencia entre los ejercicios de cadena abierta y cadena cerrada.

❖ Ocúpate de la logística y determina si prefieres entrenar en casa o en un gimnasio.

❖ Básate en los ejemplos de programas y ejercicios que aparecen en este capítulo para desarrollar un programa basado en tus necesidades y objetivos.

CAPÍTULO 5

Objetivo: flexibilidad sin dolor

Puesto que la rigidez es otro de los signos característicos de la artritis, la flexibilidad se convierte en un componente crucial del programa de ejercicios. Los pacientes con artritis tienden a limitar sus movimientos debido al dolor y la rigidez; y uno de los primeros resultados de tal restricción es que pierden flexibilidad y movimiento articular. Una vez más, la idea de que si no mueves un músculo o una articulación no te dolerá no es aplicable a la artritis. Si no mueves una articulación, la tensión muscular crece y pierdes movilidad. La articulación se vuelve rígida y experimenta más dolor, que es exactamente lo opuesto a lo que tú deseas. El radio de movimiento perdido sólo puede recuperarse estirando los músculos tensos, y el movimiento regular de cada articulación conduce a una disminución en la rigidez y a la reducción del dolor. No puedo garantizar un movimiento exento de dolor, pero sí que es posible disminuir significativamente las molestias y la rigidez con un programa regular de flexibilidad.

Los beneficios de la flexibilidad resultan incluso más evidentes en el contexto de un programa total de ejercicios. Diversos estudios han relacionado el grado adecuado de flexibilidad con la reducción de las lesiones musculares y el dolor del tercio inferior de la espalda, y con la mejoría de la biomecánica. Otros beneficios de los programas de estiramiento regulares incluyen la reducción de la ansiedad y el descenso de la presión sanguínea. Además, las actividades de estiramiento y radio de movimiento forman parte de cualquier período de calentamiento y enfriamiento bien diseñado.

Una anciana que conozco tenía artritis en las manos, la cadera y las rodillas. A pesar de que no seguía un programa de estiramiento formal, cada vez que sentía rigidez hacia algunos suaves ejercicios de radio de movimiento. Aseguraba que esta práctica mejoraba el estado de sus manos y le permitía continuar con sus aficiones, como el ganchillo. A pesar de tener noventa años, no había perdido movimiento en la cadera y las rodillas, lo cual significaba que podía vestirse, bañarse y hacer otras actividades que suelen verse comprometidas cuando disminuye el movimiento articular. Los hábitos de ejercicio que había desarrollado mucho antes en su vida le permitieron mantenerse activa y disfrutar de sus últimos años.

Un joven de sólo treinta y un años me informó de que había comenzado a sufrir graves problemas de hombros ya en el instituto. Era nadador competitivo y levantaba pesos elevados, pero en aquella época le diagnosticaron osteoartritis. Después de terminar el instituto dejó de levantar pesas y comenzó a hacer ejercicios de radio de movimiento para los hombros, bajo la supervisión de un fisioterapeuta. Combinaba su trabajo de flexibilidad con una ejercitación aeróbica regular y un programa de resistencia que empleaba el peso de su propio cuerpo. En la actualidad mantiene la misma rutina de radio de movimiento y no sufre ningún dolor. Cuando siente molestias, las controla con un analgésico (acetaminofeno) y glucosamina. Y consigue mantener el radio completo de movimiento de sus hombros, excepto durante los días extremadamente húmedos.

Es posible recuperar la flexibilidad y el radio de movimiento articular si la pérdida es temporal, pero cuanto más dura la incapacidad, más difícil resulta recobrar el movimiento. Por consiguiente, no debes dejar de lado este aspecto en tu programa, incluso aunque hasta el momento no hayas perdido movilidad. Recuerda el refrán que dice «más vale prevenir que curar». Anualmente miles de pacientes se someten a tratamientos de fisioterapia a causa de su «hombro congelado», una pérdida de movilidad en dicha zona del cuerpo que se produce cuando partes de la cápsula articular se adhieren entre sí. Muchos de estos pacientes podrían haberse evitado el viaje a la consulta si hubiesen mantenido la actividad de sus extremidades superiores. El factor más habitual que conduce a este problema es el dolor de hombro, que provoca que la persona deje de moverlo. Pero en lugar de interrumpir la movilidad, debes interrumpir las actividades que estás llevando a cabo, consultar al médico y seguir un programa de fortalecimiento y flexibilidad.

Flexibilidad generalizada
frente a flexibilidad específica

La flexibilidad puede ser definida como la capacidad general para moverse de distintas formas combinadas, o como la habilidad particular para mover una o dos articulaciones en un movimiento específico. Por ejemplo, en el capítulo 1 expliqué una prueba general de flexibilidad del hombro, conocida como prueba de Apley. Su objetivo consiste en unir las manos a mitad de la espalda, una desde abajo y la otra desde arriba. Este movimiento se lleva a cabo gracias a la rotación interna, la extensión y la aducción de uno de los hombros, mientras que el otro recurre a una combinación diferente de movimientos.

Tú ejecutas movimientos combinados en muchas actividades funcionales que requieren flexibilidad general, como peinarte o meterte la camisa dentro del pantalón en la zona de la espalda. En ocasiones la persona no puede realizar un movimiento combinado porque ha perdido movilidad en una dirección específica. Si no consigues mover el brazo más allá del nivel del hombro, significa que careces de un componente del movimiento combinado y que por consiguiente no cuentas con flexibilidad general. Habitualmente se pierde un poquito de cada uno de los movimientos que contribuyen a la movilidad total.

Cuando determines tus necesidades, decide si lo que te hace falta es flexibilidad general o específica; la mayoría de las personas, en cualquier caso, necesita un poco de ambas. El capítulo 2 mencionaba dos pruebas de flexibilidad general. La flexibilidad específica suele ser cuantificada mediante una herramienta especial denominada goniómetro, que mide el radio de movimiento de una articulación.

Si sufres limitaciones graves, te sugiero que consultes a un terapeuta que determine tus necesidades específicas y te ayude a determinar objetivos realistas. Es posible que necesites plantearte un objetivo que no pretenda alcanzar un radio de movimiento completo pero que sí facilite el funcionamiento de la articulación. Por ejemplo, en un capítulo anterior mencioné a una paciente que había experimentado una pérdida significativa de movimiento en el hombro y no podía tocarse la parte superior de la cabeza. Debido a su edad y a la degeneración de la articulación de su hombro, nos planteamos como objetivo que lograra elevar la mano hasta la parte superior de su cabeza. No intentamos que consiguiera elevar el brazo más allá de la altura del hombro, porque ni necesitaba tanto movimiento, ni tenía posibilidades de cumplir con ese objetivo.

Condiciones que afectan a la flexibilidad y a la respuesta al estiramiento

A pesar de que gran parte de la respuesta corporal al estiramiento es de naturaleza neural, varios factores afectan tanto a la flexibilidad como a la respuesta de la persona a las actividades de radio de movimiento y estiramiento. Puedes modificar algunos de estos elementos, pero no todos. Los factores que no puedes cambiar son la edad, la presencia de enfermedad, las lesiones musculares o articulares previas y el tejido cicatrizal. Sin embargo, sí puedes alterar la temperatura y el desequilibrio muscular, que influye sobre la flexibilidad y la respuesta al estiramiento.

A medida que asciende la temperatura de los tejidos, se incrementa su elasticidad; y viceversa: cuando desciende la temperatura, la flexibilidad disminuye. El cambio en la flexibilidad puede suponer hasta el 20 por 100 del radio de movimiento original. Y esta relación explica por qué te sientes más rígido cuando tienes frío, y el motivo por el que resulta fundamental que mantengas los músculos calientes mientras te ejercitas al aire libre en un clima frío. Sugiere, así mismo, algunos métodos para mejorar tanto la propia flexibilidad como la respuesta a las actividades de estiramiento. Podemos calentar los tejidos mediante recursos internos —las contracciones musculares— o recursos externos. Los recursos externos para incrementar la temperatura de los tejidos son tan sencillos como cubrir la articulación, aplicar compresas calientes o tomar una ducha de agua templada. Un amigo utiliza una rodillera de neopreno en los días de frío, y asegura que este artilugio no sólo impide que se le inflame la rodilla sino que el calor le ayuda a sentirse más relajado y disminuye el dolor.

La fuerza de los músculos situados en la cara contraria de la articulación, o en algunos casos adyacentes a la misma, afecta al movimiento. Alrededor de cada articulación, los músculos opuestos crean una especie de equilibrio. Si esta musculatura se encuentra suficientemente fuerte y flexible, permite que la articulación alcance su radio completo de movimiento. Sin embargo, si un grupo de músculos se debilita en comparación con el grupo contrario, el movimiento articular puede verse comprometido. La mala postura y la tensión muscular suelen empeorar este desequilibrio.

Por ejemplo, es muy frecuente que se produzca una inestabilidad entre los músculos anteriores y posteriores del hombro. Casi en todo momento realizamos actividades y levantamos objetos hacia la parte frontal del cuerpo y, como resultado, los músculos anteriores se fortalecen más que los posteriores. Habitualmente la mala postura (como encorvar los hombros hacia delante) exacerba esta condición. La mala postura combinada con el de-

Cuestiones especiales relativas al estiramiento

▷ Debido a la rigidez muscular, es posible que necesites calentar todavía más los músculos antes de estirar. Una ducha o una serie de compresas calientes mejorará la respuesta de tus músculos al estiramiento.

▷ A pesar de que la pérdida del radio de movimiento es el problema más común de la artritis, en realidad puedes desarrollar una movilidad excesiva en algunas articulaciones debido a los cambios que sufren los ligamentos. Asegúrate entonces de no estirar más allá del radio normal de movimiento.

▷ Con el paso de los años, los músculos pierden algo de agua, lo que disminuye su elasticidad. Procura mantenerte hidratado para conservar la flexibilidad de tus músculos.

▷ Si tu musculatura se encuentra extremadamente rígida e inflexible, tal vez notes que un estiramiento prolongado (de uno a cinco minutos) produce más resultados. Procura encontrar una posición relajada y cómoda.

▷ Las actividades de radio de movimiento ejecutadas en agua tibia, como las que se practican en las clases de acuaeróbics (ejercicios en piscina), son divertidas y eficaces.

sequilibrio muscular produce tensión en los músculos pectorales (aunque en realidad resulta imposible determinar cuál de estos problemas se desencadena primero), y las consecuencias más habituales de estos déficits suelen ser la limitación en el radio de movimiento y el dolor de hombros. A pesar de que este capítulo se refiere únicamente a la flexibilidad, habrás notado ya que todos los componentes de la aptitud física se encuentran interrelacionados.

Técnicas de estiramiento y flexibilidad

Las técnicas más habituales incluyen: estiramiento estático, balístico, PNF (siglas en inglés de «facilitación neuromuscular proprioceptiva») y estiramiento aislado activo. El radio de movimiento activo, a pesar de que no constituye una forma de estiramiento, es una técnica de flexibilidad que ayuda a mantener el movimiento normal de una articulación. Es posible que hayas oído hablar de otros tipos de estiramiento, pero la mayoría son variantes de estas técnicas. Si bien yo no recomiendo necesariamente todos estos métodos, deberías conocer algo de cada tipo de estiramiento. Una breve descripción de cada uno te ayudará a decidir que técnica es más aplicable a tu situación.

Estiramiento estático

El estiramiento estático es probablemente el más sencillo y útil. Yo suelo prescribirlo como parte de un programa, porque no sólo resulta sencillo sino también relajante, y no necesitas ayuda para llevarlo a cabo. El estiramiento estático consiste en adoptar una posición en la que percibas un suave tirón en el músculo que deseas estirar, y mantener dicha postura. A medida que el músculo se relaja podrás estirarlo un poco más, y el radio mejorará con cada estiramiento subsiguiente.

El estiramiento de 30 segundos es el más eficaz, y entre 3 y 5 repeticiones consiguen notables mejorías (Bandy, Irion y Briggler, 1997; Bandy, Irion y Briggle, 1998). El tiempo necesario para los músculos menores puede ser ligeramente inferior, pero recomiendo mantener el estiramiento durante 30 segundos para todos aquellos músculos que se encuentren rígidos. Estira al menos tres veces a la semana, pero recuerda que lo ideal es hacerlo a diario. La mejoría se pierde rápidamente en cuanto interrumpes el programa de estiramiento, pero los programas diarios ayudan a reducir la rigidez.

Estiramiento balístico

La técnica balística recurre a un movimiento de rebote repetitivo para inducir el estiramiento. A pesar de que suele ser definida como una actividad de alta intensidad, las variaciones en la velocidad afectan a la intensidad (diversos estudios utilizan el término «rebote suave» para describir el movimiento apropiado). El estiramiento balístico tiene mala reputación, principalmente por motivos teóricos que no han sido contrastados por ningún estudio. Numerosos autores sugieren que con el estiramiento balístico crece la posibilidad de desgarro muscular. Tal vez el riesgo sea mayor si se lleva a cabo un movimiento balístico intenso sin haber calentado previamente el músculo, pero unos pocos estudios sí han demostrado que el estiramiento balístico produce mejorías en la flexibilidad, semejantes a las conseguidas mediante el estiramiento estático, sin ningún efecto secundario negativo (Millar y Nephew, 1999; Arakawa, Olewe y Millar, 2002; estudios no publicados).

La clave del estiramiento balístico es calentar adecuadamente mediante una actividad aeróbica suave, y luego aplicar un rebote suave (nunca enérgico). Las pautas de tiempo y repeticiones son las mismas que para el estiramiento estático: 30 segundos, de 3 a 5 repeticiones. Yo sólo lo recomiendo como actividad de calentamiento para aquellos que no presentan un grado elevado de rigidez, porque disponemos de poca información sobre la forma en que los pacientes con artritis responden al estiramiento balístico. De todas formas, se sabe que cuanto más rígidos se encuentran los músculos, mayor es la probabilidad de que no reaccionen favorablemente a esta técnica.

Facilitación neuromuscular proprioceptiva (PNF)

Se trata de una técnica que utiliza los reflejos del sistema nervioso para contribuir a relajar un músculo. Por ejemplo, mientras contraes el cuádriceps, el músculo opuesto (el del hueco poplíteo) se relaja para permitir el movimiento normal de la articulación de la rodilla. Un método PNF requiere que contraigas el cuádriceps contra una resistencia y luego lo relajes, mientras estiras los tendones del hueco poplíteo (véase figura 5.1). A pesar de su alta efectividad, estos estiramientos requieren de la ayuda de otra persona y dependen en gran medida de una apropiada aplicación de la técnica (Sady, Wortman y Blanke, 1982). Yo suelo recomendar este tipo de estiramientos para personas más atléticas que trabajan en equipo. Pero incluso en ese caso, deberías asegurarte de ejecutar las técnicas de forma adecuada. La resistencia no tiene que ser exagerada, y el estiramiento debería resultar tolerable.

Figura 5.1 Estiramiento PNF para los tendones del hueco poplíteo

Estiramiento aislado activo

El estiramiento aislado activo es una variante relativamente nueva del estiramiento asistido que ha ganado popularidad en los últimos años. A pesar de que existe poca investigación al respecto, los estudios que sí se han llevado a cabo lo consideran un método eficaz. Esta técnica combina un breve estiramiento estático (con una contracción activa del músculo opuesto) asistido en la dirección del estiramiento, en general mediante el uso de una cuerda. La duración de este tipo de estiramiento suele ser de dos segundos, en 6 u 8 repeticiones, a pesar de que existen diversas variaciones en relación con el tiempo en que el estiramiento debe ser mantenido (Wharton y Wharton, 1996).

Esta técnica de estiramiento parece más sencilla de llevar a cabo que el PNF, y a muchas personas les gusta más porque su duración es inferior. Aún se desconoce si el estiramiento aislado activo resulta eficaz para los pacientes con artritis, así que te ruego que actúes con precaución si decides probarlo. La utilización de un dispositivo de asistencia conduce a algunas personas a realizar un estiramiento agresivo, y estirar en exceso puede causar daño muscular y disminuir la estabilidad alrededor de las articulaciones. Sin embargo, la noticia positiva es que si cuentas con poco tiempo, las sesiones de estiramiento te resultarán mucho más breves con este tipo de programa.

Radio de movimiento activo

El radio de movimiento activo es una técnica de flexibilidad que habitualmente utilizan los fisioterapeutas como parte de sus programas de rehabilitación. En realidad no se trata de un método de estiramiento, sino de un procedimiento que promueve el movimiento normal. Los ejercicios de radio de movimiento activo han sido aplicados con éxito en individuos afectados de artritis reumatoide (Byers, 1985), y son sencillos de ejecutar. Estas actividades suponen utilizar los músculos que rodean una articulación para moverla completamente, en todo su radio de movimiento. Un ejemplo consiste en abrir y cerrar la mano, procurando extender y flexionar todos los dedos cada vez. Para conseguir mejores resultados, el ejercicio de radio de movimiento debería ser realizado de 5 a 10 veces, dependiendo de la comodidad del paciente (Kisner y Colby, 2002). No tienes que alterar la posición al final del movimiento, ni utilizar una resistencia.

Puedes realizar estos ejercicios como actividades asistidas utilizando poleas, un bastón u otro elemento que te ayude a mover la articulación en todo su radio de movimiento. Puesto que este tipo de actividades no constituyen verdaderos estiramientos, resultan más útiles para mantener el radio normal y disminuir la rigidez articular, mientras que las actividades previas han sido creadas para incrementar el radio de movimiento de las articulaciones. Un beneficio particularmente importante para los pacientes con artritis es que estos movimientos cargan y descargan la articulación, un proceso que ayuda a que las sustancias nutricionales entren en la articulación y los subproductos metabólicos sean expulsados de la misma (Goodman y Boissonnault, 2003).

Cómo añadir flexibilidad a tu rutina diaria

Cuando decidas qué tipo de actividades de flexibilidad vas a practicar, debes considerar la gravedad de tu artritis y tus necesidades personales. Recomiendo utilizar tanto la técnica de estiramiento estático como las actividades de radio de movimiento activo (encontrarás las pautas en la tabla 5.1). Estos dos métodos suelen ser más sencillos de realizar correctamente, y no necesitas la ayuda de un compañero ni recurrir a un equipamiento especial. Las dos técnicas son importantes: los estiramientos estáticos se centran en el incremento de la flexibilidad y relajan los músculos tensos o logran movimientos que actualmente se encuentran restringidos, en tanto que las actividades de radio de movimiento mantienen la movilidad normal.

Practica ejercicios de radio de movimiento activo a diario. Estas actividades se convierten en una buena manera de iniciar la mañana, e incluso puedes practicarlas durante el día en aquellas articulaciones que tienden a experimentar rigidez rápidamente. Dado que el calor húmedo ayuda a incrementar la circulación hacia los músculos y disminuye la rigidez, sería conveniente que realizaras algunas actividades sencillas de movimiento bajo una ducha caliente (si cuentas con espacio para ello). O también puedes hacer tu rutina inmediatamente después de salir de la ducha.

Tabla 5.1 Pautas de estiramiento

Estiramiento estático	Radio de movimiento activo
Duración: mantener 30 segundos	Frecuencia: 5-10 repeticiones
Repeticiones: 3-5 por estiramiento	Intensidad: suave
Intensidad: suave	Movimiento: continuo, controlado

Realiza algunas repeticiones después de haberte mantenido inactivo durante largos períodos, como después de un descanso o de permanecer sentado mucho tiempo. Los ejercicios suaves de radio de movimiento llevados a cabo por la noche, antes de irte a la cama, suelen aliviar la rigidez matinal. También puedes practicar una simple rutina de flexibilidad como una forma agradable de relajarte al final del día.

Los estiramientos estáticos funcionan bien como parte de una rutina de enfriamiento después de actividades aeróbicas o de fuerza. Puedes variar los estiramientos según la actividad en la que te estés centrando, como trabajar las piernas durante los días en que sales a caminar. Cuando hayas completado tu entrenamiento de fuerza, añade algunos estiramientos para las extremidades superiores e inferiores. Yo suelo indicar a los pacientes que, si sufren problemas de rigidez, el estiramiento estático también resulta conveniente mientras se encuentran relajados frente al televisor. Por ejemplo, muchas personas experimentan tensión en los tendones del hueco poplíteo, tal vez por permanecer mucho rato sentadas. Así que al final del día, aunque estés viendo la televisión, siéntate en el suelo y realiza algunos estiramientos.

Actividades de radio de movimiento

Algunos movimientos simples se convierten en buenos ejercicios de flexibilidad general y pueden ser intercalados, como he explicado antes, entre otras actividades a lo largo del día. Sigue las pautas del radio de movimiento activo: de 5 a 10 repeticiones de un movimiento continuo y controlado, con el radio de movimiento indicado.

Quienes trabajamos frente a una mesa o leemos y escribimos mucho sabemos que los hombros, el cuello y las manos necesitan algún movimiento regular. Puedes realizar diversas actividades mientras estás sentado, a pesar de que con sólo levantarte y moverte con cierta regularidad conseguirás reducir o evitar la rigidez corporal total. Los giros de hombro son un excelen-

---

Actividades diarias de radio de movimiento

▷ Estiramiento hacia arriba.
▷ Giro de hombros.
▷ Movimientos de manos y muñecas.
▷ Ciclo modificado de movimiento de piernas.

te recurso para movilizar la musculatura que rodea dicha articulación. Después de aflojar los hombros estira suavemente el cuello. Y al final abre y cierra las manos varias veces para relajar los dedos. Una amiga mía sufría dolor de muñeca y manos después de trabajar en el ordenador. Le sugerí entonces que añadiera estas simples actividades a su trabajo diario y que las repitiera cada hora (se colocó una alarma en el ordenador para que se lo recordara). En el plazo de una semana dejó de sentir dolor en la muñeca y en la mano, y además descubrió que aquellos breves descansos mejoraban su concentración.

Una actividad simple podría ser, por ejemplo, una versión del estiramiento hacia arriba que mejora la flexibilidad de los hombros y el tronco. Otra forma de realizar una rotación de tronco y un movimiento de hombro combinado consiste en una variación de una técnica utilizada por los fisioterapeutas: el estiramiento de hombro en diagonal, que un colega mío denominaba «movimiento Vanna White». Puedes practicar cualquiera de estos movimientos (con alguna modificación) en una silla durante tu horario de trabajo o cuando te cueste mantenerte de pie durante largos períodos. A continuación encontrarás una descripción de ambos movimientos.

Estiramiento hacia arriba

En posición vertical, separa los pies siguiendo la línea de los hombros. Apoya una mano sobre la cadera y estírate hacia arriba con la otra. Continúa manteniendo el brazo por encima de la cabeza y arquea el torso ligeramente en la misma dirección en que has estirado el brazo (véase figura 5.2). Cambia de lado, repitiendo la secuencia.

Figura 5.2 Estiramiento hacia arriba

Estiramiento de hombro en diagonal

En posición vertical, separa los pies siguiendo la línea de los hombros y procura dirigir la cadera hacia delante. Coloca una mano sobre el hueso de la cadera contraria y gira los hombros ligeramente en dicha dirección (véase figura 5.3 a). Desde esta posición mueve la palma de la mano hacia delante, y con un movimiento suave y continuo describe un arco con el brazo. Finaliza el movimiento con el brazo y el hombro dirigidos hacia arriba y atrás (véase figura 5.3 b). Repite el movimiento en el otro lado.

Estiramiento de hombro modificado en posición de sentado

Mientras te encuentras sentado, inclínate hacia delante y a la izquierda, llevando el brazo derecho hacia el tobillo izquierdo. Desplaza la mano hacia delante y forma un gran arco hacia arriba, que finalizarás detrás de tu lado derecho, con el tronco girado ligeramente en dicha dirección. Repite este movimiento con el brazo izquierdo.

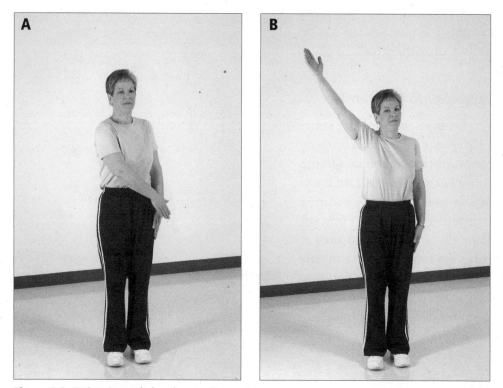

Figura 5.3 Estiramiento de hombro en diagonal

Giros de hombro

Lleva los hombros hacia delante, arriba, atrás y abajo muy lentamente, intentando dirigir los omóplatos hacia la columna. Mantén los hombros en la posición final durante algunos segundos antes de comenzar un segundo giro.

Estiramiento de cuello

Lleva la oreja derecha hacia el hombro de ese mismo lado, manteniendo la posición entre 5 y 10 segundos en el punto en el que percibas un ligero estiramiento (véase figura 5.4). Luego repite con la oreja izquierda y mantén la posición final. Aquí debes procurar realizar un movimiento suave que no te provoque ningún dolor.

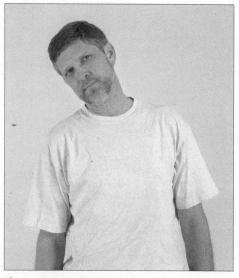

Figura 5.4 Estiramiento de cuello

Radio de movimiento de la mano

Cierra ambas manos y a continuación ábrelas todo lo posible. Otro movimiento consiste en cerrar y abrir los dedos de uno en uno hasta formar una especie de abanico, comenzando por el meñique y finalizando por el pulgar.

Radio de movimiento de bicicleta

Una buena actividad de flexibilidad para el tercio inferior del cuerpo es la bicicleta modificada. Este ejercicio trabaja tanto la cadera como las rodillas, y puedes llevarlo a cabo de forma modificada mientras estás de pie, sujeto a algún elemento que te ofrezca soporte.

Tumbado boca arriba, mueve cada pierna como si estuvieses montando en bicicleta. Desliza el pie por el suelo hacia la nalga, luego eleva la rodilla hacia el pecho y finalmente extiende la pierna para que adopte la posición inicial (véase figura 5.5). Repite la secuencia con la otra pierna.

Figura 5.5 Radio de movimiento de bicicleta

Rotación de cadera en posición de sentado

La rotación de cadera suele disminuir cuando la artritis afecta a esta articulación. Puedes realizar ejercicios de rotación en posición de sentado —lo cual suele resultar más sencillo—, pero con un soporte adecuado estarás en condiciones de efectuar el mismo movimiento de pie.

Mientras te sientas en una silla con las rodillas flexionadas, desliza el pie izquierdo hacia atrás de tal manera que la pierna derecha pueda moverse hacia la izquierda sin interferencias. Balancea la pierna derecha como si fuese un péndulo, de lado a lado, tomando la rodilla y el muslo como eje de la rotación (véase figura 5.6). Repite este movimiento con la pierna izquierda.

Radio de movimiento de tobillo

Finaliza tus actividades de radio de movimiento para el tercio inferior del cuerpo con algunos movimientos de tobillo, como por ejemplo círculos. Mientras estás sentado, describe lentamente un círculo con el pie, algunas veces en una dirección y luego en la contraria. Termina el movimiento flexionando el tobillo: lleva la punta del pie hacia la cara frontal de la pierna. Repite esta secuencia con el otro tobillo.

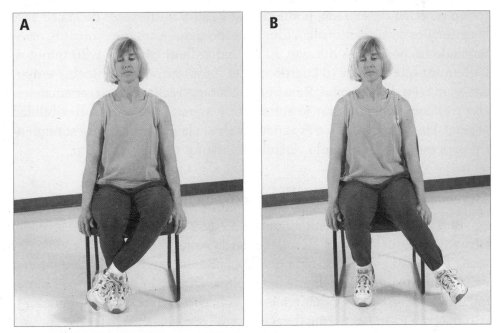

Figura 5.6 Rotación de cadera en posición de sentado

Actividades específicas de estiramiento

Existen estiramientos para prácticamente todos los grupos musculares del cuerpo, pero me he concentrado en aquellas áreas que tienden a tensarse y pueden limitar el movimiento. Entre ellas figuran la cadera, los tendones del hueco poplíteo, las pantorrillas y la cara anterior de los hombros. Sólo necesitas estirar las zonas tensas; para el resto puedes realizar actividades de radio de movimiento. Como ya he indicado, recurre al estiramiento estático para los músculos tensos: de tres a cinco estiramientos por grupo muscular, manteniendo el estiramiento durante 30 segundos. Deberías sentir un suave tirón, pero recuerda que el estiramiento no tiene que incrementar el dolor en la articulación ni el músculo. Sugiero que incluyas estos estiramientos en tu período de enfriamiento posterior a un ejercicio aeróbico.

Una buena forma de organizar tu rutina de estiramiento consiste en realizar primero los estiramientos que se llevan a cabo en posición de sentado, y luego los que se realizan de pie. Puede resultar menos aburrido si primero ejecutas la primera repetición de cada estiramiento, en una serie, y a continuación la repites. Por ejemplo, comienza por un estiramiento de los tendones del hueco poplíteo, pasa a un estiramiento de ingle (músculo aductor), luego a un estiramiento de rotador (piriforme) a cada lado, y al final repite la secuencia. Después de ejecutar entre tres y cinco de estos estiramientos en posición de sentado, ponte de pie y estira los flexores de la cadera y los músculos de las pantorrillas. Llevar a cabo todos estos movimientos, manteniendo las posiciones durante 30 segundos, lleva entre 15 y 20 minutos. Determina qué áreas de tu cuerpo sientes tensas y qué movimientos te ayudarían más en dichas zonas. Rara vez necesitarás realizar cinco repeticiones: con tres conseguirás estirar lo suficiente y lograrás mejorar tu flexibilidad general. He incluido dos o tres variaciones para la mayoría de los estiramientos para que puedas elegir la versión que menos te cueste realizar.

Estiramientos de los tendones del hueco poplíteo

Para llevar a cabo el estiramiento de esta zona en posición de sentado, siéntate en el suelo con la pierna izquierda recta frente a ti y la rodilla derecha flexionada, de tal manera que la planta del pie toque la cara interna de la rodilla izquierda. Inclínate hacia el pie izquierdo, realizando el movimiento desde la cadera y manteniendo el pecho erguido (véase figura 5.7). Alterna para estirar la pierna derecha.

También puedes estirar los tendones del hueco poplíteo si estás tumbado. Flexiona la cadera hasta formar un ángulo de 90 grados y entrelaza los dedos detrás de ese muslo, debajo de la rodilla. Luego estira la articulación todo lo posible sin que el muslo se mueva (véase figura 5.8). Repite este estiramiento del otro lado.

Estiramiento de ingle

En posición de sentado, abre las piernas todo lo posible sin flexionar las rodillas. Inclínate hacia delante, manteniendo la espalda recta y el pecho erguido (véase figura 5.9). Puedes incluir también los tendones del hueco poplíteo si te estiras hacia cada lado después de haber realizado el movimiento hacia el centro.

Figura 5.7 Estiramiento de tendones del hueco poplíteo en posición de sentado

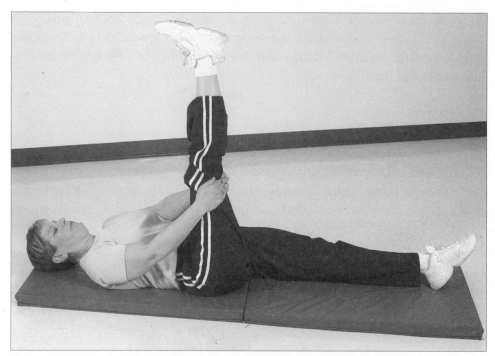

Figura 5.8 Estiramiento de tendones del hueco poplíteo en posición de tumbado

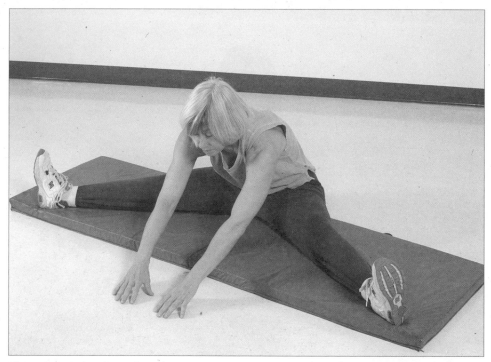

Figura 5.9 Estiramiento de ingle

Estiramiento de piriforme

Mientras te encuentras sentado con las piernas rectas, lleva el pie derecho por encima de la rodilla izquierda, y apoya el pie en el suelo junto a la cara externa de la rodilla izquierda. Con el brazo izquierdo rodea la rodilla derecha, girando el tronco hacia ese mismo lado mientras empujas la rodilla derecha hacia la izquierda y mantienes la posición final (véase figura 5.10). Repite con el lado contrario.

Figura 5.10 Estiramiento de piriforme

Estiramiento de rotador interno en posición de sentado

Para estirar los músculos que rotan la cadera en dirección contraria, apoya el tobillo derecho sobre el muslo izquierdo, encima de la rodilla. Deja caer la rodilla derecha hacia el suelo y aplica una ligera presión hacia abajo. Repite con la pierna contraria. Si tienes problemas para realizar este ejercicio en el suelo, puedes practicarlo sentado en una silla, como ilustra la figura 5.11.

Estiramiento del flexor de la cadera

Mantente de pie sobre el pie derecho mientras te sujetas a un punto de apoyo estable —como una mesa— con la mano derecha. Eleva el pie izquierdo hacia las nalgas, y cógete el tobillo con la mano izquierda. Tira del pie hacia las nalgas, mientras empujas la cadera hacia delante (véase figura 5.12). Repite este estiramiento con la pierna contraria.

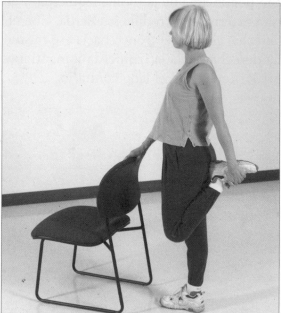

Figura 5.11 Estiramiento del rotador interno en posición de sentado

Figura 5.12 Estiramiento del flexor de la cadera

Estiramientos de pantorrilla

Colócate de frente a una pared o una mesa y apoya las manos en su superficie. Lleva una pierna hacia atrás, sin despegar el pie del suelo y dirigiéndolo hacia delante. Traslada tu peso corporal hacia la pierna que ha quedado más adelantada, manteniendo recta la rodilla de la otra pierna y el talón apoyado completamente en el suelo (véase figura 5.13 a). Este ejercicio estirará el gastrocnemio. Para estirar el músculo sóleo, flexiona la rodilla de la pierna que ha quedado en posición posterior, sin despegar el pie del suelo (véase figura 5.13 b). Repite esta secuencia con la pierna contraria.

Los músculos del tercio superior del cuerpo que normalmente necesitan estirarse son los de la cara anterior del hombro y los rotadores internos. Estos estiramientos suelen ser llevados a cabo de pie, y la mayoría de ellos se valen de una pared, el marco de una puerta o una mesa como soporte. Cada ejercicio estira los músculos de un modo ligeramente diferente. No recomiendo ningún orden específico: tú debes descubrir el que prefieras para los músculos tensos.

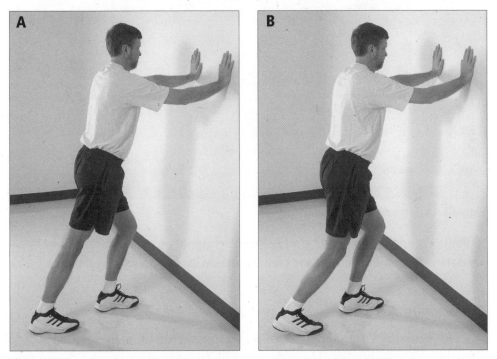

Figura 5.13 Estiramientos de pantorrilla (a) para gastrocnemio y (b) para sóleo

Estiramiento pectoral

Puedes realizar este estiramiento frente a una puerta o en un rincón. Eleva ambos brazos sin sobrepasar la línea de los hombros, con los codos flexionados a 90 grados y las palmas hacia fuera. Si trabajas en el marco de una puerta, coloca las manos sobre las jambas e inclina el tronco ligeramente hacia delante (véase figura 5.14). Si te encuentras en un rincón, apoya una mano en cada pared e inclínate hacia el ángulo que forman. Si no cuentas con ninguna de las dos posibilidades, lleva ambas manos detrás de la cabeza y mueve los codos hacia atrás hasta que sientas un estiramiento en el pecho.

Estiramiento pectoral superior

Este movimiento es más sencillo de ejecutar si se trabaja con una mesa o un tocador. De frente al mueble, apoya las manos sobre él. Da unos pasos hacia atrás, hasta que te hayas alejado varios centímetros y tu cadera quede fle-

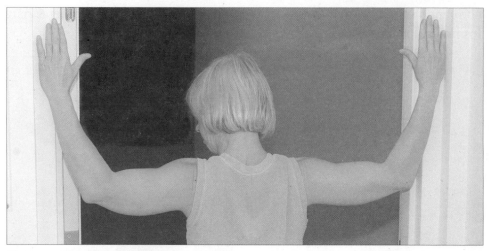

Figura 5.14 Estiramiento pectoral

xionada en un ángulo de 90 grados. Permite que el peso del tronco caiga todavía más, estirando suavemente la cara frontal de los hombros (véase figura 5.15).

Estiramiento de rotador

De pie bajo el marco de una puerta, colócate de tal manera que tu codo derecho se apoye contra el lado derecho de tu cuerpo y tu mano de ese mismo lado toque la jamba de la puerta. Gira el tronco ligeramente hacia la izquierda, manteniendo la posición del codo y la mano (véase figura 5.16). Repite este movimiento con el hombro izquierdo.

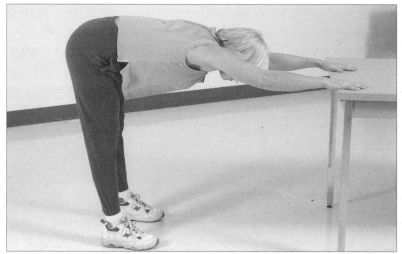

Figura 5.15 Estiramiento pectoral superior

Me gustaría añadir algo más sobre los estiramientos y las técnicas en general. Independientemente de la que se utilice, la correcta posición del cuerpo resulta vital para el resultado final. Una simple alteración en la posición de la pelvis puede disminuir el cambio conseguido en la flexibilidad de los tendones del hueco poplíteo. Mantén el tronco lo más erguido posible en todos los estiramientos de cadera, permitiendo que el movimiento se produzca desde dicha articulación, y no desde el tercio inferior de la espalda.

Dirige las rodillas y los dedos de los pies hacia delante, y no rotes la cadera a menos que las instrucciones así lo especifiquen.

Figura 5.16 Estiramiento de rotador

Movimientos que debes evitar

Algunas posiciones y actividades pueden realmente causar daño y, por consiguiente, no son recomendables. Los movimientos específicos pueden variar según los problemas de artritis de cada persona, pero algunas pautas básicas sobre los tipos de movimientos que podrían causar problemas te ayudarán a decidir si debes realizar una actividad específica o no.

Estiramiento excesivo

La primera regla es que nunca deberías estirar excesivamente un músculo (es decir, hacerle superar su radio de movimiento normal). A pesar de que los atletas pueden ser capaces de tolerar el estiramiento excesivo cuando son jóvenes, la mayoría de las articulaciones artríticas ya muestran cierta inestabilidad, y el estiramiento excesivo de los músculos que las rodean puede incrementar tanto dicho desequilibrio como la posibilidad de dañar la musculatura. Además, los tejidos musculares inflamados durante los rebrotes artríticos son más proclives a sufrir daños. Es posible que debas reducir la intensidad de un estiramiento, así como el número de repeticiones, hasta que tu artritis se haya calmado. Las áreas que, según mi experiencia, la gente estira en exceso son el cuello, la espalda y los hombros.

Movimientos articulares extremos

El yoga es un ejemplo de actividad que suele utilizar radios articulares extremos, así que has de ser tú quien deba modificarla para evitar el estrés en tus articulaciones. Sin lugar a dudas, el yoga es una actividad excelente que suele ser puesta en práctica para mejorar la flexibilidad; sin embargo, creo que algunos de los movimientos podrían provocar un daño articular superior. Un ejemplo es la postura del «arado», ilustrada en la figura 5.17. Esta posición coloca el cuello en flexión extrema, lo cual puede estresar las articulaciones que ya corren riesgo debido a la artritis. Sería imposible identificar cada una de las posiciones que tendrías que evitar, en especial porque depende de tu compromiso articular particular. Así que deberás decidir si un movimiento resulta extremo para ti, y en ese caso si puedes modificarlo o incluso evitarlo por completo.

Movimiento que incrementa el dolor

La segunda pauta es que el movimiento no debería incrementar el dolor. A pesar de que, por definición, la artritis es dolorosa, el malestar no tendría que empeorar durante el ejercicio. El incremento del dolor puede tener

Figura 5.17 La postura del arado

varias causas, incluyendo un movimiento demasiado rápido, el estiramiento excesivo, una técnica incorrecta y la gravedad de la enfermedad. Si tu enfermedad articular es excepcionalmente grave, es posible que debas cumplir sólo con parte del programa inicial, y tal vez prefieras descargar la articulación (disminuir las fuerzas de compresión que actúan sobre la misma). Puedes conseguirlo realizando la actividad en el agua o mediante una distracción, como una polea, que te ayude con el movimiento. Durante los rebrotes de la enfermedad es posible que necesites disminuir el número de repeticiones de los ejercicios de radio de movimiento.

Cómo personalizar tu programa

Cada persona muestra necesidades de flexibilidad específicas, así como de un programa total con componentes puntuales. Diseña este componente de tu programa basándote en tus problemas particulares de flexibilidad y en las actividades cardiovasculares y de fuerza que planifiques hacer, sin olvidar tus dificultades de flexibilidad específicas. Yo salgo a correr varios días a la semana y realizo dos sesiones semanales de trabajo de resistencia. La acción de correr tiende a tensar los tendones del hueco poplíteo, los cuádriceps y los músculos de la pantorrilla, por lo que necesito seguir una rutina de estiramiento regular. Debido a lesiones previas y problemas de rigidez, yo estiro estos músculos a diario, incluso aunque no entrene. Las únicas áreas de la parte superior del cuerpo en las que demuestro una flexibilidad limitada son las caras anteriores de los hombros, un problema bastante común para quienes trabajamos frente a una mesa durante horas. Estas zonas las estiro dos veces a la semana cuando realizo trabajo de resistencia, y diariamente ejecuto actividades de radio de movimiento más generalizadas para los hombros.

Una de las claves para personalizar un programa de flexibilidad es combinar creativamente actividades de estiramiento y flexibilidad que se ajusten a las necesidades de cada uno. He descrito sólo unos pocos estiramientos y actividades de radio de movimiento; existen textos completos dedicados a estos temas. Sin embargo, con los principios que he planteado, ya puedes crear tu propia rutina de radio de movimiento o estiramiento, adaptada a tus necesidades específicas.

Al principio de este libro mencioné el ejemplo del hombre que deseaba mejorar su flexibilidad para jugar al golf. Se analizas un swing verás que es necesario contar con flexibilidad en la cadera, el tronco y los hombros para que el golpe resulte eficaz y completo. El consejo para este paciente fue que comenzara a estirar a diario. Una vez que consiguió un radio de movimiento óptimo, pudo concentrarse en actividades de radio de movimiento para mantener su movilidad. Si deseara individualizar el estiramiento aún más, en lugar de utilizar estiramientos básicos como los que aparecen en este capítulo, podría efectuar estiramientos que estimulen un determinado movimiento de golf. Por ejemplo, cuando golpeas la pelota, pasas tu peso corporal de una pierna a la otra y rotas el tronco. El hombre podía efectuar esta combinación, manteniendo la posición al final de cada movimiento principal. Muchos golfistas realizan la modificación de estos movimientos, sosteniendo el palo con ambas manos y girando de un lado a otro.

En este capítulo he explicado los principios básicos de la ejercitación de flexibilidad, y diversas técnicas para incrementar el radio del movimiento. Además he presentado algunas simples actividades de radio de movimiento que te ayudarán a disminuir la rigidez y el dolor articular, y he descrito algunos estiramientos básicos para aplicar sobre los músculos tensos o las articulaciones que puedan ver limitada su movilidad total. En resumen, ya conoces todos los componentes de un programa de ejercitación tradicional, y cuentas con las herramientas para diseñar un buen programa de preparación física. Sin embargo, no a todo el mundo le gusta ejercitarse a solas, y una alternativa que aún no he abordado son las clases grupales. En el capítulo 6 presentaré diversos tipos de clases de ejercitación, y las ventajas y desventajas de cada una. Muchas personas con las que trabajo prefieren alternar un programa de ejercicio tradicional con alguna clase grupal.

PLAN DE ACCIÓN
Desarrollar la flexibilidad

❖ Prepara tu programa de flexibilidad:
  • ¿Cómo afrontarás el problema de la rigidez muscular debida a la temperatura?
  • ¿Tu fuerza muscular alrededor de las articulaciones se encuentra equilibrada?
❖ Establece tu condición actual o nivel de flexibilidad y decide qué tipo de actividad quieres practicar (como estiramiento estático y radio de movimiento activo).
❖ Elige estiramientos y desarrolla tu programa de tal manera que resulte compatible con tus actividades aeróbicas y de fuerza, así como con tus necesidades personales de flexibilidad (puntos fuertes y débiles).
❖ Ten presente lo que debes evitar para mantener las condiciones de seguridad durante el estiramiento.

CAPÍTULO 6

Programas de ejercitación alternativos

No a todo el mundo le gusta entrenar a solas, así que entrenar de forma grupal puede convertirse en un excelente mecanismo de apoyo. Cuando a una amiga de mi madre le diagnosticaron artritis reumatoide, se apuntó a una clase de acuaeróbics para personas con artritis. La clase actúa como un grupo de apoyo para ellos, y con una ejercitación regular y la medicación correspondiente ha conseguido recuperar alguna de las actividades que había tenido que abandonar antes del diagnóstico. Otras personas me han contado que les gustan las clases grupales porque se sienten rodeados de individuos como ellos y porque las clases están organizadas a partir de los problemas específicos de los pacientes con artritis.

Las clases grupales pueden tener varias ventajas y desventajas, dependiendo de la actividad específica a la que decidas apuntarte. El beneficio de ejercitarte con otras personas que sufren problemas similares al tuyo es muy importante. Una clase creada para personas con artritis utiliza movimientos y actividades que resultan mucho más adecuados para las articulaciones rígidas y los radios de movimiento limitados. La mayoría de estas disciplinas ofrecen actividades de bajo impacto y menor intensidad, e incluyen más calentamientos y enfriamientos por sesión. Además, desde el punto de vista psicológico pueden incrementar la autoestima del paciente y hacerle sentir parte de un equipo.

Por otro lado, si decides unirte a una clase grupal diseñada para una clientela más joven y en mejor estado físico, posiblemente notes que no se ajusta a tus necesidades. A pesar de que rodearte de personas jóvenes y activas puede resultar estimulante, también podría desanimarte si no consigues seguir el ritmo de la clase o si tiendes a compararte con quienes te rodean. Y esa frustración podría llevarte a abandonar la ejercitación por completo en lugar de modificarla. Además, algunas clases grupales incluyen actividades que someten a las articulaciones artríticas a un estrés excesivo, lo que potencialmente podría incrementar el dolor y la rigidez.

Si prefieres entrenar en grupo, busca clases destinadas a personas con artritis o bien decántate por actividades de bajo impacto. Muchos hospitales y gimnasios ofrecen clases de preparación física y salud para colectivos específicos, como los pacientes con artritis. Por lo general, esas clases están dirigidas por monitores cualificados, especializados en las necesidades especiales de la artritis.

Comprueba si puedes acceder fácilmente al gimnasio y si los horarios de clase se ajustan a tu agenda. Sugiero que antes de apuntarte a una clase la pruebes; de esta manera podrás evaluar el nivel de intensidad, los tipos de movimientos en relación con tus necesidades, e incluso la clase de música que se escucha en clase. Presta especial atención al modo en que el monitor interactúa con los participantes; no te apuntes a una clase en la que el profesor se comporte como un sargento. Un buen monitor debería observar la situación particular de cada individuo, sugiriéndole que trabaje más deprisa o de forma más lenta, según cada caso. A mí me gustan los monitores que al principio del curso ofrecen información educativa, porque demuestra que les interesa satisfacer las necesidades de los participantes.

Preguntas a considerar al elegir una clase grupal

▷ ¿Cuántas personas componen la clase?

▷ ¿Me resulta sencillo acceder al gimnasio, lo considero cómodo?

▷ ¿La clase incluye calentamiento y enfriamiento?

▷ ¿Cuál es el nivel promedio de preparación física de los participantes? ¿Se ajusta al mío?

▷ ¿Contamos con un instructor cualificado? ¿Cómo se relaciona con la clase?

▷ ¿La atmósfera reinante me resulta atractiva? Por ejemplo, si hay música, ¿es del tipo que a mí me gusta, o suena a un volumen muy alto?

▷ ¿Hay otras clases y otros horarios a los que pueda asistir si quiero recuperar alguna sesión?

▷ ¿El personal se encuentra preparado para afrontar emergencias menores y mayores? ¿Están cualificados para ofrecer un servicio de primeros auxilios?

Puedes considerar diversos tipos de clases grupales, ya que cada uno aporta diferentes beneficios. La mayoría de las clases intentan incluir todos los componentes de la preparación física general en sus actividades. Los beneficios del condicionamiento cardiovascular pueden no resultar tan sustanciales como una sesión de idéntica duración de ejercicio puramente aeróbico, pero cuentas con la ventaja de un programa bien diseñado. Las clases más comunes son aerobismo (tanto sobre suelo como en agua), tai chi y yoga. Por supuesto que existen otras clases grupales que también aportan beneficios, pero éstas son las más comunes. Analiza la que más te atrae partiendo de las pautas generales que aparecen en este libro.

Clases de aerobismo

Las clases de aerobismo surgieron hace muchos años, cuando se introdujo por primera vez el concepto de clases acompañadas de música. Yo las he dividido en clases sobre suelo y en agua, a pesar de que también podría clasificarlas según el énfasis, la intensidad o el propósito de la clase. Por ejemplo, el *spinning* es un nuevo formato de clase desarrollado hace pocos años. Las sesiones de *spinning* son básicamente clases de aerobismo grupal que trabajan con bicicletas estáticas. Cada uno de los diversos tipos de clases sobre suelo y en agua enfatiza elementos particulares.

Clases sobre suelo

Los beneficios que aportan las clases de aerobismo se basan en el objetivo de la clase y la frecuencia de tu participación. Una clase que se reúne sólo una vez a la semana aporta beneficios limitados a la salud, a pesar de que podría resultar divertido como un cambio de ritmo en un régimen de entrenamiento tradicional. Busca una clase que se reúna al menos tres veces a la semana para poder apreciar beneficios en tu estado físico. Diversos estudios han demostrado que la participación aeróbica reduce el dolor y mejora el funcionamiento de las extremidades inferiores, la fuerza, la velocidad o la distancia recorrida al andar, y la potencia aeróbica, que es el cálculo de la resistencia aeróbica a partir de una actividad breve (Perlman *et al.*, 1990; Noreau *et al.*, 1995). La mayoría de estos estudios también indican que la depresión disminuye después de finalizar una clase. Pero han identificado beneficios cardiovasculares sólo cuando la frecuencia es de al menos tres veces a la semana con una intensidad apropiada (como se explica en el capítulo 3, de entre el 50 y el 85% de RRC).

Qué buscar en una clase

Como ya he explicado, apúntate a una clase de aerobismo destinada a individuos con artritis o que solamente se base en actividades de bajo impacto, es decir, que no recurran a un gran número de rebotes y saltos, que podrían causar un estrés excesivo sobre tus articulaciones. Las clases de bajo impacto, comparadas con las de alto impacto, también presentan un índice inferior de lesiones asociadas (Janis, 1990).

Los beneficios generales que una clase aeróbica bien diseñada aportan a la salud quedan determinados por sus componentes, a pesar de que el fortalecimiento es limitado. La clase debería contar con un período de calentamiento durante el cual la actividad se incremente lentamente; una fase dedicada a la actividad cardiovascular (actividad rítmica que utiliza grandes grupos musculares), y un tiempo para el enfriamiento. Además, la mayoría incluye algún tipo de actividad calisténica cuya finalidad es tonificar los músculos. La resistencia suele ser la de tu extremidad o peso corporal, así que el objetivo central será el desarrollo de la resistencia muscular.

Fotolia: © Gajatz

Las clases de aerobismo ofrecen varios beneficios, como movimientos de bajo impacto y actividades para todos los componentes de la preparación física.

Resulta fundamental contar con un buen monitor. Averigua si se trata de un instructor cualificado, y cuál es su experiencia. Eso no significa que un monitor novato no sea bueno, pero asegúrate de que comprenda los principios del ejercicio y sepa ayudar a los participantes a adecuar sus actividades. Algunos grupos ofrecen una certificación, lo cual asegura que el instructor posee un nivel básico de conocimientos. Los programas que imparte en Estados Unidos la Fundación Norteamericana de Artritis capacitan a los monitores, enseñándoles no sólo los principios de la ejercitación, sino también aportando información específica relativa a la artritis.

En los años ochenta, dicha fundación creó un programa llamado PACE (People with Arthritis Can Exercise, que significa «las personas con artritis pueden practicar ejercicio físico»), que yo recomiendo con entusiasmo. Se trata de clases concebidas para personas con artritis, que han demostrado alcanzar unos resultados sorprendentes. Ofrecen información sobre mecánica corporal, protección de las articulaciones y los principios básicos de la ejercitación. El programa ofrece dos niveles de capacitación, uno básico y otro avanzado, que deberían cumplir con las necesidades de la mayoría de los participantes. Si tienes dudas, cuando te apuntes a alguna clase comienza siempre por el nivel básico, para reducir el riesgo de lesión por sobreuso.

Requisitos básicos

Busca una clase que incluya los componentes normales de la ejercitación que ya hemos identificado: calentamiento, ejercicio cardiovascular, actividades de fuerza y flexibilidad y enfriamiento. La duración de cada clase suele oscilar entre los 45 y los 60 minutos. Una buena clase de una hora contiene al menos diez minutos de actividad de calentamiento, entre 15 y 20 minutos de grandes movimientos aeróbicos, y otros 10 minutos de enfriamiento. Tanto el calentamiento como el enfriamiento pueden incorporar actividades de radio del movimiento y estiramiento. El resto del tiempo suele ser dedicado a ejercicios de acondicionamiento muscular.

Calcula tu propio ritmo cardíaco objetivo, como ya he explicado en el capítulo 3, y, partiendo de esa cifra, controla la intensidad de tu ejercitación. Con mucha frecuencia me encuentro con personas que trabajan a un nivel excesivamente alto, porque intentan seguir al monitor o a sus compañeros de actividad. Recuerda que el monitor lleva mucho tiempo repitiendo esta rutina y que probablemente tiene un estado físico diferente del tuyo. Si sientes las extremidades muy pesadas o experimentas una sensación de quemazón, significa que estás trabajando más anaeróbicamente que aeróbicamente. En otras palabras, estás produciendo ácido láctico porque trabajas a una intensidad demasiado elevada y tienes que disminuirla. Haz la prueba de hablar: no deberías respirar con tanta agitación como para no poder responder a una simple pregunta con una frase corta. Por otra parte, si eres capaz de charlar con alguien significa que no estás trabajando con suficiente intensidad. Una vez más, consulta tu ritmo cardíaco objetivo para determinar la intensidad de tu entrenamiento.

Es posible que tus limitaciones te obliguen a modificar algunas de las actividades. Por ejemplo, si sufres artritis en los hombros, realiza sólo aquellas actividades para el tercio superior del cuerpo que no te causen más dolor del que ya sientes. Si el monitor indica a la clase que realice un rápido movimiento del brazo por encima de la cabeza, tú hazlo más lentamente y a la altura del hombro. Si sufres artritis en las extremidades inferiores, tal vez no puedas realizar alguna de las actividades que exigen una gran rotación de cadera o una flexión extrema de cadera y rodillas. En general podrás realizar dichos movimientos pero en un radio menor.

Te recomiendo que participes en clases de aerobismo, pero no más de tres veces a la semana. La tasa de lesiones por sobreuso crece en la misma proporción en que se incrementan las sesiones de aerobismo tradicional, por lo cual limitar la frecuencia a tres veces a la semana debería también limitar el potencial de lesión (Rothenberger, Chang y Cable, 1988; Janis, 1990). En los días alternos puedes llevar a cabo un programa cardiovascular más tradicional, como andar u otro tipo de actividad diferente. No sólo disminuirá el riesgo de que sufras una lesión, sino que el hecho de variar en tu rutina te ayudará a que te comprometas con el programa.

Al igual que cuando sales a caminar o correr, tienes que contar con un calzado adecuado. Las zapatillas de deporte apropiadas para correr no son las idóneas para una clase de aerobismo. Tu calzado debería tener más refuerzo en la parte delantera, además de resultar adecuadamente acolchado. Este tipo de zapatillas reciben el nombre de «cross-trainers», o un término similar. En el capítulo 7 explico con más detalle qué debes pedir al calzado deportivo. Por lo general no necesitas ninguna vestimenta especial, siempre que lo que lleves te resulte cómodo y sea absorbente.

Clases de aerobismo en agua

La ejercitación en agua ofrece unos beneficios únicos en comparación con otros programas. La flotación reduce la cantidad de peso corporal que estresa las articulaciones, y la calidez del agua puede reducir la rigidez muscular. Los movimientos suelen ser menos intensos en una clase en el agua, una característica que también contribuye a disminuir el estrés articular. Si participas en clases de aerobismo en agua con suficiente frecuencia y respetando una duración e intensidad apropiadas, puedes mejorar tu capacidad aeróbica y funcional y reducir el dolor (Minor *et al.*, 1989; Sanford-Smith, MacKay-Lyons y Nunes-Clement, 1998). Muchas personas comentan que disfrutan de las clases acuáticas y no abandonan el entrenamiento «porque bajo el agua se sienten genial». Una mujer me contó que le gusta apuntarse a estas clases durante el invierno, cuando no suele salir con tanta frecuencia. Incorporar una clase acuática a tu régimen puede resultarte particularmente beneficioso si tienes varias articulaciones comprometidas, si sufres artritis reumatoide o padeces una artritis más avanzada.

Qué buscar en una clase

Como si se tratara de clases de aerobismo sobre suelo, busca clases específicamente diseñadas para pacientes con artritis. La Fundación Norteamericana de Artritis ha desarrollado un programa acuático en Estados Unidos. Las clases han demostrado resultar muy eficaces, y se ofrecen en dos niveles. El objetivo del programa acuático es mejorar el radio de movimiento y fortalecer la musculatura, con un segmento opcional para desarrollar la resistencia (las clases que incluyen el segmento de resistencia son más prolongadas). Si estás pensando en apuntarte a una clase acuática no diseñada para pacientes con artritis, primero presencia una sesión. Busca un grupo no demasiado numeroso para que los participantes puedan moverse con libertad sin tocarse entre sí. Una clase acuática, al igual que una clase en suelo, debería comenzar con un período de calentamiento, incluir actividades para las extremidades superiores e inferiores, y finalizar con un segmento de enfriamiento. El ritmo debería ser ágil, y las actividades, variadas.

Intenta buscar un monitor que cuente con capacitación necesaria sobre los requisitos de ejercitación y conozca las necesidades especiales de los pacientes con artritis. En la medida de lo posible, trabaja con algún profesor que tenga experiencia en ejercitación acuática y sepa adaptar los movimientos a las necesidades individuales. Los buenos entrenadores incluyen un segmento educativo, en general antes de que todo el mundo entre en el agua, y ayudan a individualizar los movimientos según la capacidad de cada persona.

Dos factores ambientales que debes tener en cuenta son la temperatura y la profundidad del agua. En general, las clases diseñadas para personas con artritis ya tienen en cuenta estas cuestiones, pero te ayudará a saber qué es lo que debes buscar. La temperatura del agua debería oscilar entre los 28 y los 33 grados, un parámetro ligeramente más elevado que el de las piscinas que se utilizan para nadar. Los ejercicios deben realizarse en un nivel de profundidad que oscile entre la mitad del pecho y el hombro. Cuanto mayor sea la profundidad, menor será el estrés que ejerza la gravedad sobre las articulaciones de tus extremidades inferiores. Si te encuentras de pie en una piscina que te cubre hasta el extremo final de tu esternón, tu cuerpo percibirá una descarga de aproximadamente el 75%.

Requisitos básicos

Los requisitos básicos de un programa acuático son los mismos que se exigen para un programa sobre suelo: un segmento de calentamiento, los tres componentes de la preparación física y un período de enfriamiento combinados en una clase de 45 a 60 minutos de duración. Existe equipamiento especial para la ejercitación en agua, que proporciona un eficaz componente de resistencia a tu programa. Se trata de dispositivos que incrementan la resistencia, tanto aumentando la superficie que empuja contra el agua —como sucede al usar paletas—, o incrementando la flotación de una extremidad. Cuando intentas empujar un objeto flotante bajo el agua, se produce una mayor resistencia en tu movimiento. Y si bien es cierto que cualquier movimiento en agua ofrece cierta resistencia, estos dispositivos pueden sacar mucho más provecho de una clase de ejercicio acuático. Un buen instructor debería explicar y demostrar cada actividad nueva antes de que los alumnos ejecuten el movimiento, en especial si utilizan equipamiento como el que acabo de describir.

Puedes realizar actividades aeróbicas en agua cinco días a la semana, pero posiblemente compruebes que con tres te resulta suficiente. Una vez más, intenta alternar el tipo de programa que haces cada día, para ofrecer cierta variedad a tu rutina. Una importante diferencia entre los requisitos básicos de los programas en agua y sobre suelo es el cálculo de la intensidad de trabajo. Tu ritmo cardíaco decrece simplemente al estar en el agua; por consiguiente, su medición puede no reflejar con precisión la verdadera intensidad a la que estás trabajando. Puedes probar a alcanzar el mismo ritmo cardíaco que cuando trabajas sobre suelo, pero posiblemente notes que no puedes trabajar a un nivel tan alto. Si fuera necesario, básate en la escala de esfuerzo percibido para evaluar y modificar tu intensidad.

Un elemento en el que posiblemente no pienses a la hora de tomar una clase acuática es el calzado. Pero como te ejercitas de pie sobre el fondo de la piscina, no sería extraño que te dolieran los pies. Cómprate un par de zapatillas de agua, que son acolchadas y antideslizantes, con el fin de reducir cualquier posible molestia y disminuir la posibilidad de resbalones.

Tai chi

Quizá hayas oído hablar del tai chi pero te haya parecido que no es adecuado para ti, en especial debido a tu artritis. Aunque se origina en las artes marciales, diversas formas de tai chi han sido modificadas con el objetivo de acentuar sus beneficios para la salud. El tai chi se basa en una serie de movimientos lentos y controlados que abarcan el radio de movilidad completo y provocan un mínimo impacto sobre las extremidades inferiores. Entre las ventajas que proporciona esta técnica figuran una mejoría en el equilibrio y la flexibilidad, un mínimo progreso cardiovascular y todos los beneficios psicológicos típicos de la ejercitación (Matsuda, 2003; Young et al., 1999; Lan et al., 1998). Tanto los enfermos de osteoartritis como de artritis reumatoide practican tai chi con buenos resultados (Kirstein, Dietz y Hwang, 1991; Lumsden, Baccala y Martire, 1998). Los pacientes con artritis ratifican, de hecho, que la actividad no agrava su enfermedad y contribuye a disminuir su rigidez y fatiga.

Hace algunos años un grupo de ex alumnos míos trabajaron con un centro para la tercera edad, comparando los beneficios de los diferentes tipos de actividades grupales. Los que hicieron tai chi demostraron el máximo cumplimiento de sus programas. Informaron de que disfrutaron enormemente de las clases, porque los movimientos les resultaban fáciles de seguir y no temían provocarse ningún daño (en contraste con algunos participantes de otras actividades). Numerosos artículos citan este tipo de evidencia anecdótica, demostrando que las nuevas actividades como el tai chi merecen la pena.

Qué buscar en una clase

Contar con algo de información sobre la historia del tai chi, así como sobre sus formas y principios, ayuda a determinar qué buscar en una clase. El tai chi chuan se originó en China como un arte marcial y, al igual que muchas prácticas orientales, apunta a equilibrar la mente y el cuerpo utilizando una combinación de movimiento concentrado y meditación. La palabra «chuan» ya no se utiliza en algunas de las formas más nuevas, puesto que el énfasis en los aspectos combativos de la disciplina ha quedado eliminado. Las diferentes formas (estilos) de tai chi se basan en distintos números de movimientos, que oscilan entre 9 y 108. La forma más común utiliza 24 movimientos. Cinco son los principios que determinan las pautas de cada forma, y entre ellos figuran: separar yin y yang (energías opuestas), mantener el cuerpo erguido, dirigir los movimientos con la cintura, tener el cuerpo relajado y conseguir un movimiento fluido, y prestar atención al presente (centrarse en el movimiento) (Matsuda, 2002).

Para una clase especializada como la de tai chi, una de las primeras cosas que me preocupo de averiguar es la capacitación del monitor. Un buen instructor cuenta con años de experiencia en este arte marcial. Hace un tiempo intenté apuntarme a una de estas clases, pero decidí no hacerlo cuando descubrí que el «profesor» sólo había tomado una clase antes de dedicarse a la enseñanza. ¡Habría contado con un entrenamiento más profesional alquilando una cinta de vídeo! Un buen instructor incorpora elementos educativos a la clase y circula entre los participantes para corregir posturas corporales o refinar sus movimientos. En los niveles iniciales es preferible apuntarse a una clase poco numerosa, ya que permite una atención más individualizada por parte del monitor. La clase debería identificar su nivel, para que el principiante no se esfuerce por seguir el ritmo de otras personas que llevan años practicando tai chi. Muchas clases de iniciación se centran en rutinas más breves y emplean movimientos o técnicas básicos.

Requisitos básicos

Los beneficios del tai chi son destacables tanto en el área de la flexibilidad como en el de la fuerza de las extremidades inferiores. A pesar de que puedes obtener algunos beneficios cardiovasculares a partir de esta disciplina, lo cierto es que no estimula el sistema cardiovascular de forma óptima. Por esa razón, si pretendes desarrollar un programa bien equilibrado, te sugiero que sigas un programa de ejercicio cardiovascular en los días en que no practicas tai chi. Una clase bien preparada comienza con actividades posturales y de respiración, seguidas de algunos simples cambios de peso y giros de cintura. Y después de un período de calentamiento de 15 minutos o más, continúa con técnicas para la totalidad del cuerpo combinadas con movimientos de brazos y manos. Una buena clase introductoria enseña sólo unas pocas formas por sesión y añade uno o dos movimientos nuevos a la semana. Los movimientos son siempre lentos y controlados, de tal manera que la persona consiga fluir de una postura a la siguiente.

Como en las demás clases, posiblemente debas modificar los movimientos a causa de tu artritis. Hace un tiempo visioné un vídeo sobre tai chi que enseña una serie de movimientos, como por ejemplo profundas flexiones de rodilla, que fácilmente podrían agravar el dolor de rodilla o cadera. A partir de lo que he observado, las principales modificaciones que posiblemente tengas que realizar tienen que ver con el radio de los movimientos, pero no con la velocidad ni las repeticiones. Otras alteraciones podrían suponer limitar la duración de cada postura y disminuir la rotación interna de la cadera. Como en el caso de cualquier otro ejercicio, adapta los movimientos basándote en tu dolor y las limitaciones de tus articulaciones. Algunas clases están destinadas exclusivamente a personas con capacidad limitada y cuentan con barras de sujeción u otros métodos de seguridad.

El atuendo recomendado para una clase de tai chi consiste en prendas sueltas y cómodas, y un calzado de suela blanda. Si las sesiones tienen lugar bajo techo (en los climas más cálidos estas clases se imparten al aire libre), puedes llevar algún calzado antideslizante con suela más fina. En las clases al aire libre, unas zapatillas para caminar o jugar al tenis te proporcionarán mejor apoyo cuando trabajes sobre un suelo irregular.

Variaciones del tai chi

Diversos grupos han adoptado la práctica tradicional del tai chi y han modificado su uso por razones de salud. A partir de los principios del tai chi, por ejemplo, se ha creado un programa de danza para mejorar el radio de movimiento que posteriormente ha sido adaptado para personas con diversas discapacidades (Harlowe y Yu, 1997). Los ancianos suelen utilizar una modificación que emplea nueve movimientos para intentar reducir las caídas. Estos programas no son tai chi tradicional, pero tal vez descubras que alguno de ellos satisface tus necesidades de participar en una clase grupal centrada en actividades de bajo impacto.

Yoga

El yoga es otro ejercicio no tradicional que aporta potenciales beneficios a los enfermos de artritis. Como en el caso del tai chi, su objetivo original no es el ejercicio sino, en este caso, una forma de alcanzar el autocono-cimiento. La National Coalition for Complimentary and Alternative Medi-cine (Coalición Nacional para la Medicina Complementaria y Alternativa) ha clasificado el yoga como una terapia de «mente-cuerpo» debido al énfa-sis que pone sobre la integración física y mental. La forma más común es el hatha yoga, que se centra en las posturas y el control de la respiración. El yoga puede contribuir a desarrollar y mantener la flexibilidad, la coordina-ción, el tono muscular y el equilibrio. En principio, esta actividad propor-ciona beneficios físicos específicos (como el descenso de la presión sanguí-nea y el colesterol, pero también mejora la tolerancia al ejercicio (Austin y Laeng, 2003). Las investigaciones demuestran que los beneficios para los en-fermos de artritis son limitados pero prometedores. Entre ellos figura la dis-minución del dolor y la mejoría en el radio del movimiento (Garfinkel *et al.*, 1994). Algunas personas son realmente fanáticas del yoga debido a su mag-nífico efecto sobre la flexibilidad (que mejora y mantiene) y a sus propie-dades meditativas.

Qué buscar en una clase

Como en el caso del tai chi, un poco de información sobre la historia y los tipos de yoga puede ayudarte a evaluar una clase. El yoga nació en In-dia hace más de dos mil años, y con el paso del tiempo han surgido nume-rosos estilos. La práctica del yoga es de carácter meditativo, y su finalidad es que las personas comprendan mejor el universo y la verdad, si bien con el paso del tiempo se ha interesado más por los aspectos físicos (Austin y Laeng, 2003).

El hatha yoga, como ya he mencionado, es una de las formas de prácti-ca más comunes. Incluso dentro de esta «variedad» existen muchos estilos con objetivos ligeramente diferentes. En general, ocho principios filosóficos (llamados ashtangas) guían la práctica del yoga. Dos de ellos, asana y prana-yama, constituyen la base del hatha yoga: marcan las posturas físicas y los patrones de respiración, a pesar de que los otros principios también son pues-tos en práctica. Según se cree, tanto las técnicas como los principios apor-tan beneficios específicos a diferentes sistemas fisiológicos. Por ejemplo, al-gunas de las técnicas de pranayama mejoran el sistema respiratorio mediante una extensión de espalda coordinada con determinados patrones de respi-ración. Existen algunos estilos de yoga concebidos con fines terapéuticos que utilizan posturas modificadas y equipamiento especial.

Como si se tratara de cualquier otra clase, deberías formularse algunas preguntas:

¿En qué se centra esta clase en particular y a quién va dirigida?
¿Con qué grado de capacitación cuenta el monitor?
¿Individualiza el profesor las posturas físicas?
¿Podría contar con equipamiento adaptado en caso de necesidad?

Posiblemente consideres que una clase dirigida a personas de la tercera edad o que sufren artritis es la más conveniente para ti, al menos al comienzo. Las posturas son menos extremas y en general se procura incluir algunas adaptaciones o equipamiento específico. Dos modificaciones que considero vitales son las colchonetas y los dispositivos de apoyo, ya que ejecutar algunas de las posturas sobre el suelo puede agravar la rigidez y el dolor, y contar con una barra de sujeción mejora las condiciones de seguridad durante las posturas de pie sobre una sola pierna.

Los mejores instructores cuentan con algunos años de experiencia, tanto en el campo del yoga como en el de las limitaciones físicas. Recuerda que cada estilo de yoga cuenta con sus especificaciones particulares, así que tenlo en cuenta a la hora de determinar si tu profesor se encuentra debidamente cualificado.

Requisitos básicos

Puesto que el yoga no se centra principalmente en el ejercicio, resulta difícil establecer requisitos básicos para una clase. Los principales beneficios, como ya he mencionado, son la flexibilidad, el equilibrio y cierto tono muscular. Por consiguiente, puedes practicar yoga a diario para cumplir con el componente de flexibilidad de tu entrenamiento. Si buscas un programa de ejercicio bien equilibrado, incluye otro tipo de actividades que satisfagan las necesidades cardiovasculares y de fortalecimiento.

La duración de las clases de yoga varía, pero los programas más comunes duran entre 40 y 60 minutos. Las clases comienzan con una postura básica, centrándose en la respiración, la alineación y la conciencia corporal. Las posturas avanzan desde el nivel más simple al más dificultoso, y su objetivo es utilizar una amplia variedad de movimientos. Las posturas más comunes suponen mantenerse de pie sobre una pierna o las dos, inclinar el cuerpo hacia delante o atrás, sentarse y girar. La mayoría de las sesiones de yoga finalizan con posturas de relajación (Austin y Laeng, 2003).

Por motivos de seguridad, es posible que debas modificar o eliminar algunas de las más de cien posturas utilizadas. Si bien no existen contraindicaciones formales sobre el yoga, creo que deberías evitar algunas posturas, o al menos realizarlas con cuidado. Yo las divido en dos clases: las que ejercen un estrés inusual sobre una articulación y las que pueden estresar un sistema, como el cardiovascular. Algunas posturas hacen ambas cosas. El capítulo sobre flexibilidad incluye una ilustración de una postura que potencialmente podría provocar ambos efectos. La postura del arado exige que te tumbes en el suelo y muevas los pies por encima de la cabeza con las piernas rectas, hasta que los dedos toquen el suelo. Si sufres artritis en el cuello, esta postura podría lesionar dichas articulaciones. Y si padeces una enfermedad cardiovascular, como hipertensión o arteriosclerosis (estrechamiento de las arterias), esta posición también podría estresar tu sistema. Por eso deberías limitar las posturas invertidas: para evitar su potencial efecto sobre el flujo sanguíneo.

La vestimenta para practicar yoga debería ser cómoda y no restringir tus movimientos. Puede ser suelta y algo grande, como unos pantalones cortos y una camiseta u otro tipo de prenda que se estire. En cualquier caso, la idea es que puedas moverte con libertad sin quedar atrapado en un exceso de pliegues de tela. Una profesora de yoga con la que he hablado prefiere que sus alumnos trabajen con los pies descalzos. Pero, en realidad, no se trata de una opción cómoda para quienes sufren artritis en los pies. En esos casos, lo más adecuado es un calzado atlético ligero, antideslizante, que proporcione comodidad y apoyo.

Cómo personalizar tu programa

Para cada tipo de clase he identificado distintos aspectos que posiblemente necesites modificar para que se ajusten a tus restricciones particulares o necesidades personales. Entre ellos podemos mencionar la disminución del ritmo de trabajo para reducir la intensidad cardiovascular; la eliminación de aquellas actividades que no puedes llevar a cabo por tus limitaciones articulares o dolor; y la reducción de los movimientos extremos, en especial las flexiones de rodilla y cadera. Más allá de estos ajustes en movimiento o intensidad, las clases no requieren personalización. Sin embargo, puedes valerte de estas pautas para personalizar todo tu régimen de ejercitación.

La mayoría de las clases dan mejores resultados con una frecuencia de dos a tres veces a la semana, lo cual te permite centrarte en otros aspectos del programa durante el resto de los días. Ninguna de estas clases ofrece un óptimo acondicionamiento cardiovascular o de fuerza, así que sugiero que diseñes un programa que se centre en estos elementos al menos dos días a la semana, alternando con las clases grupales. Otra opción consiste en considerar la clase grupal como un complemento de tu programa normal. Por ejemplo, el centro de recreación universitario más próximo a mi domicilio ofrece clases de tai chi una vez a la semana durante un semestre. Una única clase semanal no basta para conseguir beneficios significativos, pero yo lo hago como una manera de incorporar una actividad grupal a mi programa. Mi régimen de ejercitación básico puede tener lugar cinco días a la semana, incluyendo los componentes típicos, y el sexto día hago tai chi.

Las clases grupales se convierten en una agradable forma de incorporar un aspecto social a tu programa, y la variedad puede ayudarte a que no lo abandones. Una y otra vez escucho hablar de la importancia que confiere la gente al hecho de trabajar en grupo, en especial cuando sus integrantes sufren problemas de salud similares, como la artritis. Si te gusta salir, considera la posibilidad de apuntarte a una clase grupal como complemento de tu programa, porque puede hacerte disfrutar mucho más de tu rutina de entrenamiento.

En este capítulo he descrito varios tipos de clases grupales, incluyendo el aerobismo sobre suelo o en agua, el tai chi y el yoga. Es posible que des-

Muchas personas disfrutan del agradable ambiente social que ofrecen las clases en grupo.

cubras otras alternativas que te gustaría practicar. Pero recuerda que siempre debes observar primero la clase y prestar atención al tipo de movimientos que se realiza. Ya he explicado los requisitos para cada componente de la preparación física, así que puedes analizar las actividades y determinar si la clase satisface alguno de estos requisitos, y si emplea movimientos que podrían resultar demasiado estresantes para una articulación artrítica.

Una vez presentadas las formas de ejercicio más representativas, también es necesario hablar de la protección de las articulaciones. Proteger las articulaciones resulta crítico para cualquier persona que practique una actividad física, y en especial para los afectados de artritis. La artritis es una enfermedad progresiva; a pesar de que el ejercicio no acelera el deterioro articular, tampoco lo frena. Y puesto que algunas actividades estresan las articulaciones de forma excesiva, resulta conveniente disminuir este efecto aplicando las técnicas adecuadas y algunos sistemas de protección para las articulaciones. En el próximo capítulo encontrarás diferentes estrategias de protección articular.

PLAN DE ACCIÓN ————————————————————
Considerar otras opciones de ejercicio

❖ Averigua qué tipo de clases grupales se llevan a cabo en tu zona.
❖ Visita las clases y responde a las preguntas que aparecen al comienzo del capítulo.
❖ Elige una y lleva a cabo los preparativos necesarios:
  • Cuantifica tu ritmo cardíaco.
  • Cuenta con el equipamiento necesario (calzado, vestimenta, etc.).
  • Verifica las condiciones del centro de actividad que elijas, como la temperatura del agua, etc.
❖ Modifica la actividad según tus restricciones particulares o zonas doloridas.

CAPÍTULO 7

Protege
tus articulaciones

La protección de las articulaciones es una cuestión importante para todos los enfermos de artritis, aunque la persona se encuentre en las primeras fases de la enfermedad y todavía no experimente una inestabilidad articular evidente. La ejercitación no suele acelerar la progresión de la artritis, pero algunas actividades tienden a cargar las articulaciones de un estrés adicional, y los tejidos comprometidos no responden a estas fuerzas de la misma manera que los tejidos sanos. En resumen, una respuesta tisular poco conveniente combinada con un estrés excesivo sobre las articulaciones puede provocar una lesión y, por consiguiente, resulta imprescindible reducir cualquier estrés inusual que pudiera ejercer presión sobre una articulación.

Ya hemos explicado las dos formas principales de proteger las articulaciones: fortaleciendo los tejidos que la circundan y manteniendo una flexibilidad adecuada. Incluso con tales medidas, una mala biomecánica magnifica el estrés transmitido a la articulación. Existe una significativa relación entre la mala alineación de la articulación de la rodilla y la progresión de la osteoartritis, independientemente de la edad, el sexo o el peso corporal (Sharma *et al.*, 2001). Puedes, entonces, proteger tus articulaciones adoptando una postura correcta y contando con el equipamiento adecuado, sin olvidar controlar tu peso, comer adecuadamente y tomar suplementos beneficiosos para la salud. La protección de las articulaciones permite al individuo participar durante más tiempo en las actividades que disfruta, y hacerlo con mayor comodidad.

La postura

La postura mantiene una importante relación con la ejercitación, y por lo general no suele prestársele suficiente atención. Como he explicado anteriormente, las posturas de descanso inadecuadas pueden afectar a la flexibilidad muscular y a la resultante mecánica articular. El ejercicio es una herramienta fundamental para corregir el desequilibrio muscular y ampliar el movimiento alrededor de una articulación, pero este aspecto representa sólo una parte de la respuesta. Piensa que tu jornada diurna dura menos de doce horas y el ejercicio sólo una, lo cual deja once horas de actividades que afectan a tu postura de descanso. Cuando, mientras crecíamos, nos advertían que nos sentáramos o nos mantuviéramos de pie en posición erguida, era por razones válidas. No sólo se trata de que la persona adquiera un mejor aspecto, sino que la postura adecuada resulta vital para la buena salud. En efecto, una mala postura se relaciona con el dolor de espalda y de cuello, la disfunción del hombro y el dolor de cadera y rodilla (Kendall, McCreary y Provance, 1993).

En general, las personas que buscan tratamiento para el dolor de rodilla sufren en realidad un dolor cuyo origen se encuentra en la espalda. Es posible que padezcan artritis de rodilla también, pero tal vez cuenten con dos fuentes de dolor en lugar de una. Cada vez que yo visitaba a mi abuela, ella me preguntaba qué podía hacer con su cadera. Le habían informado de que dicha articulación padecía artritis, y ya sentía un dolor intenso en el muslo. Mi abuela era una gran caminadora, y esa molestia había empezado a interferir con su actividad favorita. Mediante unas simples pruebas determiné que el dolor no provenía de su cadera. Desde luego que padecía artritis en la zona, pero podía moverla prácticamente en la totalidad de su radio de movimiento sin dolor, mientras que los movimientos de espalda reproducían y exacerbaban la molestia. Una visita a un especialista confirmó que el origen de su dolor era la espalda. Por desgracia, a los noventa y cinco años de edad las articulaciones de su columna también sufrían un importante deterioro, y permanecer sentada no la ayudaba demasiado. Así que pudo continuar caminando, pero con una frecuencia menor.

La clásica prueba para determinar la buena postura en posición de pie consiste en comprobar si una línea vertical cruza la oreja, el extremo del hombro, la mitad de la cadera, la cara posterior de la rodilla y la cara frontal del tobillo (véase figura 7.1). Se trata de la llamada «línea de gravedad», y representa una distribución equitativa de fuerzas por detrás y por delante de las articulaciones más importantes. Para describirla de forma simple,

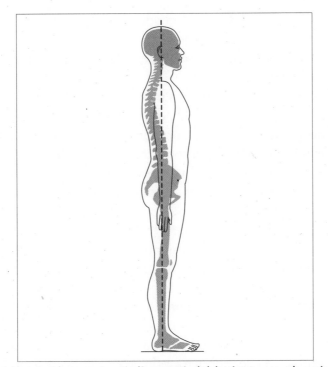

Figura 7.1 Posición erguida correcta: una línea vertical debería atravesar la oreja, el extremo del hombro, la mitad de la cadera, la cara posterior de la rodilla y el frente del tobillo

la buena postura supone permanecer de pie con la columna en posición neutral, el pecho elevado y la cabeza y los hombros echados ligeramente hacia atrás, encima del tronco. La mayoría de las personas adopta una postura ligeramente «hundida»: la pelvis inclinada hacia delante, los hombros redondeados y la cabeza caída hacia el frente.

Una buena forma de comprobar la postura de pie consiste en apoyar la espalda contra la pared, y también los talones (o situarlos a unos pocos centímetros, si la primera alternativa no fuera posible). Con una posición correcta, las nalgas, los omóplatos y la parte posterior de la cabeza deberían tocar la pared, y el rostro tendría que mirar hacia delante, sin inclinarse hacia arriba ni hacia abajo. Esta posición te resultará antinatural si llevas bastante tiempo manteniendo una postura incorrecta, pero con la práctica te costará menos mantenerla. Practica conservarla incluso mientras caminas. Una buena postura de pie emplea menos energía porque los músculos no tienen que ejercer una fuerza añadida contra la gravedad.

La mala postura al sentarse se ha convertido en un problema importante porque la mayoría de las personas pasan mucho tiempo frente a una mesa, trabajando con un ordenador. Además, muchas de las sillas y los sofás que utilizamos no ofrecen un apoyo adecuado para el tercio inferior de la espalda. La correcta posición al sentarse es similar a la que se mantiene de pie: una línea vertical debería pasar por la mitad de la oreja, el extremo del hombro y mitad de la cadera.

Una de las posiciones incorrectas más comunes al sentarse es aquella en la que el tercio inferior de la espalda queda redondeado y los hombros y la cabeza, inclinados hacia delante. Corregir la postura que mantienes al sentarte podría exigirte buscar algún soporte para el tercio inferior de la espalda y ajustar tu posición en relación con el equipamiento que estés utilizando. Por ejemplo, la mayoría de los sofás no sujetan la espalda en absoluto. Por eso, un cojín pequeño colocado detrás de la columna puede ayudarte a mantener una postura más erguida. Al conducir deberías acercarte suficientemente a los pedales, para que el asiento sujete por completo tu espalda y tu cabeza quede situada directamente encima del tronco (tocando el apoyacabezas o muy cerca del mismo).

La buena postura es habitual, pero lo cierto es que puede llevar bastante tiempo adquirir el hábito. Los potenciales beneficios de mejorar la postura son numerosos. La alineación corporal adecuada es más conveniente y por lo general se ve acompañada de un buen grado de equilibrio y flexibilidad muscular. Pero lo más importante es que reduce el estrés transmitido a través de las articulaciones, así como cualquier dolor derivado de una mala alineación.

El calzado

Como hemos visto en la sección dedicada a caminar y correr, un buen calzado se convierte en un componente vital del programa de ejercitación, porque ayuda a absorber las fuerzas de apoyo y a mantener la alineación de las articulaciones de las extremidades inferiores durante el ejercicio. El calzado deportivo varía ligeramente según la actividad para la cual ha sido diseñado. Sin embargo, existen varios puntos en común entre todas las zapatillas de deporte de buena calidad, como podrás apreciar en el recuadro sobre la elección del calzado.

El calzado deportivo para diferentes actividades difiere en su diseño, principalmente en la suela (a pesar de que algunas zapatillas pueden ser utilizadas para múltiples actividades). El calzado que se utiliza para andar, que por lo general puedes llevar durante todo el día, cuenta con un ángulo mucho más plano en la suela (desde el talón hasta la parte carnosa de la planta del pie), y el dibujo es más simple que en las zapatillas diseñadas para co-

Cómo elegir el calzado deportivo adecuado

Un buen calzado deportivo presenta varias cualidades:
▷ Una suela acolchada que absorbe los impactos.
▷ Un buen soporte para el arco del pie.
▷ Un extremo con suficiente espacio para los dedos, que permite contener las articulaciones deformadas.
▷ Un buen ajuste alrededor del pie, en especial en el talón. Camina o corre en la tienda antes de comprarlo: los talones no deberían deslizarse.
▷ Piezas desmontables, por si utilizas accesorios ortóticos; no olvides llevarlos a la tienda y probarlos dentro de la zapatilla.
▷ Un cierre seguro: es preferible utilizar cordones, pero si no consigues atarlos a causa de la artritis en tus manos, puedes recurrir al velcro.
▷ Un diseño apropiado para la actividad que estás practicando. Si participas en varias, cómprate un par de zapatillas de deporte conocidas como «cross-trainers», que se adaptan a diversos propósitos.

rrer. Las «cross-trainers» son una buena elección si en tu régimen piensas incluir varios métodos de entrenamiento. Muchas personas recurren a este tipo de calzado para las clases de aerobismo, porque cuentan con una suela ligeramente más «empinada» que las zapatillas para caminatas y son más acolchadas debajo de la parte carnosa de la planta del pie que las zapatillas para correr. La parte acolchada en el calzado para caminata y «cross-training» suele ser ligeramente más firme que en las zapatillas para correr, porque la caminata y el aerobismo no generan el mismo impacto al entrar en contacto con el suelo que las carreras. Las zapatillas de tenis también son más acolchadas, y el diseño de la suela mejora el agarre del pie debido a la variedad de movimientos que exigen los deportes con raqueta.

En el calzado de golf se observa una gran variedad de diseños. Los zapatos de golf tradicionales son similares a los de vestir, aunque la suela y la parte superior están confeccionados con un cuero más resistente. La mayoría de ellos no sujeta bien el arco, por lo que es importante que encuentres un modelo que te permita introducir tus accesorios ortóticos. Las empresas que fabrican zapatillas para correr han comenzado a diseñar zapatos de golf tan cómodos como una zapatilla para correr o caminar. En general son más blandos en la parte superior y la suela, y cuentan con una zona más acolchada en la suela y los arcos. También puedes conseguir este calzado con clavos blandos permanentes o desmontables. Algunas de las mujeres que componen mi liga de golf y padecen artritis me cuentan que este nuevo calzado les permite acabar el juego sin que les duelan los pies como antes. Otras personas me han explicado que practican golf con el calzado que utilizan para caminar, para evitarse de esa manera la molestia de comprar unos zapatos especiales.

Recuerda todos estos consejos cuando te pruebes unas zapatillas de deporte. Si usas algún dispositivo de ortosis, llévalo contigo a la tienda y colócalo en el interior del calzado. Este consejo parece muy obvio, pero muchos pacientes me han contado que pensaban que podían reemplazar las plantillas sin que este cambio afectara a la comodidad del calzado, y se dieron cuenta de que en realidad existía una gran diferencia. Llévate también el tipo de calcetines que pretendes utilizar con las zapatillas, ya que su espesor también determina la conveniencia del calzado.

La comodidad es fundamental en cualquier zapato, así que debes procurar que tu calzado te resulte cómodo durante la actividad para la que los has adquirido. Pruébatelos durante un rato y camina por la tienda. Corre en el lugar, simula un swing de golf o simplemente trasládate de un lado a otro varias veces. Si ya te resultan incómodos en la tienda, te resultarán incluso peores mientras te estés ejercitando durante un período prolongado. En una ocasión, una amiga mía prefirió terminar los últimos hoyos de un juego de golf des-

© Human Kinetcs

Actividades tales como salir a correr pueden perjudicar las articulaciones, así que procura poner en práctica técnicas adecuadas que las protejan.

calza, porque un par de zapatos nuevos que alguien le había prestado le provocaban un dolor realmente intenso y, además, le habían formado ampollas. El error fue no habérselos probado antes de jugar. Eran de su talla y parecían cómodos, por lo que nunca imaginó que fuesen a causarle problemas.

Recuerda que el calzado es una de las piezas importantes de tu equipamiento para cualquier actividad sobre suelo. Todos hemos tenido algún par de zapatos incómodos alguna vez, y por eso sabemos que no sólo interfieren con el movimiento sino que también anulan la comodidad.

Una vez que hayas conseguido un buen calzado, comprueba su estado con regularidad. Uno de los problemas más comunes que observo es que muchas personas continúan utilizando unas zapatillas que ya no les proporcionan una sujeción adecuada. Es posible que tengas que reemplazar tu calzado deportivo cada seis meses, dependiendo de su uso. Cuanto más intensa y regular sea tu actividad, más rápidamente se desgastarán las zapatillas de deporte.

Ortosis (tablillas)

La ortosis es la utilización de tablillas, unos elementos que contribuyen a alinear y sujetar una articulación con el fin de mejorar su funcionamiento y reducir el dolor. Existen numerosos dispositivos para pacientes con artritis, aplicables a la rodilla, los dedos, las muñecas y los pies. Los nuevos materiales y diseños han disminuido su volumen y han mejorado su comodidad. Además, el mercado ofrece una amplia variedad de elementos ortóticos prefabricados, que en general son menos costosos. El tipo de ortosis que necesites dependerá de la gravedad de tu artritis, del grado de deformación articular y del estrés que apliques sobre la articulación afectada. Si sufres artritis grave, dolor o deformidad, el médico puede recetarte un accesorio ortótico a medida. En cualquier caso, si piensas continuar con una actividad utilizando una tablilla, ten en cuenta que posiblemente tengas que modificar tus movimientos. A continuación explicaré qué dispositivos puedes adquirir sin receta médica.

Tablillas para muñeca y mano

Si padeces artritis en las manos o en las muñecas, puedes considerar la posibilidad de utilizar tablillas sobre dichas articulaciones si vas a practicar actividades que las estresen, como por ejemplo golf, tenis o levantamiento de pesas. Existen dos tipos generales de tablillas para las muñecas: las de descanso y las de trabajo. Para ejercitarte necesitas una tablilla de trabajo (flexible), ya que facilita un mayor movimiento de muñeca. Casi todos estos dispositivos estabilizan la muñeca cruzándola por su cara anterior o posterior, y cuentan además con apoyo alrededor del antebrazo y algún tipo de cierre que circunda la palma de la mano. Dado que las tablillas de trabajo permiten un mayor movimiento de la muñeca, proporcionan menos estabilidad y, por consiguiente, tendrás que decidir cuál es tu necesidad real.

Si experimentas un dolor limitado y cuentas con suficiente estabilidad, podrías comenzar con una simple muñequera elástica. Este tipo de accesorio permite el máximo radio del movimiento, aportando al mismo tiempo sujeción a la articulación de muñeca. Con más dolor e inestabilidad deberás recurrir a una tablilla de trabajo más rígida. Cuando pruebes uno de estos dispositivos, imita los movimientos que llevarás a cabo durante tu actividad. Es posible, nuevamente, que tengas que modificar ligeramente tu movimiento para realizar la actividad con una tablilla, y sólo tú estás en condiciones de decidir si el cambio afectará a los resultados de tu ejercitación más de lo deseado. Mi marido participó en un torneo de golf con un hombre que llevaba una tablilla de muñeca a causa de un rebrote grave de su artritis. El hombre aseguraba que no afectaba demasiado a su juego, en tanto que sin la tablilla el dolor perjudicaba su swing y su capacidad de concentración.

Tablillas para dedos

Las tablillas para dedos están indicadas en caso de deformaciones de *boutonnière* o cuello de cisne. Se trata de dispositivos en forma de anillo que facilitan la alineación de la articulación al tiempo que evitan el excesivo movimiento en una dirección específica. Una tablilla para deformación de *boutonnière* está diseñada para evitar la flexión, mientras que la indicada para casos de deformación de cuello de cisne evita la hiperextensión. Debido a que la mayoría de las actividades de las extremidades superiores requieren la flexión de los dedos, la tablilla para *boutonnière* ejerce un mayor impacto sobre la actividad. Si la llevas en tu mano dominante, tal vez necesites ejercitarte sin ella y utilizarla durante el resto del día. Los médicos suelen prescribir estas tablillas a aquellas personas que utilizan las manos con frecuencia.

Las tablillas para pulgares presentan un diseño ligeramente diferente, excepto para la articulación distal. Cuentan con una base corta para la mano, o una más larga que se extiende hasta el antebrazo. Una simple tablilla en forma de ocho sustenta las articulaciones del pulgar y al mismo tiempo ofrece una buena movilidad. Es posible que hayas visto a algún jugador de baloncesto con este tipo de tablilla similar a un ocho, ya que se trata de un medio muy habitual para prevenir la extensión excesiva después de un esguince de pulgar. Por esa razón, también puede resultar de gran ayuda en deportes como el esquí, el tenis o incluso el entrenamiento con pesas. Si presentas una inestabilidad significativa, necesitarás una abrazadera más rígida que limite la movilidad.

Tablillas para las rodillas

Los diversos tipos de tablillas para las rodillas difieren en uso, estilo y complejidad. La abrazadera de rodilla más simple es una rodillera de neopreno. Las rodilleras de neopreno resultan sumamente útiles si sufres una artritis leve y tu principal propósito es reducir el dolor y la inflamación. Y aunque este dispositivo no corrige la alineación ni aporta soporte estructural para la articulación de la rodilla, puede contribuir a la propriocepción articular.

Si lo que necesitas es alinear la articulación, puedes adquirir diversos tipos de abrazaderas de rodilla sin receta médica, o bien pedirlas a medida a un ortopedista. Las abrazaderas a medida son modeladas a tu tamaño y en general son de calidad superior; a veces son ajustables. Estos dispositivos resultan más costosos que los que se compran sin receta médica, puesto que los últimos cuentan con menos opciones de ajuste individualizado. Los objetivos de realineación varían porque se basan en la biomecánica personal, pero se clasifican en realineación bicompartimental, patelofemoral y tibiofemoral (Liu y Mirzayan, 1995).

Para algunas personas, la finalidad de utilizar una abrazadera en la rodilla puede ser la protección de los ligamentos. Recomiendo que veas a un especialista cualificado que te recomiende el tipo de dispositivo que mejor se ajuste a tus necesidades y te quede mejor. El ajuste de estos dispositivos es fundamental, ya que si es incorrecto no sólo no consigue realinear la articulación sino que además puede provocar un daño articular mayor. Un caballero que conozco utilizó una rodillera durante años para reducir el dolor que sufría en la rodilla mientras jugaba al tenis (su forma de ejercicio favorita). Este deporte ejerce un estrés lateral y torsional en las rodillas, por lo que una rodillera representa una buena forma de reducir estas formas de estrés, que pueden dañar las rodillas artríticas.

Ortosis del pie

Como en el caso de la ortosis de la rodilla, la del pie tiene la finalidad de realinear las extremidades inferiores, teóricamente reduciendo el estrés sobre las articulaciones comprometidas. Con el paso del tiempo, los enfermos de artritis sufren deformaciones en los pies, por lo que los médicos clínicos recomiendan recurrir a la ortosis como método de prevención, o al menos de ralentización, de la deformación (Hanes, 1996; Hillstrom *et al.*, 2001a, 2001b). Los problemas más frecuentes que tienen lugar a causa de la artritis son el exceso de pronación, el giro de tobillo y la pérdida de movilidad en alguna de las articulaciones de la parte delantera del pie. Tanto las deformaciones como el movimiento anormal pueden causar dolor en el pie, el tobillo, la rodilla e incluso la cadera.

Existen tres tipos de ortosis del pie: flexible, semirrígida y rígida. Si has visto algún dispositivo de este tipo en la farmacia, seguramente han sido flexibles o semirrígidos. Los de tipo flexible que se venden sin receta médica son los menos costosos, y los encontrarás en tamaños y formas estándar. La corrección que aportan es mínima, así que utilízalos sólo si no presentas una alineación incorrecta excesiva y lo que buscas es una absorción de impactos adicional. Si experimentas un ligero malestar, puedes probar otras modificaciones que resulten menos costosas que la ortosis a medida. Sin receta médica podrás comprar almohadillas para el metatarso (parte carnosa de la planta del pie) o el talón. Ninguna de estas modificaciones debería causarte dolor, aunque sí aliviar las molestias porque mejoran la alineación. Si la almohadilla o el dispositivo flexible empeoran tu dolor o te provocan una molestia nueva, deja de utilizarlos de inmediato. Habla con tu médico antes de realizar modificaciones radicales.

Algunos fabricantes producen accesorios ortóticos semirrígidos que pueden ser adquiridos sin receta médica, pero para recurrir a esta opción debes saber qué tipo de problema de alineación sufres. Para casos de dolor artrítico grave, deformación y mala alineación tienes que consultar a un fabricante especializado que cuente con experiencia en el diseño de ortosis para personas con artritis. Los dispositivos hechos a medida son más caros, pero se ajustan a tus necesidades específicas. Deberían proporcionar un mejor alivio del dolor y un control del movimiento superior al de cualquier elemento prefabricado.

Otro posible origen del dolor de pie que más frecuentemente se observa en las personas de mediana edad y los afectados de artritis es la fascitis plantar. Su característica principal es el dolor extremo que siente la persona al ponerse en pie por la mañana, aún más intenso bajo el arco y el talón. El tratamiento inicial puede incluir el uso de elevadores flexibles de talón, que proporcionan una superficie acolchada para apoyar el talón y ayudan a controlar la pronación. En caso de dolor crónico, el médico o el terapeuta pueden recomendar un dispositivo ortótico para el pie. Yo he conseguido buenos resultados con algunos pacientes recurriendo a un tratamiento agresivo durante la aparición de los primeros síntomas, que consiste en estirar frecuentemente los músculos de la pantorrilla, automasajear la planta del pie, modificar el calzado y alterar la actividad hasta que el dolor remita. La modificación del calzado debe mejorar la situación de dos puntos del pie: el arco, que debe contar con un buen apoyo, y el talón, que tiene que contar con una superficie ligeramente almohadillada. Si los síntomas no mejoran en el plazo aproximado de una semana, debes consultar a tu médico o terapeuta.

Suplementos

La protección de las articulaciones debe provenir tanto desde el interior como desde el exterior del cuerpo. Los dispositivos externos que he descrito pueden reducir el dolor y mejorar la alineación articular para que puedas ejercitarte con mayor comodidad. Diversas empresas publicitan suplementos que aseguran proteger el cartílago situado en el interior de las articulaciones y reducir el dolor. Antes de hablar de algunos de los suplementos que las investigaciones han reconocido como potencialmente beneficiosos para la salud, haré referencia a algunas cuestiones relacionadas con los suplementos.

En 1994, el Congreso norteamericano aprobó el Acta de Suplementos Dietarios y Educación para la Salud, que permite la venta sin receta de suplementos de hierbas y otras variedades. La ley no requiere evidencia documentada de la eficacia y la seguridad de estos suplementos, y no existe garantía sobre su dosificación y pureza. Aunque un estudio descubra potenciales beneficios de un suplemento, no puedes estar seguro de que la marca que tú compras tenga las mismas propiedades que la que ha sido estudiada, debido a la falta de regulación. Además, muy pocos estudios controlados han analizado el uso de suplementos de hierbas para enfermos de artritis. Muchas personas dan por supuesto que si una sustancia es natural, automáticamente es segura. Pero no es así. Muchos remedios de hierbas presentan efectos secundarios adversos o pueden interferir con las medicinas recetadas. Resulta fundamental, entonces, que hables con un farmacéutico u otro especialista en cuestiones de salud que haya investigado la utilización de suplementos de hierbas.

Suplementos peligrosos

Los suplementos dietarios no son investigados tan rigurosamente como los medicamentos, y por consiguiente pueden presentar efectos secundarios adversos. No necesariamente llevan etiquetas adecuadas, y además pueden interactuar con otro medicamento que estés tomando.

Algunas de estas sustancias han sido relacionadas con irregularidades cardíacas, hipertensión, ataques de apoplejía e incluso la muerte.

Mantente alejado de estas sustancias peligrosas:

▷ Efedrina o efedra (utilizada para la pérdida de peso o como suplemento energético).

▷ Kava (supuestamente facilita la relajación y reduce el insomnio).

▷ Prohormonas o suplementos anabólicos de hierbas, como androstenediona o yohimbina.

Incluso las vitaminas y los minerales puedan resultar tóxicos si se toman en cantidades excesivas. Por ejemplo:

▷ Las vitaminas B6 y B12 pueden causar daño hepático.

▷ La vitamina C puede causar molestia estomacal e interferir con los niveles de cobre y hierro en el organismo, e incluso contribuye a la formación de cálculos renales.

Antes de tomar un suplemento, habla con algún profesional cualificado que pueda aportarte información, como un médico, un farmacéutico o un dietista.

Glucosamina y condroitín sulfato

Los suplementos más habituales son los remedios de hierbas, la glucosamina y el condroitín sulfato. Los remedios de hierbas demuestran diversos modos de acción, y son utilizados principalmente para el alivio del dolor. Algunos creen que la glucosamina y el condroitín sulfato poseen propiedades de protección articular, porque cada uno de ellos es un componente del cartílago (tejido conectivo del cuerpo).

Un estudio sugiere que el uso de sulfato de glucosamina disminuye la pérdida de cartílago en los pacientes con osteoartritis de rodilla, mientras otras investigaciones demuestran un mejor funcionamiento y reducción del dolor con dosis de 1.500 mg diarios (Reginster *et al.*, 2001; Noack *et al.*, 1994). Los pacientes con artritis suelen tomar antiinflamatorios no esteroideos para intentar combatir el dolor y la inflamación. Se ha demostrado que la glucosamina tiene propiedades similares en lo que a reducir el dolor se refiere, pero sin los efectos secundarios adversos de los antiinflamatorios no esteroideos (Müller-Faßbender *et al.*, 1994; Qui *et al.*, 1998). El principal efecto secundario de la glucosamina son las molestias gastrointestinales, y no todas las personas responden a su uso. A pesar de que existe menos investigación sobre el condroitín sulfato, algunos estudios aportan evidencias de que puede reducir el dolor en individuos que reciben una dosis de 1.200 mg diarios.

Varias personas me han comentado lo beneficiosa que les ha resultado la glucosamina. Una mujer que tiene dificultades para tolerar los antiinflamatorios no esteroideos jura que la glucosamina le permite mantenerse activa. Una profesora de piano me ha contado que cuando no toma estas sustancias nota la diferencia. La glucosamina parece ser la opción más eficaz para las personas que sufren artritis leve a moderada, y merece la pena probarla porque sus efectos secundarios son muy reducidos.

Aceite de pescado

El aceite de pescado es un suplemento nutricional que ha mostrado algunos prometedores efectos beneficiosos en pacientes con artritis reumatoide, ya que posee un alto contenido en ácidos grasos omega-3 y omega-6, que pueden provocar efectos antiinflamatorios. En algunos estudios, los pacientes que tomaron un suplemento de aceite de pescado aseguraron experimentar una reducción en su dolor. No se apreciaron efectos secundarios graves; por consiguiente, este suplemento puede convertirse en una opción interesante si buscas una sustancia alternativa para aliviar el malestar articular (Tidow-Kebritchi y Mobarhan, 2001; Curtis *et al.*, 2002; Calder, 2002).

Calcio

El calcio es esencial para la salud ósea y muscular, y podemos encontrarlo en numerosos alimentos. Muchas personas, sin embargo, no consumen suficiente calcio a través de su dieta; y si corren el riesgo de sufrir osteoporosis, es posible que necesiten un suplemento. De hecho, un texto observa que «el calcio sigue siendo uno de los nutrientes que más frecuentemente falta en la dieta de los atletas y no atletas» (McArdle, Katch y Katch, 2000, pág. 77). La vitamina D, cuyo nivel suele ser deficiente en los ancianos, facilita la absorción del calcio. En consecuencia, es posible que necesites un suplemento que contenga tanto calcio como vitamina D.

La dosis diaria recomendada para hombres y mujeres de entre veinte y cincuenta años es de 1.000 miligramos, si bien esa cantidad se incrementa durante el embarazo y la lactancia. En cuanto al calcio, la dosis se incrementa a 1.200 mg después de los cincuenta años. Para la vitamina D, la recomendación asciende a 10 microgramos entre los cincuenta y los setenta años, y a 15 mcg a partir de los setenta (National Academy of Sciences, 2001). Estos dos suplementos no reducen el dolor, pero en principio contribuyen a mantener la densidad ósea y las propiedades contráctiles de los músculos.

Control del peso

A pesar de que el foco de atención de este libro es la ejercitación física, la nutrición básica y el control del peso corporal afectan a la salud de las articulaciones y los músculos, y por consiguiente debemos referirnos a ellos brevemente. La obesidad es un importante factor de riesgo para la aparición de la artritis, e incluso algunas personas con un ligero sobrepeso desarrollan artritis de rodilla con más frecuencia que quienes mantienen un peso normal (Felson y Zhang, 1998). La pérdida de peso puede ralentizar el deterioro de las articulaciones y disminuir el dolor. De hecho, un estudio demostró que la pérdida de cinco kilos reduce en un 50 por 100 el riesgo de desarrollar síntomas de artritis (Felson *et al.*, 1992).

El ejercicio combinado con una modificación de la dieta es el mejor camino para perder grasa corporal y mejorar la salud. Las dietas radicales pueden provocar una rápida pérdida de peso, pero diversos estudios han demostrado repetidamente que tales regímenes resultan ineficaces a largo plazo. Los cambios pequeños y sostenibles en la dieta básica suelen resultar más saludables, porque no provocan un efecto «yo-yo» sobre el peso. Las pautas dietarias se basan en pasos simples y adecuados hacia una dieta más sana (Departamento Norteamericano de Salud y Servicios Humanos, 2000), que podrían resumirse de la siguiente manera:

- Básate en la pirámide de los alimentos para seleccionar lo que consumas.
- Toma porciones razonables.
- Consume variedad de cereales, frutas y verduras.
- Sigue una dieta de bajo contenido de grasas saturadas y colesterol.
- Modera la ingesta de azúcares.

La Sociedad Norteamericana de Dietética añade sugerencias adicionales:

- Come con regularidad.
- Reduce, pero no elimines, la ingesta de determinados alimentos.
- Equilibra la elección de los alimentos con el paso del tiempo.
- Reconoce los obstáculos de tu dieta.

Algunas de estas sensatas recomendaciones son fundamentales para preservar la salud y practicar cambios en la dieta. Saltarse comidas disminuye la concentración y puede alterar la regulación corporal de azúcar, así como el almacenamiento de alimentos. Como resultado, posiblemente acabes comiendo demasiado, o incluso acumules más grasa en lugar de perderla. Uno de los problemas de las dietas muy estrictas es que te obligan a dejar de comer muchos alimentos, incluidos aquellos que realmente te gustan. Muchas personas consideran que no quieren o no pueden seguir una dieta debido a tales restricciones, o si comienzan un régimen específico acaban por dejarlo. La sugerencia es que no dejes de comer tus platos favoritos sino que los tomes con menos frecuencia y en porciones menores, lo cual te permitirá disfrutar de tu dieta en lugar de odiarla.

La pirámide de los alimentos, desarrollada por el Departamento Norteamericano de Agricultura, aparece en la figura 7.2 e identifica los grupos tradicionales y el número de raciones recomendadas para cada uno de ellos.

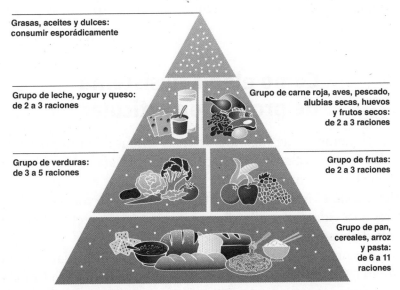

Figura 7.2 Pirámide de los alimentos

Fuente: Departamento Norteamericano de Agricultura/Departamento Norteamericano de Salud y Servicios Humanos.

Debemos hacer ahora una importante aclaración sobre lo que significa una ración dentro de cada grupo. La tabla 7.1 incluye ejemplos de raciones. Una forma de asegurarte el consumo de alimentos variados de diferentes grupos consiste en seleccionar una variedad de colores para cada alimento. Por ejemplo, si en una comida tomas pollo asado, puré de patatas y alubias en salsa de tomate, el esquema de colores no presentará una gran variedad: va del color crema al marrón. Ninguno de estos alimentos es malo, pero simplemente no aporta suficiente variedad. Si sustituyes las alubias por brócoli, comenzarás a incrementar el espectro de color y por consiguiente expandirás la selección que ofrece la pirámide.

Un factor que comúnmente contribuye al exceso de peso es el hecho de tomar raciones excesivas; de ahí que se sugiera consumir raciones razonables. Incluso los atletas en activo pueden sufrir problemas de peso derivados de la incorrecta proporción de sus raciones. El ejercicio es un componente vital de cualquier programa de control de peso, y resulta más eficaz cuando se lo combina con una dieta adecuada.

Como hemos observado en la sección anterior, el calcio es un componente nutricional de suma importancia para quien se ejercita y sufre artritis. Algunas buenas fuentes de calcio son la leche, el yogur y los quesos, al igual que ciertos pescados (sardinas y salmón) y verduras (como col y brócoli).

Si tienes problemas para mantener una dieta bien equilibrada, consulta a un dietista. Estos especialistas pueden analizar tu dieta, identificar déficits nutricionales o excesos, y hacer recomendaciones específicas para mejorar tus hábitos alimentarios.

Cómo elegir tu sistema de protección articular

Hasta el momento he sugerido diversas formas de proteger las articulaciones, algunas generales y otras específicamente articulares. La pregunta ahora es cuál resulta más apropiada para ti. Algunos de estos métodos son aplicables a todo el mundo, así que te recomiendo fervorosamente que los incorpores a tu vida. Entre ellos figuran la postura correcta, el calzado adecuado y la dieta equilibrada.

Pocas personas adoptan la postura ideal, pero resulta relativamente simple mejorarla. Comienza por realizar un análisis general de la forma en que te mantienes de pie y te sientas. Elige uno o dos aspectos en los cuales centrarte, como la posición de la cabeza y los hombros. A continuación identi-

Tabla 7.1 Ejemplos de tamaño de raciones para cada grupo alimentario

Grupo de pan, cereales, arroz y pasta	Grupo de frutas
1 rebanada de pan 1 tortilla 1/2 taza de arroz, pasta o cereales cocidos 30 g de cereales listos para consumir 1/2 pan de hamburguesa, panecillo o mollete 3-4 «crackers» comunes (pequeñas) 1 tortita	1 pieza de fruta o un trozo de melón 1 vaso de zumo de fruta 1/2 taza de fruta cortada, cocida o de lata 1/4 taza de fruta desecada
Grupo de verduras	**Grupo de leche, yogur y queso**
1/2 taza de verduras crudas o cocidas cortadas 1 taza de verduras de hoja crudas 3/4 taza de zumo de verdura 1/2 taza de patatas cocidas con nata, queso y mantequilla 1/2 taza de ensalada de patatas 10 patatas fritas	1 taza de leche o yogur 40 g de queso natural 60 g de queso procesado 1 taza de requesón 1 taza de helado o sorbete de leche 1 taza de helado de yogur
	Grupo de carne, ave, pescado, alubias secas, huevos y frutos secos
	70 a 90 g de carne magra, cerdo, cordero, ternera, ave o pescado cocidos 1/2 taza de alubias cocidas = 30 g de carne 1 huevo = 30 g de carne 2 cucharadas de mantequilla de cacahuete = 30 g de carne 1/3 taza de frutos secos = 30 g de carne

fica algunas pautas visuales que puedas utilizar para reforzar la postura correcta. Por ejemplo, mientras caminas mantén la cabeza erguida (refuerzo visual), lo cual te ayudará a situarla correctamente sobre el tronco. Cada vez que pases frente a un espejo, comprueba si tu cabeza y tus hombros se encuentran erguidos y ligeramente hacia atrás. Cuando conduzco, utilizo el apoyacabezas como marca física de la situación de mi cabeza en relación con el tronco; para mantener la alineación adecuada, la cabeza debe tocar el apoyacabezas. Dado que la postura es un factor importante para el desarrollo de dolor de cuello y espalda, erradicar las posiciones defectuosas puede disminuir los síntomas de quienes sufren este tipo de malestar.

En repetidas ocasiones he enfatizado la importancia de llevar calzado adecuado para hacer ejercicio, en especial si padeces artritis en las extremidades inferiores. Comprueba el estado de tus zapatillas al comienzo de cada mes, y si comienzan a mostrar signos de desgaste, reemplázalas. No esperes a que se rompan, porque eso probablemente sucederá al mismo tiempo que tú desarrolles síntomas o dolor o una lesión a causa de la mala sujeción del pie. Un caballero a quien traté había pegado con pegamento de contacto la suela de sus zapatillas varias veces, y sus dedos habían agujereado el extremo del calzado. Poco después de reemplazarlo, sus síntomas mejoraron. Asimismo, como ya he mencionado, no debes comprar un tipo de calzado sencillamente porque sea más barato. Asegúrate de que cumpla con tus necesidades de sujeción y resulte apropiado para el ejercicio que estás practicando

Es posible que consideres que no necesitas controlar tu dieta porque tu peso es normal. Sin embargo, conozco a muy pocas personas que sigan una dieta ideal, y yo no figuro entre ellas. El control de la dieta es aplicable a todo el mundo. Si tu peso es normal y sigues una dieta equilibrada, simplemente necesitarás controlar lo que comes. Si no tienes buenos hábitos alimentarios o necesitas perder un poco de peso, entonces deberías dedicar un poco más de tiempo a esta cuestión.

El general, el primer paso a la hora de analizar tu grado de nutrición consiste en estudiar tu dieta actual. El Departamento Norteamericano de Agricultura posee una página web (www.health.gov/dietaryguidelines) que incluye un programa interactivo para analizar las dietas. En efecto, no sólo estudia tus hábitos alimentarios, sino que te permite controlar tu dieta y los cambios que introduzcas. Después de analizar tu ingesta nutricional, identifica las áreas más débiles y establece uno o dos cambios que puedan combatir dicha debilidad. Este proceso es similar a las pruebas de parámetro basal y de identificación de objetivos. Realiza cambios pequeños y, tal como actúas cuando practicas ejercicio físico, controla tu progreso. Una vez más, si muestras grandes deficiencias deberías ponerte en contacto con un dietista cualificado que te ofrezca asesoramiento profesional.

Los suplementos, a pesar de que son globales en su efecto, representan una elección individual. Habla de ellos con tu médico antes de tomarlos. Casi ningún especialista rechaza el uso de la glucosamina, ya que al parecer no causa efectos secundarios graves y muchos individuos notan un alivio considerable en su dolor. Si tu malestar disminuye tomando glucosamina en lugar de antiinflamatorios no esteroideos, sigue con ella; los efectos secundarios son menores y además mantiene la salud del cartílago.

Los dispositivos de protección articular específicos pueden causar más daño que prevenirlo si son utilizados de forma incorrecta o no se ajustan conveníentemente al cuerpo. En casi todos los casos, debes consultar a tu médico u otro especialista. Puedes probar algunos dispositivos que se comercializan sin receta médica durante las primeras etapas de la artritis, como las taloneras o las muñequeras flexibles, porque como ejercen un efecto limitado sobre la mecánica de la articulación, el daño potencial también es menor. La clave para determinar si necesitas un dispositivo de este tipo es la cantidad y el tipo de estrés que ejerce sobre la articulación. Las abrazaderas son probablemente más necesarias si practicas una actividad que estrese la articulación mediante rotaciones o movimientos laterales, como el tenis o el esquí. En cualquier caso, ningún artilugio de venta libre ni dispositivo a medida recetado por un médico debería incrementar el dolor de las articulaciones. Si lo hace, algo va mal y debes corregirlo.

Una vez que elijas tus ejercicios y estrategias de protección articular, estarás listo para participar en un programa de ejercicios y sacar provecho de todos sus beneficios. En el próximo capítulo expondré algunas ideas que te ayudarán a no abandonar tu programa una vez que lo hayas comenzado. Incluso los atletas más dedicados se enfrentan a potenciales interrupciones en su entrenamiento. La clave del éxito consiste en que evites estos obstáculos en lo posible y te recuperes rápidamente de aquellos que no puedes controlar.

PLAN DE ACCIÓN

Proteger las articulaciones

❖ Controla tu postura. Asegúrate de que:
  - una línea vertical cruce la oreja, el extremo del hombro, la mitad de la cadera, la cara posterior de la rodilla y la cara frontal del tobillo;
  - la columna mantenga una posición neutral;
  - el pecho no se hunda;
  - la cabeza y los hombros se encuentren echados hacia atrás en relación con el tronco, y la cabeza mantenga una posición erguida (mirando recto hacia delante).
❖ Cómprate un calzado que sujete bien el pie y resulte cómodo.
❖ Determina si necesitas tablillas para tus articulaciones afectadas.
❖ Plantéate la utilización de suplementos, pero busca información previamente y consulta a tu médico.
❖ Analiza tu dieta y modifícala, si fuera necesario, utilizando las pautas aquí ofrecidas.

CAPÍTULO 8

Comprométete con tu entrenamiento

El diseño de un programa no es tan difícil una vez que aprendes los principios básicos, y el hecho de ponerlo en práctica, a pesar de que no resulta sencillo, suele verse respaldado por el entusiasmo que provoca cualquier nuevo emprendimiento. Donde la mayoría de las personas experimentan problemas es en la fase de no abandonar su programa. Una mujer que conozco vuelve a empezar sus programas de entrenamiento al menos dos veces al año, porque siempre le surgen motivos para no ejercitarse: le operaron un pie, se torció el tobillo, tuvo un accidente de coche y se contagió la enfermedad que padecían todos sus compañeros de oficina. Que interrumpa su programa es comprensible; sin embargo, lo más importante es que vuelve a comenzarlo en cuanto se recupera.

Continuar trabajando adecuadamente no significa que te ejercites al margen de las complicaciones que puedan surgir, sino cumplir con tu programa a largo plazo, adaptándolo a lo esperado y a lo inesperado. A veces no podrás continuar con tu rutina regular de ejercicios, en especial si sufres artritis. La clave, entonces, consiste en modificarla cuando lo necesites y en volver a la rutina lo antes posible.

Mejorar el cumplimiento del ejercicio

Puedes recurrir a diversos métodos para cumplir con tu programa de ejercicios. En el capítulo 1 sugiero que identifiques algunos mecanismos de apoyo, es decir, formas de animarte a ti mismo a seguir con tu programa.

Algunos de estos elementos deben ser analizados antes de comenzar el régimen de ejercicio, y entre ellos destacan la localización y accesibilidad del gimnasio, las horas más convenientes para entrenar y la posibilidad de trabajar con otra persona o de participar en un programa grupal. Otras estrategias para continuar entrenando puedes ponerlas en práctica una vez iniciado el programa, ya que se adelantan a los problemas y desarrollan rutinas de ejercicio alternativas en caso de que, por ejemplo, sufras un rebrote de tu artritis, tu compañero no pueda acompañarte o se produzca algún otro cambio imprevisto en tu rutina.

Adelantarse a los problemas

He notado que uno de los mejores modos de cumplir con un programa de ejercicios consiste en adelantarse a los problemas y contar con un plan que permita regresar a la rutina interrumpida. Este proceso puede ser tan simple como tener en cuenta que en determinado momento podrías perderte una o más sesiones de entrenamiento y, por consiguiente, planificar de qué manera volver a la actividad.

También puedes prepararte para contratiempos inesperados. ¿Qué harás si el gimnasio donde entrenas cierra, incluso temporalmente? Tal vez no tengas un plan para esta circunstancia específica, pero si ya has seguido una rutina alternativa, puedes volver a ella hasta que desarrolles un nuevo programa permanente. El gimnasio donde hago mi entrenamiento de resistencia pertenece a una universidad, por lo que suele cerrar o altera sus horarios cuando los alumnos no lo utilizan. Tengo entonces unas mancuernas, que utilizo en casa cuando es necesario. Yo no me anticipé a este problema en concreto, pero sabía que durante algunos días no podría acceder a la universidad y tendría que desarrollar una rutina para casa.

Analiza cómo transcurrió el año pasado en relación con tus horarios, tu salud y los acontecimientos imprevistos que pudieran haber surgido. Partiendo de ese año como guía, puedes anticipar potenciales interrupciones en tu rutina y desarrollar un plan para sobrellevarlas. Por ejemplo, cada año la mayoría de las personas coge una gripe o cualquier enfermedad temporal. Si no tienes fiebre ni una infección pulmonar, los médicos aconsejan continuar con una actividad moderada porque ayuda al sistema inmunológico. En esos casos puedes recurrir a una caminata breve y a actividades de flexibilidad; incluso puedes caminar bajo techo. Con una enfermedad más grave, sin embargo, el descanso resulta imprescindible y sería recomendable que interrumpieras tu rutina de ejercicios casi al completo. Las actividades de radio del movimiento pueden ser llevadas a cabo sin problemas, con la ventaja de que reducen la rigidez que suele acompañar al reposo en cama.

Cómo afrontar un rebrote de la artritis

Para una persona con artritis, uno de los problemas más frecuentes que interfiere con su ejercitación física es el rebrote de su enfermedad. La rigidez, el dolor articular y la inflamación que caracterizan la artritis pueden variar de un día a otro. Cuando uno o más de estos síntomas se incrementan significativamente y a gran velocidad, tienes que adaptar tu programa. Además, durante estos rebrotes el sistema inmunológico se ve comprometido, así que si lo cargas de un estrés adicional con el ejercicio, los síntomas podrían empeorar o correrías el riesgo de caer enfermo.

La primera y más simple de las adaptaciones consiste en disminuir la intensidad y la frecuencia del régimen de ejercicios. El entrenamiento de resistencia ejerce un gran estrés sobre las articulaciones, así que restringe tu rutina de entrenamiento de fuerza. También deberías reducir la intensidad de tu programa cardiovascular; y para eso te sugiero que te bases en el esfuerzo percibido como una forma de determinar con qué intensidad trabajas y lo hagas a un ritmo suave.

Además de disminuir la intensidad del programa de ejercicios, también tienes que incrementar tus horas de descanso. Anteriormente expliqué la importancia del reposo general y específicamente articular. El reposo durante los rebrotes permite que tu organismo dirija su energía hacia su propia curación, y por eso al poco tiempo te sientes mejor. Eliminar las actividades específicamente articulares que incrementan el dolor permite que dicha articulación se recupere. Recuerda que el nivel de reposo que necesitas depende de la gravedad de tu enfermedad. Por lo general podrás continuar con alguna actividad (a intensidad reducida), puesto que el ejercicio de baja intensidad beneficia al sistema inmunológico y evita la excesiva rigidez articular. El reposo absoluto de cualquiera de los dos tipos no debería durar demasiado, porque te hará perder movilidad y fuerza rápidamente.

Además de modificar tu plan de ejercitación, considera la posibilidad de utilizar otro tipo de protección para tus articulaciones. Durante los rebrotes, las articulaciones pueden resultar inestables debido a la inflamación de los tejidos que las circundan. Si no puedes modificar una actividad para disminuir el estrés que ésta ejerce sobre la articulación, sería conveniente que

Cuidado de las lesiones relacionadas con la actividad

No es posible evitar todas las lesiones relacionadas con la actividad física, así que si te lesionas, las siguientes pautas generales podrán ayudarte. Si no puedes cargar la extremidad herida con peso o presión (como, por ejemplo, al ponerte de pie sobre una pierna), si el dolor es muy agudo o no remite, o si aprecias una deformidad notable, deberías consultar al médico.

Para las lesiones agudas como los esguinces de tobillo o las torceduras musculares, sigue las siguientes pautas (método DHCE):

D = Descanso: interrumpe la actividad intensa hasta que el dolor disminuya; realiza suaves ejercicios de radio del movimiento para evitar la rigidez de la zona.

H = Hielo: aplica hielo en la zona durante un máximo de 20 minutos cada dos o tres horas durante los primeros dos días posteriores a la aparición de la lesión.

C = Compresión: envuelve el tobillo o el área con una venda de compresión para disminuir la inflamación, en general durante las primeras 48 horas.

E = Elevación: en la medida de lo posible, descansa con la extremidad elevada, lo cual ayudará a disminuir la inflamación.

Después de 48 horas, dependiendo de la gravedad de la lesión, puedes comenzar a cargar la extremidad con más peso y a incrementar lentamente la intensidad de tu actividad. El calor puede aliviar la rigidez residual, y mejora la circulación hacia la zona.

Las lesiones por sobreuso se producen con el paso del tiempo e incluyen problemas como la tendinitis y la bursitis. El tratamiento incluye reposo, disminución de la actividad o una ejercitación alternativa. El calor puede aliviar la rigidez y mejorar la circulación. Antes de reincorporarte a la actividad, comprueba el estado de tu calzado y su biomecánica, ya que suelen ser los causantes del sobreuso.

Después de una lesión es importante fortalecer los músculos que rodean la zona afectada y asegurarse de que el radio del movimiento sea normal.

utilizaras tablillas o abrazaderas para protegerla y evitar una nueva lesión. En el capítulo 7 expongo diversas vías para proteger las articulaciones, que oscilan entre dispositivos simples (como muñequeras o rodilleras de neopreno) y abrazaderas complejas. Si vas a cargar la articulación comprometida con un significativo nivel de estrés, deberías hablarlo con tu médico. Un hombre que conozco insistió en continuar practicando esquí a pesar de que su

rodilla se había inflamado extremadamente, le dolía mucho y había perdido estabilidad. Si bien la solución ideal habría sido dejar de esquiar durante toda la temporada, el hombre prefirió utilizar una abrazadera, que le pro-
porcionó cierta protección y le recordó sus limitaciones articulares. Al final
de la temporada se sometió a una cirugía de sustitución articular, y la temporada siguiente pudo volver a practicar esquí sin problemas.

Por último, puedes recurrir a diversas modalidades para disminuir la inflamación y el dolor asociados a la artritis. En general tu médico te recomen-
dará tomar antiinflamatorios, en especial durante los rebrotes. La utilización
de frío o calor aliviará el dolor parcialmente: en términos generales, debes
utilizar frío cuando aprecies una inflamación importante, pero recuerda que
incrementará la rigidez de los tejidos. Por su parte, el calor puede incrementar la inflamación pero también aumenta la flexibilidad tisular. Habla con
tu médico antes de usar frío o calor; no deberías aplicarte ninguno de los dos
si sufres determinados problemas circulatorios.

Una programación flexible

Si analizas lo que sucedió el año pasado, seguramente observarás que tu
actividad sufrió interrupciones inesperadas, como las que ya hemos mencionado, y que tal vez experimentaste algunos cambios que podrías haber pre-
visto. Así que, en lugar de esperar a que llegue el mal tiempo y saltarte la rutina con la excusa de que no es viable, planifica por anticipado. Piensa en
algunos regímenes de entrenamiento alternativos que puedas incorporar a
tu rutina en caso de necesidad. Yo no esperé a que el gimnasio en el que en-
treno alterara sus horarios, sino que directamente creé una rutina que pu-
diese llevar a cabo en casa. Las dos interrupciones previsibles más frecuentes de la rutina son los viajes y el mal tiempo.

Viajes

Muchas veces me he preguntado: «¿Cómo puedo entrenar cuando estoy fuera de casa?». Existen diversas alternativas, dependiendo del sitio al
que vayas y de las instalaciones disponibles allí. Investiga tu destino de antemano. En caso de alojarte en un hotel o en algún complejo vacacional, seguramente te ofrecerán la información que necesitas. Plantéales las siguientes preguntas:

1. ¿Hay algún gimnasio? Si es así, ¿hay que pagar por utilizarlo? ¿Qué servicios incluye?
2. ¿Resulta seguro caminar o correr por la zona?
3. ¿Existen rutas o senderos en las proximidades, y qué extensión tienen?
4. ¿Existen algunas otras instalaciones en las proximidades a las que se pueda acceder a corto plazo?

Algunas de estas cuestiones pueden sonar ridículas, pero he aprendido por experiencia que, aunque hagas preguntas específicas, las respuestas y la realidad no siempre coinciden. Me he hospedado en hoteles donde me habían asegurado que contaban con un gimnasio bien equipado y en los que únicamente encontré una cinta, una bicicleta y una colchoneta. Otro complejo anunciaba «amplios senderos para caminar», y en realidad se trataba de los caminos por donde circulaban los carritos de golf: un sitio muy poco seguro para andar.

Una vez que tengas respuesta a tus preguntas, desarrolla un plan de entrenamiento provisional. Si no sigues un organigrama, te resultará muy tentador posponer la sesión para el día siguiente (si es que algún día la cumples). Los ejercicios cardiovasculares más sencillos de llevar a cabo durante los viajes son caminar y correr, así que necesitarás información sobre la seguridad de la zona y las rutas disponibles. Cuando viajes a ciudades que no conoces, caminar o correr pueden convertirse en interesantes formas de descubrir el lugar. Si no dispones de un mapa que indique las distancias ni marque las rutas especificando sus kilómetros, básate en la duración para guiarte durante tu entrenamiento.

Si la zona no es lo suficientemente segura como para entrenar al aire libre, puedes seguir un régimen bajo techo. Las instalaciones internas o próximas pueden proporcionarte alternativas seguras. Algunos gimnasios locales permiten a los visitantes utilizar sus instalaciones, o incluso ofrecen asociarse por poco tiempo. Si acabas en una zona que no es considerada segura y no dispones de otras instalaciones, puedes llevar a cabo una rutina modificada en tu habitación, marchando o corriendo en el lugar durante un período breve.

Planifica un programa de fuerza modificado en el que puedas valerte de tu peso corporal o de una cinta elástica. Los mejores movimientos básicos con peso corporal son los abdominales, las flexiones, las extensiones de brazo y pierna contraria y las sentadillas contra la pared. Estos cuatro ejercicios trabajan los brazos, los hombros, el tronco y las extremidades inferiores, y pueden ser llevados a cabo a diario. La cinta elástica es una herramienta ideal para los viajes, tanto por su ligereza como por lo fácil que resulta transportarla. Puedes cumplir con un simple programa de resistencia en días alternos. Las flexiones de bíceps y tríceps combinadas con ejercicios de extensión y flexión de cadera y rodillas componen una buena rutina que no lleva demasiado tiempo. Si no cuentas con una cinta elástica lo suficientemente gruesa como para ofrecer un alto nivel de resistencia, concéntrate en la resistencia muscular y realiza más repeticiones.

La rigidez puede volverse más problemática durante los viajes, porque debes permanecer sentado mucho más tiempo del habitual. Por eso, no sacrifiques tu rutina de flexibilidad, aunque ocasionalmente tengas que anular los otros dos componentes de tu programa. La mayoría de las personas con las que trabajo consideran más sencillo dividir su programa de flexibilidad en dos partes: ejercicios de radio de movimiento por la mañana para aflojarse, y actividades de radio de movimiento y de estiramiento por la noche, antes de irse a la cama. Además, no dejes de ejercitar el radio de movimiento cuando tengas que permanecer sentado durante períodos prolongados. Yo asisto a una conferencia sobre medicina deportiva todos los años, durante la cual voy de reunión en reunión y permanezco sentada casi todo el día. Entre cada sesión realizo algunos giros de hombros, practico extensiones corporales hacia arriba e incluso llevo a cabo cortos estiramientos para los tendones del hueco poplíteo y las pantorrillas. Si llevas mucho tiempo conduciendo o sentado en un coche, intenta planificar paradas regulares durante las cuales puedas realizar algunos estiramientos y moverte un poco.

Para mantener un programa mientras te encuentras de viaje tienes que realizar dos preparativos fundamentales. El primero consiste en trazar algunos planes de ejercicio alternativos, y el segundo en ser flexible con dichos planes. Tal vez tengas las mejores intenciones de mantener tu rutina de entrenamiento, pero es posible que tus horarios durante el viaje no siempre te permitan seguir tus planes. Recuerda que incluso una caminata de diez minutos es mejor que nada, y que si un día no puedes hacer ejercicio, al siguiente tendrás la oportunidad de volver a la actividad.

Inclemencias del tiempo

El mal tiempo puede convertirse en una barrera para practicar ejercicio físico. Algunos días resulta imposible salir al aire libre (como durante una tormenta intensa), o simplemente no apetece. Yo, por ejemplo, vivo en una zona muy fría del Medio Oeste norteamericano, y durante el invierno hay demasiado hielo o el frío es muy intenso como para hacer deporte al aire libre. De hecho, sé que uno o dos días al año no podré conducir en condiciones de seguridad hasta el gimnasio. Por eso, para esas ocasiones resulta fundamental que cuentes con un plan alternativo que te permita mantener tu programa. Elige un lugar en el que puedas entrenar o realizar cualquier otro tipo de ejercicio. Hace varios años me compré una máquina de esquí para interiores, que uso durante el invierno cuando no puedo salir al aire libre. Algunos pacientes con artritis suelen sufrir una rigidez más intensa en los días fríos, y por esa razón deberían recurrir a un programa que puedan llevar a cabo bajo techo durante todo el invierno. Una paciente con la que trabajé en una ocasión descubrió que con una simple nota de su médico podía acceder a una pista cubierta para realizar caminatas. Y desde entonces la usa durante las épocas frías o los días de mal tiempo, y camina al aire libre el resto del tiempo.

Tu plan de ejercitación de apoyo no tiene que ser demasiado elaborado. Puedes lograr un buen entrenamiento utilizando tu propio peso corporal, complementado con cuerdas elásticas o con unas mancuernas. En mi casa dispongo de cintas elásticas, un juego de mancuernas y otro de pesas, y con este equipamiento puedo seguir un programa que al menos me ayude a mantener mi fuerza hasta que pueda volver al gimnasio. En cuanto al programa para los viajes, puedes hacer unos abdominales, flexiones y sentadillas contra la pared, que sólo emplean el peso corporal. Y con la cuerda elástica o unas pesas pequeñas, añade flexiones de bíceps y tríceps para trabajar la parte superior del cuerpo, y extensiones y flexiones de rodillas y cadera para la parte inferior. Una vez más, es posible que te resulte más sencillo seguir un programa de resistencia —muchas repeticiones a baja resistencia— con la cinta elástica o unas pesas pequeñas. Recuerda que, en general, no tienes que modificar tu programa de flexibilidad, dado que estas actividades no suelen ser practicadas al aire libre.

Entrenar en clima frío

Si tienes pensado entrenar al aire libre, prepárate para ejercitarte tanto en días de frío como de calor. Los principales riesgos para la salud asociados a la ejercitación en clima frío son la hipotermia y el daño de los tejidos. Cuídate de ellos llevando una vestimenta adecuada que mantenga tu temperatura corporal y no deje la piel expuesta. La ACSM ha desarrollado una serie de pautas para la carrera de distancia a temperaturas extremas que pueden ayudarte aunque no seas corredor (ACSM, *Heat and Cold*, 1998). Las recomendaciones más comunes en lo relativo al ejercicio en clima frío incluyen las siguientes:

1. Vístete a capas: la capa más próxima a tu cuerpo debería ser de un material que absorba la humedad y la aleje de la piel.
2. Cúbrete la cabeza para reducir la pérdida de calor.
3. Lleva una máscara en la cara o una máscara de esquí para proteger dicha zona si la temperatura es extremadamente baja.
4. Cúbrete la nariz y la boca con una máscara o una bufanda si tu sistema respiratorio es sensible al frío.
5. Abrígate las manos y los pies con prendas de un material que aleje la humedad, y cúbrelas con una capa de materiales resistentes al agua o impermeables (zapatillas y guantes).
6. Usa manoplas en lugar de guantes para protegerte mejor del frío: las manoplas mantienen los dedos juntos, reduciendo la pérdida de calor.

Un tema no incluido en las recomendaciones es la respuesta de la artritis frente a la ejercitación en clima frío. El síntoma más frecuente que manifiesta la artritis durante la exposición al frío es el incremento de la rigidez. El ejercicio físico, que produce calor corporal, debería reducir este síntoma. Un mejor aislamiento de la articulación o la zona también reduce la rigidez. Puedes llevar un manguito de neopreno alrededor de la articulación, como ya he mencionado, o una capa extra de ropa. Si el frío incrementa tu rigidez, aumenta el período de calentamiento; también es posible que debas disminuir la intensidad del ejercicio. Puesto que las manos y los pies suelen resultar especialmente sensibles al frío, los almacenes de artículos deportivos —u otras tiendas— venden fundas de seda. Si las usas debajo de calcetines o guantes de lana, te resultarán cómodas y te proporcionarán calor. A pesar de que no son artículos deportivos, existen otros dispositivos para calentar las manos (en general, desechables) a los que puedes recurrir si vas a salir al aire libre y no tienes pensado moverte demasiado.

Entrenar en clima caluroso

Entrenar en clima caluroso no supone el mismo desafío psicológico como entrenar en el frío. Una preocupación vital durante la ejercitación es la pérdida de calor corporal, que disminuye con las altas temperaturas y la humedad. Si tu cuerpo es incapaz de perder calor, la temperatura central del or ganismo comienza a subir y corres el riesgo de sufrir un golpe de calor, un cuadro que podría poner en peligro tu vida. Las pautas para practicar ejercicio físico en el calor son las siguientes:

1. Evita los ejercicios extenuantes cuando la temperatura sea elevada (más de 32 grados), en especial si la humedad relativa es también alta (más del 60 por 100).
2. Lleva prendas de vestir ligeras y absorbentes.
3. Cúbrete la cabeza para disminuir la absorción de calor radiante.
4. Entrena a primera hora de la mañana o a última hora de la tarde, cuando la temperatura radiante no sea tan elevada.
5. Disminuye la intensidad del ejercicio y controla la aparición de signos y síntomas de problemas relacionados con el calor.

(ACSM, *Heat and Cold*, 1998; Hoeger y Hoeger, 2002.)

Los problemas de la artritis relacionados con la ejercitación en el calor son diferentes de los que produce el frío. Es más probable que surjan si sufres un tipo de artritis sistémico, como la artritis reumatoide, u otra enfermedad sistémica. En esos casos los mecanismos de pérdida de calor pueden no funcionar bien, lo que significa que serás más susceptible de padecer alguna enfermedad relacionada con el calor. Es verdad que el calor puede reducir la rigidez, pero otros sistemas (como el cardiovascular) tampoco se adaptan demasiado bien. Entonces resulta aún más importante seguir algunas pautas razonables y pensar en rutinas alternativas de ejercitación.

Cirugía de sustitución articular

A medida que la artritis avanza, las articulaciones afectadas pierden movilidad aunque la persona practique ejercicios con regularidad, y al final pueden deformarse. Afortunadamente, en la actualidad existen técnicas de sustitución articular para aquellos casos en los que la articulación pierde integridad y el dolor es agudo. En un determinado momento es posible que el médico te sugiera someterte a una cirugía de sustitución articular. A nadie le atrae la idea del quirófano, pero posponer la cirugía durante demasiado tiempo podría alargar la rehabilitación. Yo he tenido muchos pacientes en el hospital que no pudieron marcharse a su casa después de la operación, sino que tuvieron que ser trasladados a otra unidad de cuidados porque se encontraban demasiado débiles desde el punto de vista no quirúrgico para levantarse por sí solos de una silla o una cama. Por eso, si sigues un programa de ejercicios antes de la cirugía puedes acelerar tu recuperación. Aquí me centraré en la cirugía articular de las extremidades inferiores, porque este tipo de intervención es el que más afecta a la movilidad.

Preparación prequirúrgica

Antes de la operación de cadera de mi tía y de la intervención de mi padre (de rodilla), advertí a los dos que debían preparar sus cuerpos para la rehabilitación. Ambos me confirmaron más tarde que hacer los ejercicios que yo les había sugerido antes de ser ingresados en el hospital les había resultado sumamente conveniente. Dos de los objetivos fundamentales de las personas que deben someterse a una cirugía son mantener un buen estado cardiovascular y desarrollar fuerza. El estado cardiovascular mejora la recuperación general, mientras que la fuerza permite llevar a cabo funciones en las que, en otras circunstancias, ni siquiera pensarías. Si tu articulación se ha agravado tanto como para dificultarte la ejecución de tus actividades aeróbicas normales, debes contar con una alternativa, al menos hasta que llegue el día de la cirugía. Sigue caminando, porque ésta es una actividad funcional que seguirás practicando después de la operación.

Siempre hago hincapié en unos simples ejercicios de fuerza que se centran en dos funciones: la capacidad de pasar de la posición de sentado a la de pie usando principalmente una pierna, y la habilidad de mantener el peso corporal (con la fuerza de los brazos) durante el uso de andador o muletas. Te encontrarás en mejor forma para la cirugía si ya estás realizando algunas actividades de fortalecimiento como parte de tu entrenamiento de fuerza. Si no es tu caso, estos ejercicios te resultarán todavía más cruciales. Para trabajar la fuerza de las extremidades inferiores, te sugiero una combinación de sentadillas contra la pared, elevaciones de pierna extendida y pasar de posición de sentado a de pie sobre una sola pierna.

Una de las modificaciones que planteé a mi padre fue el deslizamiento sobre la pared apoyado en una sola pierna: en otras palabras, una sentadilla parcial con la espalda contra la pared. Es más difícil que la sentadilla común, pero es un excelente fortalecedor que puedes practicar en series de diez repeticiones. Concéntrate en vigorizar la pierna que no será sometida a cirugía, pero, en la medida de lo posible, también haz el ejercicio con la pierna que será operada. Para realizar cualquiera de los ejercicios con una sola pierna, aférrate a una silla estable o a un objeto pesado.

La elevación de pierna extendida tiene como objetivo la activación neural, por lo que puedes realizar series de quince repeticiones. Debes ser capaz de ejecutar este movimiento después de la cirugía para sacar la pierna de la cama y trasladarte o realizar otras actividades. Para añadir más dificultad al ejercicio, carga el tobillo con un lastre, siempre que no te irrite la rodilla. Puedes practicar estas actividades de fuerza en casa diariamente antes de la cirugía.

Si dispones de una cuerda elástica, realiza algunos ejercicios de fuerza para los tendones del hueco poplíteo, los cuádriceps y la cadera, partiendo de las pautas de fortalecimiento más tradicionales que aparecen en el capítulo 4. Te recomiendo que realices movimientos de flexión y extensión de rodilla: tanto el ejercicio de cadena cerrada que se ejecuta de pie como el de cadena abierta que se practica sentado dan muy buenos resultados. Para fortalecer la cadera con el fin de que pueda sustentarte durante tus traslados y caminatas, realiza extensiones y flexiones de cadera y ejercicios de abducción.

Sentadilla contra la pared con una pierna

De pie, apoya la espalda en la pared, con las piernas a unos 60 cm de ésta y separadas siguiendo la línea de los hombros. Sujétate al respaldo de una silla u otro objeto estable, y despega un pie del suelo. Mientras mantienes ese pie elevado, lentamente baja el tronco hasta la posición de sentado, usando la pared como apoyo (véase figura 8.1). Mantén la posición final durante unos segundos, y a continuación deslízate de nuevo hacia arriba para ponerte de pie. Repite este movimiento diez veces.

Elevación de pierna extendida

Túmbate boca arriba en el suelo (o en tu cama, si no puedes trabajar sobre el suelo). Flexiona una pierna y apoya completamente el pie. Levanta la otra pierna, manteniendo la rodilla extendida, hasta formar un ángulo de 45 grados (véase figura 8.2). A continuación baja la pierna lentamente hasta el suelo o la cama. Realiza este movimiento con ambas piernas.

También necesitas fuerza en las extremidades superiores para afrontar una cirugía. Después de la operación tendrás que caminar con andador o muletas, dependiendo de tu fuerza y equilibrio y de las instrucciones de tu médico.

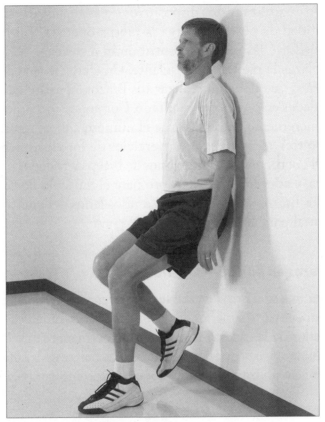

Figura 8.1 Sentadilla contra la pared con una pierna

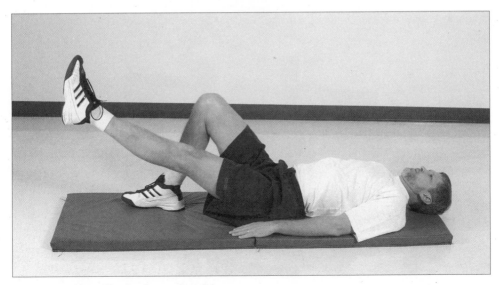

Figura 8.2 Elevación de pierna extendida

El objetivo de utilizar estos dispositivos de asistencia es estimular o disminuir la cantidad de peso que carga la pierna operada. Tus brazos, con la ayuda del andador o las muletas, contribuirán a sostener tu peso corporal mientras desplazas la pierna hacia delante. Un ejercicio sencillo, que simula el movimiento que deberán realizar tus brazos, consiste en la flexión de estas extremidades en posición de sentado. Comienza con series de cinco repeticiones, e incrementa gradualmente el número a diez, repitiendo el movimiento dos o tres veces al día. Los ejercicios de fortalecimiento de la parte superior del cuerpo incluyen flexiones de bíceps y tríceps con pesos libres o cinta elástica, y aducciones de hombro para el músculo dorsal ancho (que ayuda a que los brazos se mantengan a ambos lados del cuerpo, una habilidad fundamental para andar con muletas).

Flexión de brazos en posición de sentado

Siéntate en una silla firme y estable, con las manos cerradas parcialmente, de tal manera que la parte superior de tus puños queden dirigidos hacia el asiento (a ambos lados de la cadera) y las muñecas permanezcan rectas. Estira los brazos por completo hasta que consigas elevar las nalgas de la silla. Puedes modificar este ejercicio utilizando los apoyabrazos para empujar (véase figura 8.3).

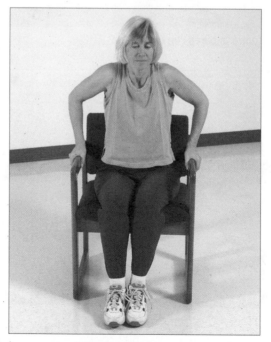

Figura 8.3 Flexión de brazos en posición de sentado

Prepara tu casa antes de la cirugía

Pocas veces las personas piensan en hacer cambios en su casa hasta después de la cirugía. Pero si te ocupas de algunas de estas cuestiones con antelación, el regreso te resultará mucho más sencillo.

▷ ¿Quién podrá ayudarte en casa, en especial durante la primera semana después de la intervención? Aunque seas una persona independiente, contar con alguien que te ayude en las tareas domésticas, las comidas e incluso los ejercicios te permitirá recuperarte mejor.
▷ Elimina las alfombras y otros obstáculos del suelo, como medida de seguridad.
▷ ¿Necesitarás dispositivos de asistencia? Si puedes conseguirlos antes de la cirugía, los tendrás listos para usar en cuanto vuelvas a casa. Entre estos elementos podrían figurar un andador, un inodoro elevado, cojines para las sillas, un bolsito que puedas colgar de la parte frontal del andador, e incluso algo tan simple como una mesa plegable portátil.
▷ ¿Tienes que cambiar algún mueble de sitio? Asegúrate de disponer de suficiente espacio para caminar por la casa.
▷ En la medida de lo posible, es preferible que sigas practicando todas las actividades en la planta principal. Si no tienes una cama allí, ¿cuentas con un sofá cama?
▷ Si tu baño y la ducha no disponen de objetos estables como un armario sobre los que puedas apoyarte mientras te trasladas, piensa en la posibilidad de instalar barras de sujeción.

En la medida de lo posible, deberías ocuparte del equipamiento que te hará falta, así como de las posibles modificaciones que tengas que hacer en tu casa antes de ingresar en el hospital; de esa manera, te encontrarás con un problema menos cuando prepares tu regreso. Haré referencia a algunas de estas cuestiones —dispositivos de asistencia (andador o muletas), alfombras, sillas y modificaciones en el cuarto de baño— al final de la próxima sección, pero he destacado algunos detalles clave en el recuadro anterior.

Después de la cirugía

La rehabilitación suele comenzar el día después de la cirugía, aunque si te operan a primera hora de la mañana, el personal médico posiblemente te anime a que intentes sentarte en una silla al final de ese mismo día. Cada persona responde a la anestesia y la cirugía de un modo diferente, pero si no sufres complicaciones es preferible que te levantes y te muevas lo antes posible, aunque no te apetezca. Al levantarte reduces significativamente el riesgo de formación de coágulos (un riesgo postoperatorio normal) y ayudas a tus sistemas corporales a volver a la normalidad.

Por favor, no intentes levantarte por ti mismo o con la ayuda de tu cónyuge, a menos que él o ella sepa trasladar pacientes. Tu terapeuta te dirá cuánto peso puede cargar tu pierna operada y supervisará tu programa de rehabilitación mientras te encuentres en el hospital. Durante este período te moverás con un andador (varias veces al día) y harás ejercicios para la pierna sometida a cirugía.

Los ejercicios de rodilla más habituales son los de cuádriceps, las elevaciones de pierna extendida, las extensiones de rodilla para el arco corto y los ejercicios de radio de movimiento. Después de una sustitución de cadera, la ejercitación suele centrarse en la extensión y la abducción de cadera. El propósito de este programa es volver a activar los músculos (ya que el dolor inhibe la contracción muscular) y recuperar el radio de movimiento. Tal vez te parezcan objetivos sencillos porque ahora puedes despegar la pierna del suelo, y seguramente también podrás hacerlo después de la cirugía. Mi padre se sorprendió mucho al día siguiente de su cirugía cuando intentó hacer sus ejercicios. Lo que dos días antes le había parecido excesivamente fácil ahora le resultaba imposible, y necesitó ayuda para levantar la pierna de la cama. Esta debilidad es típica, porque el sistema nervioso protege la zona lesionada. Con la repetición de la acción es posible recuperar lentamente el funcionamiento normal.

Antes de volver a casa, asegúrate de que sabes qué ejercicios tienes que hacer en tu domicilio, qué cantidad de peso puedes mantener con tu pierna operada y qué actividades no deberías intentar hacer todavía. El programa de ejercicios para casa suele ser similar al régimen que se inicia en el hospital, con la diferencia de que ahora serás tú el responsable. Te sugiero que sigas un plan de trabajo que te ayude a no abandonar el programa. Una buena forma de seguir el régimen consiste en recurrir a un calendario y dibujar tres cuadros (que representen tres sesiones de ejercitación) sobre cada día. Cuando finalices cada sesión, haz una marca dentro del cuadro: de esta manera reforzarás tu ejercitación regular.

También recomiendo que practiques algunos ejercicios mientras te encuentres de pie con el andador, o apoyado sobre la encimera de la cocina, como extensiones de cadera y abducciones con ambas piernas. Los músculos de las piernas pueden tensionarse cuando permaneces muchas horas sentado durante la fase de recuperación. Dado que los músculos de la cadera son fundamentales para caminar, debes mantener su radio de movimiento y, si es posible, también su fuerza.

Muchos programas se centran en las flexiones de rodilla, pero también es fundamental que la extensión de esta articulación recupere su radio normal. Los ejercicios de cuádriceps se basan en la extensión de rodilla, y si debajo de su cara posterior colocas una toalla pequeña enrollada, podrás sentir en qué momentos la articulación se apoya en la tela. También puedes valerte de la gravedad para extender la rodilla. Mientras estés sentado, apoya el talón sobre un taburete bajo o una mesa de café, sin nada bajo la rodilla. Prueba a mantener esta posición durante unos minutos. No es cómoda, y he descubierto que muchas personas se sienten mejor cuando hacen varias flexiones de rodillas después, para aflojar la articulación. De hecho, la rodilla operada se tensa con gran rapidez, así que realiza algunos movimientos de flexión y extensión periódicamente, o levántate y camina un poco aproximadamente cada hora.

Cuando el hospital te dé el alta, debería entregarte un documento con tus pautas de fisioterapia. La terapia puede tener lugar en casa o en un cen-

Prepárate para volver a casa

Antes de regresar a tu casa, habla con tu médico, enfermera y terapeuta y hazles todas las preguntas que consideres necesarias. Entre muchas otras, puedes formularles las siguientes:

▷ ¿Qué medicamentos tomaré y durante cuánto tiempo? ¿Qué efectos secundarios debo tener en cuenta? En general se receta un anticoagulante para reducir la posibilidad de formación de coágulos, pero estos fármacos también incrementan la hemorragia. Debes tener cuidado con los golpes, y no afeitarte con maquinilla eléctrica.

▷ ¿Qué restricciones debo aplicar a mis actividades, y hasta cuándo? Entre ellas pueden figurar levantar peso, conducir y realizar ejercicios que supongan trabajar con el peso corporal.

▷ ¿Cuándo empiezo la fisioterapia? ¿Y la seguiré en casa o como paciente externo? Tu terapeuta debería facilitarte un programa para llevar a cabo en tu propio domicilio, similar al que yo he descrito, para que complemente la terapia regular.

▷ ¿Qué dispositivos de asistencia necesito y durante cuánto tiempo?

▷ ¿Cómo me ocupo de la zona operada? La mayoría de los hospitales te ofrecen folletos sobre el cuidado del área intervenida y sobre cualquier signo o síntoma sobre el que deberías informar a tu médico.

tro especializado, dependiendo de tu lugar de residencia y tu seguro médico. Si tu médico ha hablado de terapia, pregúntale sobre el tema antes de que te den el alta.

Un aspecto que mucha gente suele ignorar durante el período inicial de recuperación es el estado cardiovascular. Comienza con caminatas breves, utilizando tus dispositivos de asistencia, dentro de tu casa. Casi todo el mundo se centra en la actividad funcional: camina de una habitación a otra para buscar algo. Intenta incrementar la duración del ejercicio, ya sea caminando en el lugar durante cinco minutos (si puedes cargar peso sobre la pierna operada) o recorriendo la casa entera varias veces.

Hasta que puedas andar durante períodos más prolongados, sé creativo en cuanto a tus actividades aeróbicas. Si tu médico te lo permite, puedes usar una bicicleta estática (deberás ajustar el sillín para proteger tu rodilla operada). Si no cuentas con uno de estos aparatos, puedes hacer algo de ejercicio aeróbico con los brazos: manteniéndolos por debajo del nivel de los hombros, simula que estás pedaleando con ellos. Como probablemente nunca antes hayas usado los brazos para realizar ejercicios aeróbicos, notarás que no puedes mantenerlos en el aire durante demasiado tiempo. Sin embargo, si repites el ejercicio varias veces al día, obtendrás algunos beneficios aeróbicos y probablemente puedas alcanzar los cinco minutos por sesión. Como en el caso de cualquier ejercicio, este movimiento no debería provocarte dolor de hombros. Una vez que comiences a caminar con más soltura, incrementa poco a poco el tiempo o la distancia que recorres.

Equipamiento y modificaciones en casa

Con varios elementos simples y algunas modificaciones sencillas en tu casa podrás sentirte considerablemente más a gusto. Si te han operado la cadera, los terapeutas suelen hablar contigo de estos ajustes, que también resultan beneficiosos para los pacientes operados de la rodilla. En primer lugar debes conseguir un andador o un par de muletas antes de ingresar en el hospital. La mayoría de los terapeutas recomiendan los andadores plegables en la medida de lo posible, porque resultan más cómodos de introducir en los vehículos y ocupan poco espacio. Otra opción son los andadores que disponen de ruedas en la parte frontal, con un dispositivo de freno que les impide rodar cuando son presionados. Que puedas utilizar uno de estos dispositivos dependerá del peso que el médico te permita cargar sobre la zona intervenida quirúrgicamente. Asegúrate de que el andador tenga la altura adecuada para ti. La forma más sencilla de comprobarlo consiste en ponerte de pie en el centro del mismo, con los brazos a ambos lados del cuerpo. Tus muñecas deberían quedar casi a la altura de las barras laterales, de tal manera que cuando las manos las aferren, los codos se flexionen sólo ligeramente. Tu terapeuta comprobará las condiciones de tu equipamiento cuando estés en el hospital, y te enseñará la secuencia adecuada de movimientos que has de aplicar al utilizar el andador o las muletas.

Además de ajustar la altura del andador, posiblemente desees cambiar la zona de sujeción. En algunos casos, la presión que deben ejercer las manos resulta incómoda. Así que compra en la ferretería un trozo de tubo de aislamiento y córtalo en dos secciones de 15 o 20 cm de largo. Envuelve cada barra de sujeción con el tubo y pégalo con cinta adhesiva. Las barras de sujeción suelen estar bien acolchadas y no necesitan esta alteración, pero algunas personas prefieren enrollar una esponja o algo similar alrededor de las mismas, que por supuesto deben pegar firmemente. Si lo deseas, adquiere algún accesorio de transporte y colócalo en la parte frontal del andador. Suele tratarse de cestas o bolsos pequeños que pueden resultar muy útiles a la hora de trasladar objetos pequeños de una habitación a otra, puesto que no tendrás las manos libres.

Por último, debes pensar en algunas simples modificaciones en tu hogar que te permitan aumentar la seguridad y te ayuden en tus traslados. Si te han operado la cadera, tu terapeuta te hablará de instalar en tu casa un inodoro elevado. También es conveniente que eleves todos los demás asientos de la casa, un objetivo que puedes conseguir fácilmente mediante la utilización de cojines.

Estas modificaciones son útiles aunque te hayan operado la rodilla. Como ya he mencionado, mi padre es alto (1,92 m), y cuando mi familia estaba preparando su regreso a casa después de la cirugía, yo me encargué de algunas de estas modificaciones. Encontramos cojines particularmente buenos en el sofá y las sillas del comedor. Las sillas con apoyabrazos suelen ser más cómodas, ya que permiten contar con la ayuda de los brazos. Si no cuentas con este modelo de silla, modifica la disposición de algunos muebles de tal manera que dispongas de objetos estables sobre los que puedas apoyarte durante los traslados. Recuerda eliminar todas las alfombras, en especial si se encuentran sobre un suelo de baldosas y no cuentan con material adherente por debajo.

Resumen general

He analizado algunas de las causas más habituales por las que las personas dejan de ejercitarse con regularidad, así como algunos métodos para planificar con antelación las interrupciones en la rutina de entrenamiento. Te repito que debes ser flexible con tu planificación; si tienes que interrumpir tu ejercitación por algún motivo, hazlo sólo en esa ocasión y organiza un plan para reanudar el programa de inmediato.

Sin embargo, existe un factor que aún no he mencionado y que me resulta más difícil de explicar: el problema del «hoy no me apetece». Tienes que ser flexible y decidir si te encuentras frente a una dificultad puntual (en cuyo caso, un día de descanso puede resultarte beneficioso). Pero si caes en ese estado de ánimo cada vez con mayor frecuencia, debes determinar si se trata de una cuestión de fatiga, de aburrimiento en relación con el programa o de algún otro factor estresante que podría estar influyendo sobre ti. Un sutil empeoramiento de la artritis podría estar afectándote antes de que te resulte evidente. Intenta descansar un poco más y disminuir la intensidad de los entrenamientos. Puedes alterar el programa para hacerlo más interesante, y (como he explicado en otros capítulos) hacer los ejercicios con alguien más, para que te anime. El trabajo y otros factores de estrés suelen ser los culpables, en cuyo caso te sentirás mucho mejor si te obligas a ejercitarte.

Ahora debo añadir unas palabras de advertencia: no ignores el incremento de la fatiga. Aunque puedas identificar su causa potencial, como el estrés, no por eso el problema es menos importante. En el capítulo 1 aludí a la importancia del reposo, tanto general como específicamente articular. La fatiga puede indicar un agotamiento del sistema inmunitario, que se ve incapaz de resistir adecuadamente los problemas relacionados con la artritis. Si has reconocido algunas posibles causas para tu fatiga y no mejoras aunque descanses, habla con tu médico. La fatiga inusual suele indicar que algo no va bien.

Nunca resulta sencillo cumplir con los programas de ejercicios, y la artritis añade otra barrera. Ya he sugerido algunas ideas para ayudarte a que no abandones tu entrenamiento, entre las que figuran las siguientes:

1. Sé realista en cuanto a tus metas y objetivos, y revísalos con regularidad.
2. Lleva un diario en el que registres tus progresos.
3. Desarrolla un sistema de apoyo: ya sea un compañero de entrenamiento u otros elementos de refuerzo.

4. Crea una rutina simple y equilibrada que de verdad te agrade.

5. Sé flexible en tu forma de abordar el programa de ejercicio: adapta los elementos según las exigencias de tu artritis.

6. Sé tu propio experto en ejercicio físico y artritis. Busca fuentes de información fiables y aprende todo lo que puedas, para que seas tú quien ostente el control de la situación.

Sobre todo, espero que este libro te ayude a darte cuenta de que la artritis no es una razón para abandonar la actividad física. De hecho, el ejercicio es una de las mejores recetas para esta enfermedad, porque ayuda a disminuir el dolor, incrementa la movilidad y mejora la autoestima. Si deseas modificar tu programa actual o crear uno nuevo, en verdad espero que estos consejos te hayan resultado útiles.

PLAN DE ACCIÓN

Cumplir con el programa

❖ Calcula de antemano los posibles impedimentos y desarrolla un plan para seguir adelante con tu rutina.

❖ Cuenta con alternativas a tu plan de ejercicios para cuando sufras un rebrote de tu enfermedad.

❖ Crea planes para ejercitarte mientras viajas, o en condiciones climáticas adversas.

❖ Antes de la cirugía, prepara tu cuerpo para la rehabilitación manteniendo tu estado cardiovascular y fuerza muscular.

❖ Realiza cualquier modificación que consideres necesaria en tu hogar para facilitar tu recuperación tras la cirugía.

Fuentes
de información

A nivel nacional, provincial o local encontrarás diversas fuentes de información sobre la artritis, que detallan los programas ofrecidos a nivel local. En general, las cuestiones relacionadas con la enfermedad son publicadas en revistas y folletos, y también en Internet.

Los hospitales y centros de salud locales suelen ofrecer seminarios educativos y clases sobre artritis y actividad física, y también es posible que organicen clases grupales para pacientes. Habitualmente, quienes llevan estos programas son profesionales cualificados.

También es probable que encuentres información en los periódicos, puesto que casi todos cuentan con una sección sobre salud y estado físico. En efecto, no sólo publican artículos sobre la salud y la ejercitación, sino que suelen aportar nombres y números de contacto de personas que escriben artículos sobre cuestiones relacionadas con la salud. Estos profesionales suelen aceptar sugerencias y temas sobre los que pueden investigar y escribir, si es que buscas información sobre una temática en particular. En el periódico de mi ciudad, la historia central de la sección de salud estuvo dedicada a la fibromialgia y se centró en la lucha de una mujer contra esta forma de artritis. El artículo mencionaba posibles tratamientos, además de un régimen que la mujer había considerado beneficioso, que incluía estiramientos y tai chi. El artículo mencionaba también la existencia de un grupo de apoyo para la fibromialgia, y ofrecía la dirección en que se llevaban a cabo sus reuniones.

Las bibliotecas son excelentes fuentes de información, porque cuentan con libros, revistas y vídeos relacionados con la salud y el estado físico.

Por último, los gimnasios y otros centros de preparación física ofrecen clases para pacientes con artritis. Donde yo vivo existe una instalación destinada a persona con discapacidades, y cuenta con una piscina cubierta que ofrece clases de aerobismo acuático para individuos con artritis. Pero hay otras posibilidades: la universidad de mi zona cuenta con una pista cubierta que abre a distintos horarios a lo largo del día para ancianos o personas con problemas médicos. Puesto que se trata de una instalación de grandes dimensiones, también disponen de bicicletas estáticas y cintas para caminar.

Una de mis principales preocupaciones como profesora y profesional de la salud es la fiabilidad del material que se publica. Hace unos años, un grupo de atención para la salud analizó la información que aparecía en varias páginas de Internet sobre un tema específico, y descubrió que aproximadamente el 40 por 100 de los datos eran incorrectos. Así que ¿cómo determinar si una fuente de información es fiable o no? Ya se trate de un artículo publicado en Internet, de un libro o de un vídeo, plantéate las siguientes preguntas y podrás evaluar mejor su contenido:

1. ¿La fuente de información está asociada a una organización nacional seria, o cuenta con su aval? Como ejemplo podría mencionar las páginas web del gobierno, u otro material proveniente de organizaciones de renombre.
2. ¿El artículo o el texto incluye una lista de bibliografía que aporte evidencia sobre las afirmaciones publicadas, o en su defecto puede suministrar tales datos a pedido del lector? Una fuente fiable cita sus referencias o las divulga sin problemas.
3. ¿Las fuentes de información son variadas? Cuando todas remiten a publicaciones desconocidas o mencionan «datos no publicados», mala señal.
4. ¿El autor parece estar promocionándose a sí mismo, o da a entender que su enfoque del tema es el mejor? Después de leer este libro, comprobarás que existen muchas formas diferentes de abordar con éxito la ejercitación de los pacientes con artritis.

Glosario

Abducción: movimiento que se aleja de la línea media del cuerpo, por ejemplo, levantar el brazo hacia un lado.

Aducción: movimiento dirigido hacia la línea media del cuerpo, o que la cruza, como acercar una pierna a la otra.

Aeróbico: que requiere oxígeno; en general se refiere al ejercicio que necesita oxígeno a nivel celular para producir energía.

Anaeróbico: que no requiere oxígeno; en general se refiere a la habilidad de las células musculares para producir energía sin oxígeno.

Antiinflamatorios no esteroideos: medicamentos que no son esteroides, utilizados para controlar o disminuir la inflamación. Los ejemplos más habituales incluyen medicamentos de venta libre como la aspirina y el ibuprofeno, y otros que se venden con receta médica como el naproxeno y el Voltarén.

Aptitud funcional: habilidad para realizar las actividades diarias normales en casa o en el trabajo, sin fatiga excesiva.

Bíceps: músculo situado en la cara frontal del tercio superior del brazo; dobla el codo y ayuda a flexionar el hombro.

Biomecánica: aplicación de los principios mecánicos al estudio del movimiento humano.

Cadena abierta: movimiento durante el cual la mano o el pie pueden moverse en cualquier dirección deseada, por lo que el movimiento de las articulaciones de dicha extremidad resulta impredecible. Un ejemplo podría ser el movimiento de una pierna cuando no se encuentra apoyada en el suelo.

Cadena cerrada: movimiento de una extremidad durante el cual la mano o el pie se mantienen en contacto tanto con el suelo como con un dispositivo que determine un movimiento preestablecido, como el pedal de una bicicleta. Como la extremidad se mantiene «fija», los movimientos de cada una de las articulaciones que la conforman son predecibles.

Cartílago articular: un tipo especial de tejido que cubre el extremo de los huesos y permite un movimiento suave entre los huesos que conforman la articulación. También absorbe fuerza durante el movimiento.

Concéntrica: contracción muscular durante la cual el ángulo de la articulación se reduce y el músculo parece más corto.

Consumo de oxígeno: uso de oxígeno por parte del organismo; suele aludir a la medición de la cantidad de oxígeno requerido.

Cuádriceps: grupo de cuatro músculos situados en la cara anterior del muslo. Se encargan de estirar la rodilla y también ayudan a flexionar la cadera.

Deltoides: músculo que se extiende desde el tercio superior del brazo hasta el tronco. Consta de tres partes, y participa en la elevación del brazo y la extensión y flexión del hombro.

Ejercicios de estabilización: ejercicios que enfatizan las contracciones de tipo isométrico de los músculos que sustentan la columna.

Entrenamiento a intervalos: forma de entrenamiento que se basa en períodos de descanso o ejercicio de baja intensidad que se alternan con otros de actividad intensa. Por ejemplo, correr 1,6 km, caminar o descansar durante un período predeterminado, correr la misma distancia nuevamente, etc.

Entrenamiento en circuito: conjunto de ejercicios en secuencia alterna; se aplica principalmente a los ejercicios de resistencia, si bien es posible intercalar en la secuencia otros de carácter aeróbico.

Entrenamiento fartlek: término sueco que significa «juego de velocidad»; la sesión de entrenamiento aeróbico es continua, aunque varía en términos de velocidad.

Escala de esfuerzo percibido: método para cuantificar la dificultad de una actividad, que se basa en la percepción del individuo sobre la complejidad y el esfuerzo requerido del ejercicio.

Excéntrica: contracción muscular durante la cual el ángulo de la articulación se amplía y el músculo parece alargarse.

Extensión: movimiento que estira una articulación; por ejemplo, la rodilla al pasar de la posición de sentado a la de pie. La extensión del hombro y la cadera alude al movimiento que desplaza la extremidad hacia la parte posterior del cuerpo, como cuando se la estira hacia atrás.

Facilitación neuromuscular proprioceptiva: actividades que utilizan los reflejos y vías neurales normales para estimular respuestas musculares adicionales.

Fisiológico: relativo a los procesos físicos y químicos normales que se producen dentro del organismo, en este caso, humano.

Flexibilidad: habilidad de una articulación (o articulaciones) para moverse en su radio completo, dictada por los músculos que la atraviesan.

Flexión: movimiento que flexiona una articulación, como el codo cuando el brazo está doblado.

Fluido sinovial: fluido especial secretado por la mayoría de las articulaciones. Actúa como el aceite, disminuyendo la fricción dentro de la articulación durante el movimiento.

Hipertermia: alta temperatura corporal que puede poner en riesgo la vida si no es debidamente controlada.

Hipotermina: baja temperatura corporal que puede poner en riesgo la vida si no es debidamente controlada.

Impacto: cantidad de fuerza transmitida por el cuerpo al tocar el suelo.

Inflamación: hinchazón que se produce dentro de las articulaciones, los músculos o los espacios que separan los tejidos.

Isométrica: contracción muscular durante la cual no se produce ningún movimiento articular; por ejemplo, cuando un individuo empuja contra una pared.

Isotónica: contracción muscular que activa el movimiento de una articulación y el aparente acortamiento o alargamiento del músculo.

Maniobra de Valsalva: exhalación con la glotis cerrada; en otras palabras, contener la respiración cuando el instinto natural impulsaría a exhalar.

Metabolismo: descomposición de los alimentos para producir energía a nivel celular.

Músculo dorsal ancho *(latissimus dorsi)*: músculo de la espalda que se une al tercio superior del brazo y se activa al mover la extremidad hacia un lado.

Neuromuscular: se refiere al control de la actividad muscular por parte del sistema nervioso.

Ortosis: conjunto de dispositivos que ayudan a controlar el movimiento de una articulación, permitiendo así protegerla y mantener la correcta alineación mecánica.

Pectoral mayor: músculo situado en la cara frontal superior del pecho, que se extiende desde el esternón hasta el tercio superior del brazo; es responsable de mover esta extremidad para cruzarla por delante del tronco.

Propriocepción: capacidad de percibir internamente la posición de una articulación mediante sensores situados en el interior de las articulaciones, los músculos y los ligamentos que la rodean. Esta información es transmitida al cerebro, que entonces modifica la actividad muscular para adaptarse a la situación de la articulación.

Radio de movimiento: movimiento que cada articulación es capaz de realizar, y que suele ser descrito como activo o pasivo. El radio de movimiento completo es la movilidad total posible en cualquier plano del movimiento.

Rebrote: incremento temporal de la rigidez y el dolor articular relacionado con la artritis; puede incluir también inflamación.

Rehabilitación: tratamiento destinado a permitir que un individuo herido o enfermo recupere sus actividades normales.

Repeticiones máximas: el máximo peso que se puede levantar en una prueba. Las más comunes son las de 1, 6 y 10 repeticiones.

Resistencia cardiovascular: capacidad del corazón para transportar oxígeno a los músculos que están trabajando, y capacidad de los músculos para utilizar dicho oxígeno.

Rigidez: resistencia al movimiento fluido de un músculo, en general muy molesta.

Ritmo cardíaco objetivo: ritmo cardíaco que se pretende alcanzar durante el ejercicio, que induce una respuesta al entrenamiento en todo el cuerpo.

Romboides: músculos que se extienden desde el omóplato hasta la columna y ayudan a tirar de los omóplatos hacia el centro del cuerpo.

Tablillas: también conocidas como dispositivos ortóticos, ayudan a estabilizar o controlar el movimiento de una articulación.

Tendones del hueco poplíteo: grupo de tres músculos situados en la cara posterior del muslo. Flexionan la rodilla y ayudan a extender la cadera.

Trapecio: músculo situado en la parte superior y posterior del hombro y el cuello, que consta de tres partes que ayudan a elevar y descender el omóplato, así como a moverlo hacia la columna.

Tríceps: músculo situado en la cara posterior del tercio superior del brazo. Estira el codo y ayuda a extender el hombro.

Bibliografía

American College of Sports Medicine (1995): *ACSM's guidelines for exercise testing and prescription*. 5.ª ed. Baltimore: Lippincott Williams & Wilkins.

American College of Sports Medicine (1998): «Position stand on: Exercise and physical activity for older adults». *Medicine and Science in Sports and Exercise* 30: 992-1008.

American College of Sports Medicine (1998): «Position stand on: Heat and cold illnesses during distance running». *Medicine and Science in Sports and Exercise*, 28: i-x.

American College of Sports Medicine (2000): *ACSM's guidelines for exercise testing and prescription*. 6.ª ed. Baltimore: Lippincott Williams & Wilkins.

American College of Sports Medicine (2002): «Position stand on: Progression models in resistance training for healthy adults». *Medicine and Science in Sports and Exercise* 34: 364-380.

Åstrand, P. O. (1960): «Aerobic work capacity in men and women with special reference to age». *Acta Physiologica Scandinavia* 49 (supl. 169): 1-92.

Åstrand, P. O., y I. Rhyming (1954): «A nomogram for calculation of aerobic capacity (physical fitness) from pulse rate during submaximal work». *Journal of Applied Physiology* 7: 218-221.

Austin, S. y S. Laeng (2003): «Yoga». En *Complementary therapies and wellness: Practice essentials for holistic health care*. Editado por Jodi Carlson. Upper Saddle River, NJ: Prentice Hall.

Baker, K. R., M. E. Nelson, D. T. Felson, J. E. Layne, R. Sarno y R. Roubenoff (2001): «The efficacy of home based progressive strength training in older adults with knee osteoarthritis: A randomized controlled trial». *The Journal of Rheumatology* 28: 1655-1665.

Bandy, W. D., J. M. Irion y M. Briggler (1997): «The effect of time and frequency of static stretching on flexibility of the hamstring muscles». *Physical Therapy* 77: 1090-1096.

Bandy, W. D., J. M. Irion y M. Briggler (1998): «The effect of static stretch and dynamic range of motion training on the flexibility of the hamstring muscles». *Journal of Orthopaedic and Sports Physical Therapy* 27: 295-300.

Beals, C. A., R. M. Lampman, B. F. Banwell, E. M. Braunstein, J. W. Albers y C. W. Castor (1985): «Measurement of exercise tolerance in patients with rheumatoid arthritis and osteoarthritis». *Journal of Rheumatology* 12: 8458-8461.

Buckwalter, J. A., y H. J. Mankin (1997): «Articular cartilage. II. Degeneration and osteoarthrosis, repair, regeneration and transplantation». *Journal of Bone and Joint Surgery* 79: 612-632.

Byers, P. H. (1985): «Effect of exercise on morning stiffness and mobility in patients with rheumatoid arthritis». *Research in Nursing and Health* 8: 275-281.

Calder, P. C. (2002): «Dietary modification of inflammation with lipids». *Proceedings of the Nutrition Society* 61: 345-358.

Chapman, E., H. DeVries y R. Swezey (1972): «Joint stiffness: Effects of exercise on young and old men». *Journal of Gerontology* 27: 218-221.

Clark, H. H. (1973): «Adaptations in strength and muscular endurance resulting from exercise». En *Exercise and Sport Sciences Reviews*, editado por J. Wilmore, 1: 73-98.

Cooper, K. H. (1982): *The aerobics program for total well-being.* Nueva York: Bantam Books.

Curtis, C. L., S. G. Rees, J. Cramp, C. R. Flannery, C. E. Hughes, C. B. Little *et al.* (2002): «Effects of n-3 fatty acids on cartilage metabolism». *Proceedings of the Nutrition Society* 61: 381-389.

Dolgener, F. A., L. D. Hensley, J. J. Marsh y J. K. Fjelstul (1994): «Validation of the Rockport fitness walking test in college males and females». *Research Quarterly for Exercise and Sport* 65: 152-158.

Ekblom, B., O. Lovgren, M. Alderin, M. Fridström y G. Sätterström (1974): «Physical performance in patients with rheumatoid arthritis». *Scandinavian Journal of Rheumatology* 3: 121-125.

Falconer, J. A. (2001): «Deconditioning». En *Clinical care in the rheumatic diseases.* 2.ª ed. Atlanta: American College of Rheumatology.

Felson, D. T., y Y. Zhang (1998): «An update on the epidemiology of knee and hip osteoarthritis with a view to prevention». *Arthritis and Rheumatism* 41: 1342-1355.

Felson, D. T., Y. Zhang, J. M. Anthony, A. Niamark y J. J. Anderson (1992): «Weight loss reduces the risk for symptomatic knee osteoarthritis in women. The Framingham Study». *Annals of Internal Medicine* 116: 535-539.

Fries, J. F., G. Singh, D. Morfield, H. B. Hubert, N. E. Lane y B. W. Brown Jr. (1994): «Running and the development of disability with age». *Annals of Internal Medicine* 121: 502-509.

Garfinkel, M. S., H. R. Schumacher, A. Hussain, M. Levy y R. A. Reshetar (1994): «Evaluation of a yoga-based regimen for treatment of osteoarthritis of the hands». *Journal of Rheumatology* 21: 2341-2343.

Goodman, C. C., y W. G. Boissonnault (2003): «Bone, joint, and soft tissue disorders». En *Pathology: Implications for the physical therapist.* 5.ª ed. Editado por C. C. Goodman, W. G. Boissonnault y K. S. Fuller. Filadelfia: Saunders.

Hanes, B. (1996): «Orthotics, splinting, and lifestyle factors». En *Physical therapy in arthritis*. Editado por J. M. Walker y A. Helewa. Filadelfia: W. B. Saunders Co.

Hardy, M. A. (1989): «The biology of scar formation». *Physical Therapy* 69: 1015-1024.

Harlowe, D., y P. Yu (1997): *The ROM DANCE: A range of motion exercise and relaxation program*. Madison, WI: Uncharted Country Publishing.

Hertling, D. y R. M. Kessler (1996): *Management of common musculoskeletal disorders: Physical therapy principles and methods*. 5.ª ed. Filadelfia: Lippincott.

Hillstrom, H. J., K. Whitney, J. McGuire, D. J. Brower, C. Riegger-Krugh y H. R. Schumacher (2001): «Lower extremity conservative realignment therapies and ambulatory aids». En *Clinical care in the rheumatic diseases*. 2.ª ed. Atlanta: American College of Rheumatology.

Hillstrom, H. J., K. Whitney, J. McGuire, R. T. Mahan y H. Lenmont (2001): «Evaluation and management of the foot and ankle». En *Clinical care in the rheumatic diseases*. 2.ª ed. Atlanta: American College of Rheumatology.

Hoeger, W. W., y S. A. Hoeger (2002): *Principles and labs for fitness and wellness*. 6.ª ed. Belmont, CA: Wadsworth/Thomson Learning.

Holten, O. (1993): *Medisinsk treningsterapi*. Oslo: Universitetsforlaget.

Hootman, J. (2002): «The burden of arthritis PA and the development of arthritis». Documento presentado en la Annual Conference of the American College of Sports Medicine, St. Louis, MO.

Hoppenfeld, S. (1976): *Physical examination of the spine and extremities*. East Norwalk, CT: Appleton-Century-Crofts.

Hurley, B. F., y J. M. Hagberg (1998): «Optimizing health in older persons: Aerobic or strength training?». *Exercise and Sport Sciences Reviews* 26: 61-89.

Hurley, M. V., D. L. Scott, J. Rees y D. J. Newham (1997): «Sensorimotor changes and functional performance in patients with knee osteoarthritis». *Annals of Rheumatic Disease* 56: 641-648.

Jadelis, K., M. E. Miller, W. H. Ettinger Jr. y S. P. Messier (2001): «Strength, balance, and the modifying effects of obesity and knee pain: Results from the Observational Arthritis Study in Seniors (OASIS)». *Journal of the American Geriatrics Society* 49: 884-891.

Janis, L. R. (1990): «Aerobic dance survey: A study of high-impact versus low-impact injuries». *Journal of the American Podiatry Medical Association* 80: 419-423.

Kendall, F. P., E. K. McCreary y P. G. Provance (1993): *Muscles testing and function*. 4.ª ed. Baltimore: Williams & Wilkins.

Kirstein, A., F. Dietz y S. M. Hwang (1991): «Evaluating the safety and potential use of a weight-bearing exercise, T'ai Chi Chuan, for rheumatoid arthritis patients». *American Journal of Physical Medicine and Rehabilitation*. 70: 136-141.

Kisner, C., y L. A. Colby (2002): *Therapeutic exercise*. 4.ª ed. Filadelfia: F. A. Davis Company.

Kline, G. M., J. P. Porcari, R. Hintermeister, P. S. Freedson, A. Ward, R. F. McCarron, J. Ross y J. M. Rippe (1987): «Estimation of VO_2 max from a one-mile track walk, gender, age, and body weight». *Medicine and Science in Sports and Exercise* 19: 253-259.

Knight, K. L. (1979): «Knee rehabilitation by the daily adjustable progressive resistance exercise program». *American Journal of Sports Medicine* 7: 336-1979.

Lan, C., J. Lai, S. Chen y M. Wong (1998): «Twelve-month t'ai chi training in the elderly: Its effect on health fitness». *Medicine and Science in Sports and Exercise* 30: 345-351.

Lane, N. E., D. A. Bloch, P. D. Wood y J. F. Fries (1987): «Aging, long-distance running, and the development of musculoskeletal disability: A controlled study». *American Journal of Medicine* 82: 772-780.

Lieberson, W. T. (1984): «Brief isometric exercise». En *Therapeutic exercise*. 4.ª ed. Editado por J. Basmajian. Baltimore: Williams & Wilkins.

Liu, S. H., y R. Mirzayan (1995): «Current review: Functional knee bracing». *Clinical Orthopaedics* 317: 273-281.

Lozada, C. J., y R. R. Altman (2001): «Osteoarthritis». En *Clinical care in the rheumatic diseases*. 2.ª ed. Atlanta: American College of Rheumatology.

Lumsden, D. B., A. Baccala y J. Martire (1998): «T'ai chi for osteoarthritis: An introduction for primary care physicians». *Geriatrics* 53: 84, 87-88.

Matsuda, S. (2003): «T'ai chi». En *Complementary therapies and wellness: Practice essentials for holistic health care*. Editado por Jodi Carlson. Upper Saddle River, NJ: Prentice Hall.

McArdle, W. D., F. Katch y V. L. Katch (2000): *Essentials of exercise physiology*. 2.ª ed. Baltimore: Lippincott Williams & Wilkins.

McGill, S. M. (2001): «Low back stability: From formal description to issues for performance and rehabilitation». *Exercise and Sport Sciences Reviews* 29: 26-31.

Minor, M. A. (1991): «Physical activity and management of arthritis». *Annals of Behavioral Medicine* 13: 117-124.

Minor, M. A. (1996): «Cardiovascular health and physical fitness for the client with multiple joint involvement». En *Physical therapy in arthritis*. Editado por J. Walker y A. Helewa. Filadelfia: W. B. Saunders.

Minor, M. A., J. E. Hewett, R. R. Webel, S. K. Anderson y D. R. Kay (1989): «Efficacy of physical conditioning exercise in patients with rheumatoid arthritis and osteoarthritis». *Arthritis and Rheumatology* 32: 1396-1405.

Minor, M. A., y M. D. Westby (2001): «Rest and exercise». En *Clinical care in the rheumatic diseases*. 2.ª ed. Atlanta: American College of Rheumatology.

Morrow, J. R., S. J. FitzGerald, A. W. Jackson, H. R. Bowles y S. N. Blair (2002): «Relation between 10-year history of physical activity and injury and incidence of osteoarthritis». *Medicine and Science in Sports and Exercise* 34: S 156 (extracto).

Müller-Faßbender, H., G. L. Bach, W. Haase, L. C. Rovati y I. Setnikar (1994): «Glucosamine sulfate compared to ibuprofen in osteoarthritis of the knee». *Osteoarthritis and Cartilage* 2: 61-69.

National Academy of Sciences (2001): *Recommended dietary allowances*. 10.ª ed. Washington, DC: National Academy Press.

Nichols, L. A. (2001): «History and physical assessment». En *Clinical care in the rheumatic diseases*. 2.ª ed. Atlanta: American College of Rheurnatology.

Noack, W., M. Fischer, K. K. Förster, L. C. Rovati y I. Setnikar (1994): «Glucosamine sulfate in osteoarthritis». *Osteoarthritis and Cartilage* 2: 51-59.

Noreau, L., H. Martineau, L. Roy y M. Belzile (1995): «Effects of a modified dance-based exercise on cardiorespiratory fitness, psychological state, and health
status of persons with rheumatoid arthritis». *American Journal of Physical Rehabilitation* 74: 19-27.

Noreau, L., H. Moffet, M. Drolet y E. Parent (1997): «Dance-based exercise program in rheumatoid arthritis: Feasibility in individuals with American College
of Rheumatology functional class III disease». *American Journal of Physical Rehabilitation* 76: 109-113.

Panush, R. S., y D. G. Brown (1987): «Exercise in arthritis». *Sports Medicine* 4: 54-64.

Pate, R. R., M. M. Pratt, S. N. Blair, W. L. Haskell, C. A. Macera, C. Bouchard *et al.*
(1995): «Physical activity and public health: A recommendation from the Centers for Disease Control and Prevention and the American College of Sports
Medicine». *Journal of the American Medical Association* 273: 402-407.

Perlman, S. G., K. J. Connell, A. Clark, M. S. Robinson, P. Conlon, M. Gecht, P. Cal-
dron y J. M. Sinacore (1990): «Dance-based aerobic exercise for rheumatoid
arthritis». *Arthritis Care* 3: 29-35.

Pollock, M. L., G. A. Gaesser, J. D. Butcher, J. P. Despres, R. K. Dishman, B. A. Fran-
klin y C. Ewing-Garber (1998): «American College of Sports Medicine: The
recommended quantity and quality of exercise for developing and maintaining
cardiorespiratory and muscular fitness, and flexibility in healthy adults». *Medicine and Science in Sports and Exercise* 30: 975-991.

Prochaska, J. O., y C. C. DiClemente (1982): «Transtheoretical therapy: Toward a
more integrative model of change». *Psychotherapy: Theory, Research, and Practice* 19: 276-288.

Qui, X. G., S. N. Gao, G. Giacovelli, L. Rovati y I. Setnikar (1998): «Efficacy and
safety of glucosamine sulfate versus ibuprofen in patients with knee osteoarthritis». *Arzneimittel-Forschung Drug Research* 48: 469-474.

Reginster, J. Y., R. Deroisy, L. C. Rovati, R. L. Lee, E. Lejeune, O. Bruyere *et al.*
(2001): «Longterm effects of glucosamine sulfate on osteoarthritis progression:
A randomized. placebo-controlled clinical trial». *Lancet* 357: 251-256.

Robertson, R. J., y B. J. Noble (1997): «Perception of physical exertion: Methods,
mediators, and applications». *Exercise and Sport Sciences Reviews*, editado por
J. Holloszy 25: 407-452.

Rogers, M. A., y W. J. Evans (1993): «Changes in skeletal muscle with aging: Effects
of exercise training». *Exercise and Sport Sciences Reviews* 21: 65-102.

Rothenberger, L. A., J. I. Chang y T. A. Cable (1988): «Prevalence and types of injuries in aerobic dancers». *American Journal of Sports Medicine* 16: 403-407.

Sady, S. P., M. Wortman y D. Blanke (1982): «Flexibility training: Ballistic, static or
proprioceptive neuromuscular facilitation?» *Archives of Physical Medicine and
Rehabilitation* 63: 261-263.

Sale, D. G. (1988): «Neural adaptation to resistance training». *Medicine and Science in Sports and Exercise* 20 (supl.): 135-145.

Sanford-Smith, S., M. MacKay-Lyons y S. Nunes-Clement (1998): «Therapeutic be-
nefit of aquaerobics for individuals with rheumatoid arthritis». *Physiotherapy
Canada* 50: 40-46.

Sapega, A. A., T. C. Quendenfeld, R. A. Moyer y R. A. Butler (1981): «Biophysical factors in range of motion exercise». *Physician and Sportsmedicine* 9: 57-65.

Sharma, L., J. Song, D. T. Felson, S. Cahae, E. Shamiyeh y D. D. Dunlop (2001): «The role of knee alignment in disease progression and functional decline in knee osteoarthritis». *Journal of the American Medical Association* 286: 188-195.

Stamford, B. A. (1988): «Exercise and the elderly». *Exercise and Sports Sciences Reviews* 16: 341-379.

Suomi, R., y S. Lindauer (1997): «Effectiveness of Arthritis Foundation Aquatic Program on strength and range of motion in women with arthritis». *Journal of Aging and Physical Activity* 5: 341-352.

Suter, E., y W. Herzog (2000): «Does muscle inhibition after knee injury increase the risk of osteoarthritis?» *Exercise and Sport Sciences Reviews* 28: 15-23.

Tidow-Kebritchi, S., y S. Mobarhan (2001): «Effects of diets containing fish oil and vitamin E on rheumatoid arthritis». *Nutrition Reviews* 59: 335-338.

U. S. Department of Health and Human Services (1996): *Physical activity and health: A report of the Surgeon General.* Atlanta: Centers for Disease Control and Prevention, National Center for Chronic Disease Prevention and Health Promotion.

U. S. Department of Health and Human Services, Department of Agriculture (2000): «Nutrition and your health: Dietary guidelines for Americans». *Home and Garden Bulletin* 232. Washington DC: Department of Health and Human Services.

Westby, M. D. (2001): «A health professional's guide to exercise prescription for people with arthritis: A review of aerobic fitness activities». *Arthritis Care Research* 45: 501-511.

Whaley, M. H., y L. A. Kaminisky (2001): «Epidemiology of physical activity, physical fitness, and selected chronic diseases». En *ACSM's resource manual for guidelines for exercise testing and prescription.* 4.ª ed. Baltimore: Lippincott Williams & Wilkins.

Wharton, J., y P. Wharton (1996): *The Whartons' stretch book.* Nueva York: Times Book/Random House.

Wrightson, J. D., y G. A. Malanga (2001): «Strengthening and other therapeutic exercise in the treatment of osteoarthritis». *Physical Medicine and Rehabilitation: State of the Art Reviews* 15: 43-56.

Young, D. R., J. Appel, J. SunHa y E. R. Miller (1999): «The effects of aerobic exercise and T'ai Chi on blood pressure in older people: Results of a randomized trial». *Journal of the American Geriatric Society* 47: 277-284.

Índice alfabético

Nota: las letras *f* y *t* en cursiva que aparecen junto a los números de página se refieren a figuras y tablas, respectivamente.

Sobre la autora

La doctora A. Lynn Millar es profesora de fisioterapia y asistente en la cátedra de fisioterapia de la Universidad Andrews. Se doctoró en fisiología del ejercicio en la Universidad estatal de Arizona. Se especializa en ejercitación terapéutica para diversas enfermedades, incluida la artritis, y sus áreas de investigación incluyen el trabajo con atletas en activo, la prevención y el tratamiento de lesiones y otros temas relacionados con la terapia.

Millar se incorporó a la ACSM (Universidad Norteamericana de Medicina Deportiva) en 1978 y ha sido miembro de su claustro desde 1992. Ha participado activamente en el Capítulo Regional del Medio Oeste de la ACSM, actuando como presidenta y trabajando también en los comités de Comunicaciones e Información Pública y de Socios. También fue miembro de la Asociación Norteamericana de Fisioterapia. Millar ha trabajado como crítica de artículos para el *Journal of Orthopaedic and Sports Physical Therapy* (JOSPT) y la publicación más importante de la ACSM, llamada *Medicine & Science in Sport & Excercise* (MSSE).

Millar vive en Granger, Indiana, y sus actividades favoritas son jugar al golf, correr y leer.

En esta misma colección

PLAN DE ACCIÓN
es una serie de obras refrendadas por el American College
of Sports Medicine, de Estados Unidos, y escritas por expertos
doctores tanto en la materia correspondiente como en Medicina
Deportiva. La aplicación del ejercicio o el deporte adecuado
a cada dolencia es una gran ayuda contra la enfermedad.
Para ello, estas obras son insustituibles.

**PLAN DE ACCIÓN
CONTRA LA DIABETES**
DR. JARRYL E. BARNES

**PLAN DE ACCIÓN
CONTRA EL COLESTEROL**
DR. J. LARRY DURSTINE

**PLAN DE ACCIÓN
CONTRA LA HIPERTENSIÓN**
DR. JON G. DIVINE

Si deseas recibir información
sobre nuestras novedades

- Visita nuestra página web en Internet

o

- Llámanos

o

- Manda un fax

o

- Manda un e-mail

o

- Escribe

o

- Recorta y envía esta página a:

 **Neo Person**

C/ Alquimia, 6
28933 Móstoles (Madrid)
Tels.: 91 614 53 46 - 91 614 58 49
Fax: 91 618 40 12
e-mail: alfaomega@alfaomega.es - www.alfaomega.es

Nombre: ....

Primer apellido: ....

Segundo apellido: ....

Domicilio: ....

Código Postal: ....

Población: ....

País: ....

Teléfono: ....

Fax: ....

e-mail: ....